全 世 界 无 产 者 ， 联 合 起 来 ！

纪念马克思诞辰**200**周年

马克思恩格斯著作特辑

马 克 思

1844年经济学哲学手稿

（附有按照手稿写作顺序编排的文本）

中共中央　马克思　恩格斯　著作编译局编译
　　　　　列　宁　斯大林

人民出版社

编 辑 说 明

　　2018 年 5 月 5 日，是马克思诞辰 200 周年。在人类历史上，马克思是对世界现代文明进程影响最深远的思想家和革命家。他和恩格斯共同创立的科学理论体系，是人类数千年来优秀文化的结晶，是工人阶级及其政党的行动指南，是中国人民为实现中华民族伟大复兴而团结奋斗的思想基础。为了缅怀和纪念这位伟大的革命导师，推进新时代马克思主义中国化、时代化、大众化事业，我们精选了马克思和恩格斯在各个时期写的具有代表性的重要著作，编成《马克思恩格斯著作特辑》，奉献给广大读者，以适应新形势下学习和研究马克思主义理论的需要。

　　《马克思恩格斯著作特辑》的编辑宗旨是面向实践、贴近读者，坚持"要精、要管用"的原则，既涵盖马克思主义哲学、政治经济学和科学社会主义的理论体系，又体现马克思和恩格斯创立和发展科学理论的历史进程；既突出他们对国际共产主义运动和民族解放运动的正确指导和有力支持，又反映他们对中华民族发展前途的深情关注和殷切期望。

《马克思恩格斯著作特辑》包含《共产党宣言》和《资本论》等14部著作的单行本或节选本,此外还有一部专题选编本《马克思恩格斯论中国》。所有文献均采用马克思恩格斯著作最新版本的译文,以确保经典著作译文的统一性和准确性。自1995年起,由我局编译的《马克思恩格斯全集》中文第二版陆续问世,迄今已出版29卷;从2004年起,我们又先后编译并出版了《马克思恩格斯文集》十卷本和《马克思恩格斯选集》第三版。《马克思恩格斯著作特辑》收录的文献采用了上述最新版本的译文;对未收入上述版本的马克思恩格斯著作的译文,我们按照最新版本的编译标准进行了审核和校订。

《马克思恩格斯著作特辑》采用统一的编辑体例。我们将马克思、恩格斯在不同时期为一部著作撰写的序言或导言编排在这部著作正文前面,以利于读者认识经典作家的研究目的、写作缘起、论述思路和理论见解。我们还为一些重点著作增设了附录,收入对领会和研究经典著作正文有重要参考价值的文献和史料。我们为每一本书都撰写了《编者引言》,简要地综述相关著作的时代背景、思想精髓和历史地位,帮助读者理解原著、把握要义;同时概括地介绍相关著作写作和流传情况以及中文译本的编译出版情况,供读者参考。每一本书正文后面均附有注释和人名索引,以便于读者查考和检索。

《马克思恩格斯著作特辑》的技术规格沿用《马克思恩格斯全集》中文第二版的相关规定:在目录和正文中,凡标有星花 * 的标题都是编者加的;引文中尖括号〈 〉内的文字和标点符号是马克思、恩格斯加的,引文中加圈点处是马克思、恩格斯加着重号的地方;目录和正文中方括号[ ]内的文字是编者加的;未注明"编者注"的脚注是马克思、恩格斯的原注;人名索引的条目按汉语拼音字母顺序排列。

自2014年以来,由我局编译的《马列主义经典作家文库》陆续问世。这部《马克思恩格斯著作特辑》所收的文献,均已编入《文库》,特此说明。

中共中央 马克思 恩格斯 著作编译局
列 宁 斯大林

2018年2月

目　录

插　　图

编 者 引 言

　　《1844年经济学哲学手稿》是马克思的一部未完成的手稿,是马克思主义形成阶段的重要著作。

　　19世纪40年代初,马克思积极投身于理论研究和革命实践活动。资本主义制度的弊端和劳动人民渴求解放的呼声,促使马克思在探求真理的道路上进行不懈的努力。他在《莱茵报》发表的一系列文章,表明他开始从唯心主义转向唯物主义、从革命民主主义转向共产主义。1843年10月底,马克思迁居巴黎。在这里,他对资本主义制度和法国工人运动进行实地考察,并对资产阶级政治经济学和各种社会主义学说进行深入研究。1844年2月,马克思在《德法年鉴》上发表《〈黑格尔法哲学批判〉导言》和《论犹太人问题》,首次阐述了无产阶级的历史使命,标志着他彻底完成了世界观和立场的转变。此后,马克思为创立无产阶级的新世界观继续进行艰辛的探索。他紧密联系工人运动实践经验,批判地吸收德国古典哲学积极成果,系统地研究资产阶级政治经济学论著和各种社会主义文献,作了大量的摘录和札记。在此基础上,马克思于 1844 年 5 月底 6 月初—8 月撰写了《1844 年经济学哲学手稿》。

在这部手稿中,马克思从唯物主义和共产主义的立场出发,对涉及哲学、政治经济学和共产主义理论的各种历史文献和思想观点进行了系统的批判性考察,在剖析资本主义经济制度和资产阶级经济学的过程中,提出了新的经济学观点、哲学观点和共产主义理论观点,并作了初步的综合性阐述。

马克思在手稿中论述了劳动实践对于人类文明和历史进步的伟大意义。他指出,人正是通过劳动这种有意识的生命活动创造了社会的全部物质财富和精神财富,因此,“整个所谓世界历史不外是人通过人的劳动而诞生的过程”(见本书第 89 页)。这一科学论断具有重要的理论意义和实践价值,正如恩格斯所说,科学社会主义创始人正是“在劳动发展史中找到了理解全部社会史的锁钥”(见《马克思恩格斯选集》第 3 版第 4 卷第 265 页)。马克思从这个历史唯物主义的基本前提出发,对资产阶级经济学理论产生和发展的历程进行了全面考察,强调这种理论实际上是资本主义的现实经济关系演变的反映。他一方面肯定了亚当·斯密和大卫·李嘉图等资产阶级经济学家在理论领域的积极成果,一方面深刻揭露了他们为资本主义制度辩护的立场,批判了他们的唯心主义观点和形而上学研究方法。马克思批判地改造了德国古典哲学的异化概念,提出了异化劳动理论,并以此为核心展开对资本主义制度和资产阶级政治经济学的哲学批判。

马克思具体阐明了资本主义社会中异化劳动的四个基本特征:一是工人同自己的劳动产品相异化。由于社会的生产资料掌握在资本家手中,工人生产的产品不但不为工人所拥有,反而成为支配工人的异己的敌对的力量。工人生产的产品越丰富,他就越贫穷;工人提供的商品越多,他自己就越是变成廉价的商品。二是工人同自己的生产活动相异化。劳动本来是人的最基本的实践活动,是人类生命活动的表现。然而在资本主义制度下,劳动对工人来说具有外在的强制的性质。工人在劳动中不是肯定自己,而是否定自己;不是感到愉悦,而是感到不幸;不是自由地发挥自己的体力和智力,而是忍受肉体的摧残和精神的折磨。三是人同自己的类本质相异化。人是类存在物,自由自觉的活动即劳动是人的类本质。但在资本主义私有制条件下,人既失去了自由和自觉的劳动,又失去了赖以实现和确证其生命活动的对象世界,残酷的剥削和奴役使劳动变成了仅仅勉强维持劳动者肉体生存的手段。四是人同人相异化。工人同自己的劳动产品、同自己的生产活动和类本质相异化的直接结果,就是人同他人、同他人的劳动、同他人的劳动产品相异化,由此产生了资本主义社会中人与人的阶级关系,产生了无产阶级同资产阶级的对抗和斗争。

马克思通过对异化劳动的剖析,揭示了资产阶级社会中资本与劳动的不可调和的对立,指出私有财产的存在必然造成异化劳动,因而必然给工人阶级和整个人类带来灾难性的后果;强调只有扬弃私有财产才能消除异化劳动,而要使社会从私有财产的统治下解放出来,必须通过工人解放这种政治形式。马克思明确指出,要扬弃现实的私有财产,必须有现实的共产主义行动,"历史将会带来这种共产主义行动,而我们在思想中已经认识到的那正在进行自我扬弃的运动,在现实中将经历一个极其艰难而漫长的过程"(见本书第126页)。马克思在对资本主义社会的现实进行深刻分析的同时,还对各种粗陋的、空想的共产主义学说进行了批判,并在这种批判中初步阐述了自己的共产主义观点。

这部手稿对德国古典哲学,特别是对费尔巴哈哲学和黑格尔辩证法进行了深入分析。马克思高度评价费尔巴哈对唯心主义所作的批判,充分肯定费尔巴哈对唯物主义的贡献,同时也指出了费尔巴哈哲学的局限性;在批判黑格尔唯心主义的过程中,马克思阐发了黑格尔辩证法的积极成果,提出了吸收和改造这种辩证法思想的任务。他深刻地阐述了理论和实践的辩证关系,指出"理论的对立本身的解决,只有通过实践方式,只有借助于人的实践力量,才是可能的;因此,这种对立的解决绝对不只是认识的任务,而是现实生活的任务,而哲学未能解决这个任务,正是因为哲学把这仅仅看做理论的任务。"(见本书第 85 页)他还论述了自然科学和工业的伟大历史作用,认为工业的历史是"一本打开了的关于人的本质力量的书"(同上),并进一步指出自然科学"通过工业日益在实践上进入人的生活,改造人的生活,并为人的解放作准备"(见本书第 86 页)。此外,手稿还对自然史、人类史以及美的规律等问题提出了一系列深刻的见解。

《1844 年经济学哲学手稿》由写在三个笔记本中的手稿组成。笔记本 I 的内容是:对斯密学说中的工资、资本的利润和地租这三个经济学范畴作比较分析,揭示斯密学说的矛盾;详细论述资本主义社会的异化劳动。笔记本 II 只保留下四页手稿,主要是有关私有财产的论述。笔记本 III 的主要内容是:关于私有财产和劳动、私有财产和共产主义的论述,对当时的各种共产主义理论的考察和评述,对黑格尔哲学的批判,有关分工和货币的两个片断,此外还有一篇《序言》。

《1844 年经济学哲学手稿》在马克思生前没有发表。1927

年,苏联出版的《马克思恩格斯文库》在第3卷附录中摘要发表了这部手稿中的《第三手稿》(即笔记本 III)的俄译文,但这部分手稿被误认为是《神圣家族》的准备材料。1932 年,苏联出版的《马克思恩格斯全集》历史考证版(MEGA^1)第 1 部分第 3 卷以德文原文发表了全部手稿,并加了标题《1844 年经济学哲学手稿》。编者按逻辑结构对原稿进行了整理,依照思想内容将手稿编为若干部分;凡是原稿中没有标题的部分,均由编者加了标题。1974 年,苏联出版的《马克思恩格斯全集》俄文第二版第 42 卷收录了这部手稿的俄译文;同年,民主德国出版的《马克思恩格斯全集》德文版补卷第 1 册收录了这部手稿的德文原文。这两个版本均采用了1932 年出版的《马克思恩格斯全集》历史考证版(MEGA^1)的上述编排方式,同时基本沿用了编者所加的标题。从此,按逻辑结构编排的文本就成为马克思这部手稿的通行版本。

1982 年,由苏联和民主德国合作出版的《马克思恩格斯全集》历史考证版(MEGA^2)在第 1 部分第 2 卷以德文原文刊出《1844 年经济学哲学手稿》全文。编者采用了两种编排方式:第一种依据原始稿本的写作时间顺序和书写样式编排,编者对马克思的手稿重新进行了仔细辨认和考证,力求真实地再现这部文献的历史原貌;第二种按照手稿的逻辑结构和思想内容编排,编者认真研究了手稿的理论要旨和内在联系,吸收了学术界和出版界的成果,对以往版本中的段落划分、内容纂辑和各类标题作了进一步调整和完善,力求更好地反映原著的写作思路和理论逻辑。可以说,这是学习和研究马克思这部著作的较好的文本。

在我国,《1844 年经济学哲学手稿》最初由何思敬根据1932年出版的《马克思恩格斯全集》历史考证版(MEGA^1)第 1 部分第

3 卷译成中文,并经宗白华校订,由人民出版社于 1956 年出版,书名为《经济学—哲学手稿》。此后,刘丕坤根据 1956 年苏联出版的《马克思恩格斯早期著作选》俄文本,并参考《马克思恩格斯全集》俄文第二版和德文版翻译了马克思这部手稿,由人民出版社于 1979 年出版,书名为《1844 年经济学—哲学手稿》。

多年来,中央编译局高度重视《1844 年经济学哲学手稿》的翻译和研究工作。我们一方面认真吸收前人的编译成果,一方面充分利用权威的外文版本,以一丝不苟、精益求精的态度,力求使译文完整准确地反映原著的理论内涵。自上个世纪 70 年代以来,我们为翻译和修订这部著作的中文译本进行了不懈努力:

1979 年,我们根据《马克思恩格斯全集》俄文第二版第 42 卷和德文版补卷第 1 册,并参考英译本和国内已有的中文译本,对马克思这部手稿作了译校,编入《马克思恩格斯全集》中文第一版第 42 卷,题为《1844 年经济学哲学手稿》,并出版了单行本,此后又节选了部分内容,编入《马克思恩格斯选集》第二版第 1 卷;

2002 年,我们根据 1982 年出版的《马克思恩格斯全集》历史考证版(MEGA^2)第 1 部分第 2 卷刊出的按照手稿逻辑结构和思想内容编排的文本,对《马克思恩格斯全集》中文第一版所收的手稿译文进行了全面校订,编入《马克思恩格斯全集》中文第二版第 3 卷,并出版了单行本;

从 2004 年起,在中央组织实施的马克思主义理论研究和建设工程中,我们对这部手稿的译文再次进行了审核和修订,并对注释和各种相关资料作了补充和勘正,编入 2009 年出版的《马克思恩格斯文集》第 1 卷,此后又在 2012 年出版的《马克思恩格斯选集》第三版中节录了部分内容。

本书是在《马克思恩格斯文集》问世后刊行的《1844年经济学哲学手稿》新版单行本。在这个版本中,我们不仅在译文方面采用了《马克思恩格斯文集》第1卷中的最新成果,而且在编辑方面赋予了新的特色,首次收录了这部手稿的两种文本,以适应理论学习和研究的需要。

具体说来,我们在本书正文部分刊出了按马克思手稿的逻辑结构和思想内容编排的文本。如前所述,马克思这部遗著是未完成的手稿,由若干片断构成;这些片断是作者为自己研究问题、厘清思路、作出理论判断、得出科学结论而陆续撰写的,因而许多段落的衔接和文字的表述难免缺少连贯性和可读性,这就必然会使读者在阅读时遇到种种困难。在这种情况下,通过对手稿的整体考察,依据其中蕴含的内在逻辑,对原稿内容进行合理编排,使之条贯清晰、层次分明,是十分必要的;这样一个文本正是广大读者所需要的,它对理解和把握马克思手稿的理论要义已经并将继续发挥重要作用。

与此同时,我们在这个单行本中第一次刊出了按照手稿写作顺序编排的文本,作为本书的附录。我们以《马克思恩格斯全集》历史考证版(MEGA^2)为依据,按照手稿的写作时间顺序和书写样式来重新编排译文,目的是呈现手稿原貌,为理论界和学术界的研究提供必要的文献依据,同时也有助于广大读者具体了解马克思手稿形成的历史过程。

本书的注释和相关资料选自《马克思恩格斯文集》第1卷。在手稿中,马克思以红棕色铅笔划了线的语句或段落,本书均以双斜线表示起讫;正文中方括号内的罗马数字,是马克思自己编的手稿页码。

卡·马克思

*1844年经济学哲学手稿

序　言

　　[XXXIX]我在《德法年鉴》上曾预告要以**黑格尔**法哲学批判的形式对法学和国家学进行批判。**1**在加工整理准备付印的时候发现,把仅仅针对思辨的批判同针对不同材料本身的批判混在一起,十分不妥,这样会妨碍阐述,增加理解的困难。此外,由于需要探讨的题目丰富多样,只有采用完全是格言式的叙述,才能把全部材料压缩在**一本**著作中,而这种格言式的叙述又会造成任意制造体系的**外观**。因此,我打算用不同的、独立的小册子来相继批判法、道德、政治等等,最后再以一本专门的著作来说明整体的联系、各部分的关系,并对这一切材料的思辨加工进行批判。**2**由于这个原因,在本著作中谈到的国民经济学**3**同国家、法、道德、市民生活等等的联系,只限于国民经济学本身专门涉及的这些题目的范围。

　　我用不着向熟悉国民经济学的读者保证,我的结论是通过完全经验的、以对国民经济学进行认真的批判研究为基础的分析得出的。①

---

①　手稿中删去下面一段话:"与此相反,不学无术的评论家则企图用'**乌托邦的词句**',或者还用'完全纯粹的、完全决定性的、完全批判的批判'、'不单单是法的,而且是社会的、完全社会的社会'、'密集的大批群众'、'代大批群众发言的发言人'等等一类空话,来非难实证的批判者,以掩饰自己的极端无知和思想贫乏。这个评论家还应当首先提供证据,证明他除了神学的家务以外还有权过问**世俗的**事务。"**4**——编者注

不消说,除了法国和英国的社会主义者的著作以外,我也利用了德国社会主义者的著作。**5** 但是,德国人为了这门科学而撰写的内容丰富而**有独创性**的著作,除去魏特林的著作,就要算《二十一印张》文集中**赫斯**的几篇论文和《德法年鉴》上**恩格斯**的《**国民经济学批判大纲**》。**6** 在《德法年鉴》上,我也十分概括地提到过本著作的要点。

此外,对国民经济学的批判,以及整个实证的批判,全靠**费尔巴哈**的发现给它打下真正的基础。① 从费尔巴哈起才开始了**实证的人道主义的和自然主义的批判8**。**费尔巴哈**的著作越是得不到宣扬,这些著作的影响就越是扎实、深刻、广泛和持久;费尔巴哈著作是继黑格尔的《现象学》和《逻辑学》**9** 之后包含着真正理论革命的唯一著作。

我认为,本著作的最后一章,即对**黑格尔的辩证法**和整个哲学的剖析,是完全必要的,因为当代**批判的神学家**[XL]不仅没有完成这样的工作,甚至没有认识到它的必要性——这是一种必然的**不彻底性**,因为即使是**批判的神学家**,毕竟还是**神学家**,就是说,他或者不得不从作为权威的哲学的一定前提出发,或者当他在批判的过程中以及由于别人的发现而对这些哲学前提产生怀疑的时候,就怯懦地和不适当地抛弃、**撇开**这些前提,仅仅以一种消极的、无意识的、诡辩的方式来表明他对这些前提的屈从和对这种屈

---

① 手稿中删去下面一句话:"一些人出于狭隘的忌妒,另一些人则出于真正的愤怒,对费尔巴哈的《未来哲学》和《轶文集》中的《哲学改革纲要》**7**——尽管这两部著作被悄悄地利用着——可以说策划了一个旨在**埋没**这两部著作的真正阴谋。"——编者注

《1844 年经济学哲学手稿》序言的第 1 页(笔记本 III 第 XXXIX 页)

从的恼恨。① 仔细考察起来，**神学的批判**——尽管在运动之初曾是一个真正的进步因素——归根结底不外是旧**哲学的**、特别是**黑格尔的超验性**被歪曲为**神学漫画**的顶点和结果。历史现在仍然指派神学这个历来的哲学的溃烂区本身来显示哲学的消极解体，即哲学的腐烂过程。关于这个饶有兴味的历史的判决，这个历史的涅墨西斯，我将在另一个场合**10**加以详细的介绍。②

---

① 手稿中删去下面的文句："他是这样消极而无意识地表现出来的：一方面，他不断反复保证他自己的批判的**纯粹性**，另一方面，为了使观察者和他自己不去注意**批判**和它的诞生地——黑格尔的**辩证法**和整个德国哲学——之间**必要的**辩论，不去注意现代批判必须克服它自身的局限性和自发性，他反而企图制造假象，似乎批判只同它之外的某种狭隘的批判形式——比如说，18 世纪的批判形式——并同**群众**的局限性有关系。最后，当有人对他自己的哲学前提的本质有所发现——如**费尔巴哈的**发现——，批判的神学家一方面制造一种假象，似乎这些发现是**他**完成的，确切地说，他是这样制造这种假象的：他由于不能阐发这些发现的成果，就把这些成果以口号的形式抛给那些还受哲学束缚的作家；另一方面，他善于通过下述方式使自己确信，他自己的水平甚至超过这些发现：他发觉在费尔巴哈对黑格尔辩证法的批判中还缺少黑格尔**辩证法**的某些要素，这些要素还没有以经过批判的形式供他使用，这时，他自己并不试图或者也没有能力把这些要素引入正确的关系，反而以隐晦的、阴险的、怀疑的方式，搬用这些要素来反对费尔巴哈对黑格尔辩证法的批判。就是说，从自身开始的实证真理这一范畴刚刚以其**特有的**形态得到确立并显现出来，他就以一种神秘的方式搬用间接证明这一范畴来加以反对。神学的批判家认为，从哲学方面应当**做出**一切，来使他能够**侈谈**纯粹性、决定性以及完全批判的批判，是十分自然的；而当他**感觉到**例如黑格尔的某一因素为费尔巴哈所缺少时——因为神学的批判家并没有超出感觉而达到意识，尽管他还对'**自我意识**'和'**精神**'抱有唯灵论的偶像崇拜——，他就以为自己是真正**克服哲学的人**。"——编者注

② 手稿中删去下面一句话："相反，**费尔巴哈的**关于哲学的本质的发现，究竟在什么程度上仍然——至少为了**证明**这些发现——使得对哲学辩证法的批判分析成为必要，读者从我的阐述本身就可以看清楚。"——编者注

笔 记 本 I

工 资

[I]**工资**决定于资本家和工人之间的敌对的斗争。胜利必定属于资本家。资本家没有工人能比工人没有资本家活得长久。资本家的联合是常见的和有效的,工人的联合则遭到禁止并会给他们招来恶果。此外,土地所有者和资本家可以把产业收益加进自己的收入,而工人除了劳动所得,既无地租也无资本利息。因此,工人之间的竞争是很激烈的。这样,资本、地产和劳动的分离,只有对工人来说才是必然的、本质的和有害的分离。资本和地产无须停留于这种分离,可是,工人的劳动则必须如此。

因此,资本、地租和劳动的分离对工人来说是致命的。

最低的和唯一必要的工资额就是工人在劳动期间的生活费用,再加上使工人能够养家糊口并使工人种族不致死绝的费用。按照斯密的意见,通常的工资就是同"普通人"[11]即牲畜般的存在状态相适应的最低工资。

对人的需求必然调节人的生产,正如其他任何商品生产的情况一样。如果供给大大超过需求,那么一部分工人就要沦为乞丐或者饿死。因此,工人的存在被归结为其他任何商品的存在条件。工人成了商品,如果他能找到买主,那就是他的幸运了。工人的生活取决于需求,而需求取决于富人和资本家的兴致。

如果供给的量超过需求,那么价格构成部分——利润、地租、工资——之一就低于**价格**而支付,结果,这些价格构成的一部分就脱离这种使用,从而市场价格也就倾向于作为中心点的自然价格。但是,第一,在分工有很大发展的情况下,工人要把自己的劳动转用于其他方面是极为困难的;第二,在工人对资本家处于从属关系的情况下,吃亏的首先是工人。

因此,当市场价格倾向于自然价格时,工人遭到的损失是最大的而且是绝对的。正是资本家把自己的资本转用于其他方面的这种能力,才使得束缚于一定劳动部门的工人失去面包,或者不得不屈服于这个资本家的一切要求。

[Ⅱ]市场价格的偶然的和突然的波动,对地租的影响少于对分解为利润和工资的价格部分的影响;而对利润的影响又少于对工资的影响。大多数情况是这样:当某个地方工资提高时,别的地方工资保持**不变**,还有的地方工资在**降低**。

当资本家赢利时工人不一定有利可得,而当资本家亏损时工人就一定跟着吃亏。例如,当资本家由于制造业秘密或商业秘密,由于垄断或自己拥有的地段的位置有利而使市场价格保持在自然价格以上的时候,工人也无利可得。

其次,劳动价格要比生活资料的价格远为稳定。二者往往成反比。在物价腾贵的年代,工资因对劳动的需求下降而下降,因生活资料价格提高而提高。这样就互相抵消。无论如何,总有一定数量的工人没有饭吃。在物价便宜的年代,工资因对劳动的需求提高而提高,因生活资料价格下降而下降。这样也就互相抵消。

工人还有一个不利的方面:

不同行业的工人的劳动价格的差别,比不同投资部门的利润的差别要大得多。在劳动中,个人活动的全部自然的、精神的和社会的差别会表现出来,因而所得的报酬也各不相同,而死的资本总是迈着同样的步子,并且对**现实的**个人活动漠不关心。

总之,应当看到,工人和资本家同样苦恼,工人是为他的生存而苦恼,资本家则是为他的死钱财的赢利而苦恼。

工人不仅必须为物质的生活资料而斗争,而且必须为谋求工作,即为谋求实现自己的活动的可能性、手段而斗争。

我们列举社会可能处于的三种主要状态,并且考察工人在其中的地位。

(1)如果社会财富处于衰落状态,那么工人遭受的痛苦最大。因为,即使在社会的幸福状态中工人阶级也不可能取得像所有者阶级取得的那么多好处,**没有一个阶级像工人阶级那样因社会财富的衰落而遭受深重的苦难**。①

[Ⅲ](2)现在且以财富正在增长的社会来说。这是对工人唯一有利的状态。这里资本家之间展开竞争。对工人的需求超过了工人的供给。但是,

首先,工资的提高引起工人的**过度劳动**。他们越想多挣几个钱,他们就越不得不牺牲自己的时间,并且完全放弃一切自由,在挣钱欲望的驱使下从事奴隶劳动。这就缩短了工人的寿命。工人寿命的缩短对整个工人阶级是一个有利状况,因为这样就必然会不断产生对劳动的新需求。这个阶级始终不得不牺牲自己的一部

---

① 亚·斯密《国民财富的性质和原因的研究》1802 年巴黎版第 2 卷第 162 页。——编者注

分,以避免同归于尽。

其次,社会在什么时候才会处于财富日益增长的状态呢?那是在一个国家的资本和收入增加的时候。但是,这只有由于下述情况才可能:(α)大量劳动积累起来,因为资本是积累的劳动①;就是说,工人的劳动产品越来越多地从他手中被拿走,工人自己的劳动越来越作为别人的财产同他相对立,而他的生存资料和活动资料越来越多地积聚在资本家手中。(β)资本的积累扩大分工,而分工则增加工人的人数;反过来,工人人数的增加扩大分工,而分工又增加资本的积累。一方面随着分工的扩大,另一方面随着资本的积累,工人日益完全依赖于劳动,依赖于一定的、极其片面的、机器般的劳动。这样,随着工人在精神上和肉体上被贬低为机器,随着人变成抽象的活动和胃,工人也越来越依赖于市场价格的一切波动,依赖于资本的使用和富人的兴致。同时,由于单靠[Ⅳ]劳动为生者阶级的人数增加,工人之间的竞争加剧了,因而他们的价格也降低了。在工厂制度下工人的这种状况达到了顶点。

(γ)在一个富裕程度日益提高的社会中,只有最富有的人才能靠货币利息生活。其余的人都不得不用自己的资本经营某种行业,或者把自己的资本投入商业。这样一来,资本家之间的竞争会加剧,资本的积聚会加强,大资本家使小资本家陷于破产,一部分先前的资本家会沦为工人阶级,工人阶级则由于增加了人数,部分地又要经受工资降低之苦,同时更加依赖于少数大资本家。资本家由于人数减少,他们为争夺工人而进行的竞争几乎不再存在;而工人由于人数增加,彼此之间的竞争变得越来越激烈、反常和带有

---

① 参看本书第19页;并参看第148页中栏。——编者注

强制性。因此,工人等级中的一部分人必然沦为乞丐或陷于饿死的境地,正像一部分中等资本家必然沦为工人等级一样。

由此可见,即使在对工人最有利的社会状态中,工人的结局也必然是劳动过度和早死,沦为机器,沦为资本的奴隶(资本的积累危害着工人),发生新的竞争以及一部分工人饿死或行乞。

[Ⅴ]工资的提高在工人身上激起资本家那样的致富欲望,但是,工人只有牺牲自己的精神和肉体才能满足这种欲望。工资的提高以资本的积累为前提并且导致资本的积累,从而使劳动产品越来越作为异己的东西与工人相对立。同样,分工使工人越来越片面化和越来越有依赖性;分工不仅导致人的竞争,而且导致机器的竞争。因为工人被贬低为机器,所以机器就能作为竞争者与他相对抗。最后,正像资本的积累增加工业的数量,从而增加了工人一样,由于这种积累,同一数量的工业生产出**更大数量的制品**;于是发生生产过剩,而结果不是有很大一部分工人失业,就是工人的工资下降到极其可怜的最低限度。

这就是对工人最有利的社会状态,即财富**正在增加、增长的**状态所产生的后果。

然而说到底,这种正在增加的状态终究有一天要达到自己的顶点。那时工人的处境会怎样呢?

(3)"在财富已经达到它可能达到的顶点的国家,工资和资本利息二者都会很低。工人之间为就业而进行的竞争如此激烈,以致工资会缩减到仅够维持现有工人人数的程度,而国家的人口这时已达到饱和,因此这个人数不可能再增加了。"①

————

① 亚·斯密《国民财富的性质和原因的研究》1802 年巴黎版第 1 卷第 193 页。——编者注

超过这个人数的部分注定会死亡。

因此,在社会的衰落状态中,工人的贫困日益加剧;在增长的状态中,贫困具有错综复杂的形式;在达到完满的状态中,贫困持续不变。

[Ⅵ]但是,既然按照斯密的意见,大多数人遭受痛苦的社会是不幸福的,社会的最富裕状态会造成大多数人遭受这种痛苦,而且国民经济学**3**(总之,私人利益的社会)是要导致这种最富裕状态,那么国民经济学的目的也就是社会的**不幸**。

关于工人和资本家之间的关系还应指出,工资的提高对资本家来说,可以由劳动时间量的减少而绰绰有余地得到补偿;工资的提高和资本利息的提高会像单利和复利那样影响商品的价格。

现在让我们完全站在国民经济学家的立场上,并且仿效他把工人的理论要求和实践要求比较一下。

国民经济学家对我们说,本来,依照概念来说,劳动的**全部产品**是属于劳动者的。但是,他同时又对我们说,实际上工人得到的是产品中最小的、万万不能缺少的部分,也就是说,只得到他不是作为人而是作为工人维持生存所必要的那一部分,只得到不是为繁衍人类而是为繁衍工人这个奴隶阶级所必要的那一部分。

国民经济学家对我们说,一切东西都可用劳动来购买,而资本无非是积累的劳动;但是,他同时又对我们说,工人不但远不能购买一切东西,而且不得不出卖自己和自己的人性。

懒惰的土地占有者的地租大都占土地产品的三分之一,忙碌的资本家的利润甚至两倍于货币利息,而剩余的那一部分,即工人在最好的情况下所挣得的部分就只有这么多:如果他有四个孩子,其中两个必定要饿死。

[VII]按照国民经济学家的意见,劳动是人用来增加自然产品的价值的唯一东西,劳动是人的能动的财产;而根据同一国民经济学,土地所有者和资本家——他们作为土地所有者和资本家不过是享有特权的、闲散的神仙——处处高踞于工人之上,并对工人发号施令。

按照国民经济学家的意见,劳动是唯一不变的物价;可是,再没有什么比劳动价格更具有偶然性、更容易发生剧烈波动的了。

分工提高劳动的生产力,增加社会的财富,促使社会精美完善,同时却使工人陷于贫困直到变为机器。劳动促进资本的积累,从而也促进社会富裕程度的提高,同时却使工人越来越依附于资本家,引起工人间更剧烈的竞争,使工人卷入生产过剩的追猎活动;跟随生产过剩而来的是同样急剧的生产衰落。

按照国民经济学家的意见,工人的利益从来不同社会的利益相对立,社会却总是而且必然地同工人的利益相对立。

按照国民经济学家的意见,工人的利益从来不同社会的利益相对立,(1)因为工资的提高可以由劳动时间量的减少和上述其他后果而绰绰有余地得到补偿;(2)因为对社会来说全部总产品就是纯产品,而区分纯产品只对私人来说才有意义。

劳动本身,不仅在目前的条件下,而且就其一般目的仅仅在于增加财富而言,在我看来是有害的、招致灾难的,这是从国民经济学家的阐发中得出的,尽管他并不知道这一点。

依照概念来说,地租和资本利润是工资受到的**扣除**。但是,在现实中,工资是土地和资本让工人得到的一种扣除,是从劳动产品中让给工人、让给劳动的东西。

在社会的衰落状态中,工人遭受的痛苦最深重。他遭受的压迫特别沉重是由于自己所处的工人地位,但他遭受的一般压迫则是由于社会状况。

而在社会的增长状态中,工人的毁灭和贫困化是他的劳动的产物和他生产的财富的产物。就是说,贫困从现代劳动本身的**本质**中产生出来。

社会的最富裕状态,这个大致还是可以实现并且至少是国民经济学和市民社会**12**的目的的理想,对工人来说却是**持续不变的贫困**。

不言而喻,国民经济学把**无产者**即既无资本又无地租,全靠劳动而且是靠片面的、抽象的劳动为生的人,仅仅当做**工人**来考察。因此,它可以提出这样一个论点:工人完全像每一匹马一样,只应得到维持劳动所必需的东西。国民经济学不考察不劳动时的工人,不把工人作为人来考察,却把这种考察交给刑事司法、医生、宗教、统计表、政治和乞丐管理人去做。

现在让我们超出国民经济学的水平,试从前面几乎是用国民经济学家的原话所作的论述出发,来回答以下两个问题:

(1)把人类的最大部分归结为抽象劳动,这在人类发展中具有什么意义?

(2)主张细小改革的人不是希望**提高**工资并以此来改善工人阶级的状况,就是(像蒲鲁东那样)把工资的**平等**看做社会革命的目标**13**,他们究竟犯了什么错误?

劳动在国民经济学中仅仅以**谋生活动**的形式出现。

[Ⅷ]"可以肯定地说,那些要求特殊才能或较长时间先期训练的职业,总的来说,已变得比较能挣钱;而任何人都可以很快并很容易学会的那种机

械而单调的活动的相应工资,则随着竞争的加剧而降低并且不得不降低。正是**这类**劳动在劳动组织的现状下仍然为数最多。因此,如果说第一类工人现在所挣得的是 50 年前的七倍,而第二类工人所挣得的和 50 年前一样,那么二者所挣得的**平均起来**当然是以前的四倍。但是,如果在一个国家里,从事第一类劳动的只有 1 000 人,而从事第二类劳动的有 100 万人,那么就有999 000 人并不比 50 年前生活得好,如果生活必需品的价格同时上涨,那么他们会比以前生活得**更坏**。而人们却想用这种肤浅的**平均计算**,在关系到居民中人数最多的阶级的问题上欺骗自己。此外,**工人的工资**多少只是估计**工人的收入**的因素之一,因为对衡量工人的收入来说更重要的是要把他们获得收入的有保障的**持续性**估计进去。但是,在波动和停滞不断出现的所谓自由竞争的无政府状态下,是根本谈不到这种持续性的。最后,还应注意过去和现在的通常劳动**时间**。最近 25 年来,也正是从棉纺织业采用节省劳动的机器以来,这个部门的英国工人的劳动时间已由于企业主追逐暴利[IX]而增加到每日 12 — 16 小时,而在到处还存在着富人无限制地剥削穷人这种公认权利的情况下,一国和一个工业部门的劳动时间的延长必然也或多或少地影响到其他地方。"(舒尔茨《生产运动》**14**第 65 页)

"然而,即使所谓社会**一切**阶级的平均收入都增长这种不真实的情况属实,收入的区别和**相对的**差距仍然可能扩大,从而贫富间的对立也可能更加尖锐。因为正是**由于**生产总量的增长,并且随着生产总量的增长,需要、欲望和要求也提高了,于是**绝对的**贫困减少,而**相对的**贫困可能增加。吃海豹油和发臭的鱼的萨莫耶德人并不穷,因为在他们那种封闭的社会里一切人都有同样的需要。但是,在一个**前进着的国家**,生产总量在大约十年内与社会①相比增加了三分之一,而工人挣得的工资仍和十年前一样多,他们不但不能保持过去的收入水平,而且比过去穷三分之一。"(同上,第 65、66 页)

但是,国民经济学把工人只当做劳动的动物,当做仅仅有最必要的肉体需要的牲畜。

"一个民族要想在精神方面更自由地发展,就不应该再当自己的肉体需要的奴隶,不应该再当自己的肉体的奴仆。因此,他们首先必须有**能够**进行

———

① 威·舒尔茨原著中写的是"人口"。——编者注

精神创造和精神享受的**时间**。劳动组织方面的进步会赢得这种时间。的确，今天由于有了新的动力和改进了的机器，棉纺织厂的一个工人往往可以完成早先 100 甚至 250—350 个工人的工作。在一切生产部门中都有类似的结果，因为外部自然力日益被强行用于[X]人类劳动。如果说为了满足一定量的物质需要所需耗费的时间和人力现在比过去减少了一半，那么，与此同时，在不损害物质生活舒适的情况下，给精神创造和精神享受提供的余暇也就增加一倍……　但是，甚至在我们从老克伦纳士自己领域中夺得的房获物的分配方面，起决定作用的也仍然是像掷骰子游戏那样的盲目的、不公正的偶然性。在法国有人计算过，在目前的生产状况下，每个有劳动能力的人平均劳动时间为每日五小时，就足以满足社会的一切物质利益……　尽管因机器改进而节省了时间，工厂中奴隶劳动的持续时间对众多居民来说却有增无已。"（同上，第 67、68 页）

"从复合的手工劳动向下一阶段过渡，首先要将这种手工劳动分解为若干简单的操作。但是，最初只有**一部分**单调的重复的操作由机器来承担，而另一部分由人来承担。根据事物的本性和一致的经验，这种连续不断的单调的活动无论对于精神还是对于肉体都同样有害。因此，在机器同较大量人手之间进行的简单分工相**结合**的状况下，这种分工的一切弊病也必然要显露出来。工厂工人的死亡率较高尤其表明了这种分工的[Ⅺ]弊病……　人们**借助于**机器来劳动和人们**作为**机器来劳动，这两者之间的巨大差别并没有……受到人们的注意。"（同上，第 69 页）

"但是，在各国人民未来的生活中，通过机器起作用的盲目的自然力，将成为我们的奴隶和奴仆。"（同上，第 74 页）

"在英国的纺纱厂中就业的只有 158 818 个男工，却有 196 818 个女工。兰开斯特郡的棉纺织厂每有 100 个男工就有 103 个女工，而在苏格兰甚至达到 209 个。在英国利兹的麻纺厂中每有 100 个男工就有 147 个女工；在邓迪和苏格兰东海岸甚至达到 280 个。在英国的丝织厂中有很多女工；在需要较强劳力的毛纺织厂中男工较多。1833 年在北美的棉纺织厂中就业的，除了 18 593 个男工以外，至少有 38 927 个女工。可见，由于劳动组织的改变，女性有了较大的就业范围……妇女在经济上有了比较独立的地位……男性和女性在社会关系方面互相接近了。"（同上，第 71、72 页）"1835 年，在拥有蒸汽动力和水力动力的英国纺纱厂中劳动的有 8—12 岁的儿童 20 558 人，12—13 岁的儿童 35 867 人，13—18 岁的儿童 108 208 人……　当然，机械的进一步改进——因为它使人手日益摆脱一切单调的工作——促使这种弊病逐渐 [XII]消除。但是,资本家能够以最容易和最便宜的方式占有下层阶级以至 儿童的气力,以便使用和消耗这种气力来**代替**机械手段,正是这种情况妨碍 机械的迅速进步。"(舒尔茨《生产运动》第 70、71 页)

"布鲁姆勋爵向工人大声疾呼:'做资本家吧。'……不幸的是,千百万人 只有通过那种伤害身体、使道德和智力畸形发展的紧张劳动,才能挣钱勉强 养活自己,而且他们甚至不得不把找到**这样一种**工作的不幸看做是一种幸 运。"(同上,第 60 页)

"于是,为了生活,一无所有者不得不直接地或间接地替所有者**效劳**,也 就是说,依赖于他们。"(贝魁尔《社会经济［和政治经济］的新理论》**15**第 409 页)

佣人——工钱;工人——工资;职员——薪金或报酬。(同 上,第 409、410 页)

"出租自己的劳动","出借自己的劳动换取利息","代替别人劳动"。

"出租劳动材料","出借劳动材料换取利息","让别人代替自己劳动"。 (同上［,第 411 页])

[XIII]"这种经济制度注定人们从事如此低贱的工作,处于如此悲惨和 痛苦的境地,相比之下,野蛮状态也犹如王公的生活了。"(同上,第 417、 418 页)

"一无所有者以各种各样的形式卖淫。"(同上,第 421 页及下一页)捡破 烂者。

查·劳顿在《人口等问题的解决办法》(1842 年巴黎版)**16**一 书中估计英国卖淫者的数目有 6 万—7 万人。贞操可疑的妇女也 有那么大的数目。(第 228 页)

"这些不幸的马路天使的平均寿命,从她们走上淫荡的生活道路算起,大 约是 6—7 年。因此,要使卖淫者保持 6 万—7 万这个数目,在联合王国每年 至少要有 8 000—9 000 名妇女为这种淫秽的职业献身,或者说,每天大约要 有 24 名新的牺牲者——每小时平均要有一名;如果这同一比例适用于全球,

那么这类不幸妇女势必经常有 150 万人。"（同上，第 229 页）

"贫困的人口随着他们贫困的增长而增长；处于极端贫困状态下的人数不胜数，争夺着受苦受难的权利……　1821 年爱尔兰的人口是 6 801 827 人。1831 年增加到 7 764 010 人，就是说，在十年中间增加了 14%。在最富裕的伦斯特省，人口只增加 8%，而在最贫困的康诺特省，人口却增加 21%（《在英格兰公布的关于爱尔兰的调查摘要》1840 年维也纳版）。"（比雷《论贫困》①第 1 卷第 36、37 页）

国民经济学抽象地把劳动看做物；劳动是商品；价格高，意味着对商品的需求很大；价格低，就意味着商品的供给很多；劳动作为商品，其价格必然日益降低；这种情况之所以必然发生，一部分是由于资本家和工人之间的竞争，一部分是由于工人之间的竞争……

"出卖劳动的工人人口，不得不满足于产品的最微小的一份……　关于劳动是商品的理论，难道不是披着伪装的奴隶制的理论吗？"（同上，第 43 页）"为什么人们把劳动只看成交换价值呢？"（同上，第 44 页）大工场宁可购买妇女和儿童的劳动，因为这种劳动比男子的劳动便宜。（同上）"工人在雇用他的人面前不是处于自由的卖者地位。……资本家总是自由雇用劳动，而工人总是被迫出卖劳动。如果劳动不是每时都在出卖，那么它的价值就会完全消失。与真正的[商品]不同，劳动既不能积累，也不能储蓄。[XIV]劳动就是生命，而生命如果不是每天用食物进行新陈代谢，就会衰弱并很快死亡。为了使人的生命成为商品，也就必须容许奴隶制。"（同上，第 49、50 页）

可见，如果劳动是商品，那么它就是一种具有最不幸的特性的商品。然而，甚至按照国民经济学的基本原理，劳动也不是商品，因为它不是**自由交易**的自由结果。[同上，第 50 页]现在的经济制度

"同时降低了劳动的价格和劳动的报酬；它造就了工人，却贬低了人"。（同上，第 52、53 页）"工业成了战争，而商业成了赌博。"（同上，第 62 页）

---

① 即欧·比雷《论英法工人阶级的贫困》1840 年巴黎版。——编者注

单是加工棉花的机器(在英国)就相当于 8 400 万手工劳动者。[同上,第 193 页,脚注]

工业直到现在还处于掠夺战争的状态:

"它像大征服者那样冷酷无情地浪费那些构成其军队的人的生命。它的目的是占有财富,而不是人的幸福。"(比雷,同上,第 20 页)"这些利益〈即经济利益〉如果听之任之……就必然要互相冲突;它们除了战争再无其他仲裁者,战争的判决是使一些人失败和死亡,使另一些人获得胜利。……科学在对抗力量的这种冲突中寻求秩序和平衡:按照科学的意见,连绵不断的战争是获得和平的唯一手段;这种战争就叫做竞争。"(同上,第 23 页)

工业战争为了能卓有成效地进行下去,需要有人数众多的、能由它调集到一个地点并承受巨大牺牲的军队。这种军队的士兵之所以能忍受强加在他们身上的重担,既不是出于忠诚,也不是由于义务,而只不过为了逃避那严酷的饥饿命运。他们对自己的长官既不爱戴,也不感恩。长官对自己的部下也毫无亲善可言。在他们眼中,这些部下不是人,仅仅是以尽可能少的花费带来尽可能多的收入的生产工具。这些日益密集的工人大众甚至没把握会经常受雇于人;把他们集合起来的工业只是在它需要他们的时候才让他们活下去;而一旦能够摆脱他们,它就毫不踌躇地抛弃他们;于是工人不得不按照人家同意的价格出卖自己的人身和力气。加在他们身上的劳动,时间越长,越使他们痛苦和厌恶,他们所得的报酬也就越少;可以看到有些工人每天连续紧张劳动 16 小时,才勉强买到不致饿死的权利。(同上,第 68、69 页)

[XV]"我们确信……那些负责对手工织布工状况进行调查的专员们也会相信,大工业城市如果不是时时刻刻都有健康人、新鲜的血液不断从邻近农村流入,就会在短期内失去自己的劳动人口。"(同上,第 362 页)

资本的利润

[I]一、资本

(1)**资本**,即对他人劳动产品的私有权,是建立在什么基础上的呢?

"尽管资本本身不归结为盗窃或诈骗,可是为了使继承神圣化,仍然需要有立法的协助。"(萨伊,第1卷第136页①)

人怎样成为生产基金的所有者?他怎样成为用这些生产基金生产出来的产品的所有者?

根据实在法。(萨伊,第2卷第4页)

人们依靠资本,例如,依靠大宗财产的继承,可以得到什么?

"例如,继承了大宗财产的人并不因此直接得到政治权力。这种财富直接和径直提供给他的那种权力无非是**购买的权力**,这是对一切他人劳动或者说对当时市场上存在着的他人劳动的一切产品的控制权。"(斯密,第1卷第61页②)

因此,资本是对劳动及其产品的**支配权力**。资本家拥有这种权力并不是由于他的个人的特性或人的特性,而只是由于他是资本的**所有者**。他的权力就是他的资本的那种不可抗拒的**购买的**权力。

下面我们首先将看到,资本家怎样利用资本来行使他对劳动的支配权力,然后将看到资本的支配权力怎样支配着资本家本身。

什么是资本?

"一定量的积蓄的和储存的劳动。"(斯密,第2卷第312页)

资本是积蓄的劳动。

(2)**基金**,资金,是土地产品和工业劳动产品的任何积累。资

---

① 让·巴·萨伊《论政治经济学》1817年巴黎第3版。——编者注
② 亚·斯密《国民财富的性质和原因的研究》1802年巴黎版。——编者注

金只有当它给自己的所有者带来收入或利润的时候,才叫做**资本**。(斯密,第 2 卷第 191 页)①

二、资本的利润

"**资本的利润**或赢利与**工资**完全不同。二者的差别表现在两个方面。首先,资本的利润完全决定于所使用的资本的价值,尽管监督和管理的劳动在不同的资本那里可能是一样的。其次,在大工厂,这方面的全部劳动委托给一个主管人,这个主管人的薪金同由他监督如何使用的[II]资本并不保持一定的比例。尽管这里的资本所有者的劳动几乎等于零,他仍然要求利润同他的资本保持一定的比例。"(斯密,第 1 卷第 97—99 页)

为什么资本家要求利润和资本之间保持这种比例呢?

如果资本家从出卖工人生产的产品中,除了用于补偿他预付在工资上的基金所必需的数额以外,不指望再多得一些,他就不会有**兴趣**雇用这些工人了;如果他的利润同所使用的基金的量不成一定的比例,他就不会有**兴趣**使用较大的资本来代替较小的资本。(斯密,第 1 卷第 97 页)

因此,资本家赚得的利润首先同工资成比例,其次同预付的原料成比例。

利润和资本的比例是怎样的呢?

如果说确定一定地点和[一定]时间的通常的、平均的工资额已经很困难,那么确定资本的利润就更困难了。资本家所经营的那些商品的价格的变化,他的竞争者和顾客的运气好坏,商品在运输中或在仓库中可能遇到的许许多多意外事故,——这一切都造成利润天天有变动,简直是时刻有变动。(斯密,第 1 卷第 179、180 页)尽管精确地确定资本的利润是不可能的,但根据**货币利息**仍可大致有数。如果使用货币而得到的利润多,那么为使用货币而付出的利息就多;如果使用货币而得到的利润少,那么付出的利息也少。

① 这是亚·斯密《国民财富的性质和原因的研究》1802 年巴黎版译者热·加尔涅写的脚注。——编者注

（斯密，第1卷第180、181页）通常的利息率和纯利润率之间应当保持的比例，必然随着利润的升降而变化。在英国，人们认为，双倍利息就是商人所称的**正当的**、**适度的**、**合理的**利润；这些说法无非是指**通常的和普通的**利润。（斯密，第1卷第198页）

什么是**最低的**利润率呢？什么是**最高的**利润率呢？

资本的**最低的**普通利润率，除了足以补偿资本在各种使用中遇到的意外损失，必须始终**有些剩余**。只有这种剩余才是纯利润或净利润。最低利息率的情况也是如此。（斯密，第1卷第196页）

[III]**最高的**普通利润**率**可能是这样的，它**吞没大多数商品中地租的全部**，并且使供应的商品中所包含的工资降到**最低价格**，即仅够工人在劳动期间糊口。在工人被雇用从事劳动时，人们总得设法养活他们；地租却可以完全不付。例如，在孟加拉的东印度贸易公司[17]的经理们。（斯密，第1卷第197、198页）

资本家除了在这种情况下可以利用微小竞争的一切好处之外，还能用堂堂正正的方式把市场价格保持在自然价格之上。

首先，如果那些向市场供应商品的人离市场很远，就利用**商业秘密**；这就是说，对价格变动即价格高于自然价格保密。这种保密的效果就是使其他资本家不致把自己的资本投到这个部门来。

其次，利用**制造业秘密**；这种秘密使资本家可以用较少的生产费用，按照与自己的竞争者同样的价格甚至比他还低的价格供应商品，从而获得较多的利润。——（以保密来进行欺骗不是不道德吗？交易所的交易。）——**再次**，把生产限制在特定的地点（例如，名贵的葡萄酒），以致**有效的需求**永远不能得到满足。**最后**，利用个人的和公司的**垄断**。垄断价格是可能达到的最高价格。（斯密，第1卷第120—124页）

可能提高资本利润的另一些偶然的原因：

新领土的获得或新行业的出现甚至在富国也往往可以提高资本利润，因为它们可以从旧行业抽走一部分资本，缓和竞争，以较少的商品供应市场，从

而促使这些商品的价格提高;在这种情况下,这些商品经营者就能够对贷款支付较高的利息。(斯密,第 1 卷第 190 页)

商品加工越多,商品越变成加工对象,商品价格中分解为工资和利润的部分就比分解为地租的部分增长得越大。随着对商品加工时手工劳动的增加,不仅利润的数目增大,而且每一后来的利润总比先前的利润大,因为产生利润的资本[IV]必然越来越大。雇用织工的资本必然总是大于雇用纺工的资本,因为前一种资本不仅要补偿后一种资本及其利润,而且还要支付织工的工资,而利润必定总是同资本保持一定的比例。(第 1 卷第 102、103 页)

由此可见,在对自然产品加工和再加工时人的劳动的增加,不是使工资增加,而是一方面使获利资本的数额增加,另一方面使每一笔后来的资本比先前的资本增大。

关于资本家从分工中获利,后面再讲。①

资本家是双重获利:第一,通过分工;第二,一般地通过对自然产品加工时人的劳动的增加。人加进商品的份额越大,死资本的利润就越大。

在同一社会,与不同工种的工资相比,资本的平均利润率十分接近于同一水平。(第 1 卷第 228 页)各种不同用途的资本的普通利润率随着收回资本的可靠性的大小而不同。利润率随着风险增大而提高,尽管二者并不完全成比例。(第 1 卷第 226、227 页)

不言而喻,资本利润还由于流通手段(例如,纸币)的简便或低廉而增长。

三、资本对劳动的统治和资本家的动机

资本占有者决定把资本投入农业还是投入工业,投入批发商业的某一部门还是投入零售商业的某一部门,其唯一动机是对他自己的利润的考虑。至

---

① 参看本书第 30—31 页;并参看第 185—187 页右栏。——编者注

于资本的哪一种用途能推动多少**生产劳动**,[Ⅴ]或者会使他的国家的土地和劳动的年产品增加多少价值,他是从来不会想到去计算的。(斯密,第2卷第400、401页)

对资本家来说,资本的最有利的使用,就是在同样可靠的条件下给他带来最大利润的使用。这种使用对社会来说并不总是最有利的。最有利的资本使用就是用于从自然生产力中取得好处。(萨伊,第2卷第130、131页)

最重要的劳动操作是按照投资者的规划和盘算来调节和指挥的。而投资者所有这些规划和操作的目的就是**利润**。就是说:利润率不像地租和工资那样,随社会的繁荣而上升,随社会的衰退而下降。相反,利润率很自然地在富国低,在穷国高,而在最迅速地走向没落的国家中最高。因此,这一阶级的利益不像其他两个阶级的利益那样与社会的普遍利益联系在一起……　经营某一特殊商业部门或工业部门的人的特殊利益,在某一方面总是和公众利益不同,甚至常常同它相敌对。商人的利益始终在于扩大市场和限制卖者的竞争……　这是这样一些人的阶级,他们的利益决不会同社会的利益完全一致,他们的利益一般在于欺骗和压迫公众。(斯密,第2卷第163—165页)

四、资本的积累和资本家之间的竞争

资本的增加使工资提高,但由于资本家之间的**竞争**又有使资本家利润减少的趋向。(斯密,第1卷第179页)

"例如,一个城市的食品杂货业所需的资本如果分归两个不同的食品杂货商经营,那么他们之间的竞争会使双方都把售价降到比一个人独力经营时便宜;如果分归20个[Ⅵ]杂货商经营,那么他们之间的竞争会更剧烈,而他们彼此达成一致意见来抬高他们的商品价格的可能性也变得更小。"(斯密,第2卷第372、373页)

既然我们已经知道,垄断价格是尽可能高的价格;既然资本家的利益甚至按照一般国民经济学的观点看来是同社会相敌对的;既然资本利润的提高像复利一样影响商品的价格(斯密,第1卷第201页),——那么,**竞争**就是抵制资本家的唯一手段;根据国民经济学的论述,竞争既对工资的提高产生好影响,也对商品价格

的下降产生有利于消费公众的好影响。**18**

但是,只有当资本增加而且分散在许多人手中的时候,竞争才有可能。只有通过多方面的积累才可能形成许多资本,因为资本一般只有通过积累才形成,而多方面的积累必然转化为单方面的积累。资本之间的竞争扩大各种资本的积累。在私有制的统治下,积累就是资本在少数人手中的**积聚**,只要听任资本的自然趋向,积累一般说来是一种必然的结果;而资本的这种自然使命恰恰是通过竞争来为自己开辟自由的道路的。

我们已经听说,资本的利润同资本的量成正比。因此,即使一开始就把蓄谋的竞争完全撇开不谈,大资本也会按其量的大小相应地比小资本积累得快。

[VIII]由此可见,完全撇开竞争不谈,大资本的积累比小资本的积累快得多。不过,我们要进一步探讨这个过程。

随着资本的增长,资本利润由于竞争而减少。因此,受害的首先是小资本家。

资本增长为大量的资本,是以一国财富的日益增长为前提的。

"在财富达到极高程度的国家,普通利润率非常低,从而这个利润能够支付的利息太低,以致除了最富有的人以外任何人都不能靠货币利息生活。因此,所有中等有产者都不得不自己使用自己的资本,经营一种实业,或参与某种商业部门。"(斯密,第 1 卷第 196、197 页)

这种状态是国民经济学最喜爱的状态。

"资本总额和收入总额之间的比例无论在什么地方都决定着勤劳和懒惰的比例:资本占优势的地方,普遍勤劳;收入占优势的地方,普遍懒惰。"(斯密,第 2 卷第 325 页)

在这种日益扩大的竞争中,资本使用的情况如何呢?

"随着资本的增加,生息信贷基金的数量也必然不断增长。随着这种基金的增加,货币利息会日益降低,(1)因为一切物品的市场价格随着物品数量的增加而降低;(2)因为**随着一国资本的增加**,新资本要找到有利可图的用途**越来越困难**。不同资本之间就产生了竞争,一个资本的占有者千方百计夺取其他资本所占领的位置(营业)①。但是,如果他不提出更优惠的条件做交易,那么他多半不能指望把其他资本挤出所占的位置。他不仅要廉价销售物品,而且往往为了寻找销售的机会,还不得不高价收购物品。指定用来维持生产劳动的基金越多,对劳动的需求也就越大:工人容易找到工作,[IX]而资本家却难以找到工人。资本家的竞争使工资提高,利润下降。"(斯密,第2卷第358、359页)

因此,小资本家必须作出选择:(1)由于已经不能靠利息生活而把自己的资本吃光,从而不再做资本家;或者(2)亲自经营实业,自己的货品要比更富有的资本家贱卖贵买,并且支付较高的工资;因为市场价格由于所设想的激烈竞争已经降得很低,所以小资本家就得陷于破产。相反,大资本家要挤掉小资本家,却拥有对小资本家的一切优势,这些优势是资本家作为资本家对工人所拥有的。对大资本家来说,较少的利润可以由他的较大量的资本来补偿;他甚至可以承受暂时的亏损,直至小资本家破产,直至他摆脱小资本家的竞争。他就是这样把小资本家的利润积累在自己手里。

其次,大资本家总是比小资本家买得便宜,因为他的进货量比较大。因此,他可以贱卖而不亏损。

但是,如果说货币利息下降会使中等资本家由食利者变为企

---

① 手稿中"营业"写在"位置"的上方。——编者注

业家,那么反过来,企业资本的增加以及因此引起的利润的减少,会造成货币利息下降。

"随着使用资本所能取得的利润减少,为使用这笔资本所能支付的价格也必然降低。"(斯密,第 2 卷第 359 页)

"财富、工业、人口越增长,货币利息,从而资本家的利润就越降低。利润尽管减少,资本本身却不但继续增加,而且比以前增加得更迅速。大资本利润虽低,但一般说来要远比利润高的小资本增长得迅速,俗语说得好:钱能生钱。"([斯密,]第 1 卷第 189 页)

如果像在所设想的那种激烈竞争状态下发生的那样,利润低的小资本同这个大资本相对立,那么大资本会把它们完全压垮。

在这种竞争中,商品质量普遍低劣,伪造、假冒,无毒不有,正如在大城市中看到的,这是必然的结果。

[X]此外,**固定资本**和**流动资本**之间的比例,也是大资本和小资本的竞争中的一个重要情况。

"**流动资本**是用于食品生产、制造业或商业的资本。只要它仍然为自己的主人所占有或者继续保持原状,它就不会给自己的主人带来收入或利润。它不断以一种形式用出去,再以另一种形式收回来,而且只有借助于这种流通,或者说借助于这种连续的转化和交换,才带来利润。**固定资本**是用于改良土地,购置机器、工具、手工业器具之类物品的资本。"(斯密,第 2 卷第197、198 页)

"固定资本维持费的任何节约都意味着纯利润的增长。任何企业家的总资本必然分成固定资本和流动资本。只要资本总额不变,其中一部分越小,另一部分就越大。流动资本供他购买原料、支付工资和推动工业运转。因此,固定资本的任何节约,只要不是减少劳动生产力,都会增加[推动工业运转的]基金。"(斯密,第 2 卷第 226 页)

从一开头就可以看出,固定资本和流动资本的比例,对大资本家要比对小资本家有利得多。最大的银行家需要的固定资本只比

《1844 年经济学哲学手稿》笔记本 I 第 X 页

最小的银行家略多一点。二者的固定资本都只限于银行办公的费用。大土地占有者的生产工具决不会与他的土地面积成比例地增加。同样,大资本家所享有的比小资本家高的信用,就是固定资本即一笔必须经常准备着的货币的更大节约。最后,不言而喻,凡是工业劳动高度发展的地方,也就是几乎所有手工劳动都变成工厂劳动的地方,小资本家仅仅为了拥有必要的固定资本,哪怕把他的全部资本都投入也不够。大家知道,大规模耕作所用的劳动,通常只占用不多的劳动人手。

与较小的资本家相比,在大资本积累时,一般还发生固定资本的相应的积聚和简化。大资本家为自己[Ⅺ]采用某种对劳动工具的组织方法。

"同样,在工业领域,每个工场和工厂都已经是相当大一批物质财富为**共同的**生产目的而同多种多样的智力和技能实行的广泛结合……凡是立法维护大地产的地方,日益增长的人口的过剩部分就涌向工商业,结果,正如在英国那样,大批无产者主要聚集在工业领域。而凡是立法容许土地不断分割的地方,正如在法国那样,小的和负债的所有者的数目就增加,他们由于土地进一步分割而沦为穷人和不满者的阶级。最后,当这种分割和过重的负债达到更高程度时,大地产就重新吞掉小地产,正像大工业吃掉小工业一样;而且因为较大的地产重新形成,大批不再为土地耕作所绝对需要的一无所有的工人就又涌向工业。"(舒尔茨《生产运动》**14**第58、59页)

"同一种商品的性质由于生产方法改变,特别是由于采用机器而发生变化。只是由于排除了人力,才有可能用一磅价值3先令8便士的棉花,纺出350束总长167英里或36德里、商业价值为25基尼的纱。"(同上,第62页)

"45年来英国的棉纺织品价格平均降低$\frac{11}{12}$,并且据马歇尔计算,相同数量的制品,在1814年需要付16先令,而现在只用交1先令10便士。工业产品的大落价既扩大了国内消费,也扩大了国外市场;因此,英国棉纺织工业的工人人数在采用机器以后不仅没有减少,反而从4万上升到150万。[Ⅻ]至于工业企业家和工人的收入,那么由于厂主之间的竞争加剧,厂主的利润同他们供应的产品量相比必然减少。在 1820—1833 年期间,曼彻斯特的工厂主在每匹印花布上所得的总利润由 4 先令 $1\frac{1}{3}$ 便士减少到 1 先令 9 便士。但是,为了补偿这个损失,生产量更加增大。结果,在个别工业部门部分地出现生产过剩;破产频繁发生,在资本家和雇主的阶级**内部**造成财产的变化不定的波动和动荡,这种波动和动荡把一部分经济破产的人抛入无产阶级队伍;同时经常的和突然的停工或缩减工作成为必然,这种不利情况总是使雇佣劳动者阶级痛感其害。"(同上,第 63 页)

"出租自己的劳动就是开始自己的奴隶生活;而出租劳动材料就是确立自己的自由……　劳动是人,而劳动材料则根本不包括人。"(贝魁尔《社会[经济和政治经济的新]理论》**15**第 411、412 页)

"材料要素如果没有别的要素即**劳动**,根本不能创造财富;材料要素获得对他们[这种材料要素的所有者]富有成果的魔力,好像他们是自己加进了这种不可缺少的要素。"(同上,第 412 页)

"假定一个工人的日常劳动每年给他平均带来 400 法郎,而这个数目足够一个成年人维持最起码的生活,那么,这等于说,一个每年拥有 2 000 法郎利息、地租、房租等等收入的所有者在间接地迫使 5 个人为他劳动;10 万法郎的收入表示 250 人的劳动,而 100 万法郎则表示 2 500 人的劳动。"(因而,3 亿法郎(路易-菲力浦)表示 75 万工人的劳动。)①(同上,第 412、413 页)

"人们制定的法律赋予所有者以使用和滥用即随心所欲地处置任何劳动材料的权利……　法律并不责成所有者始终及时地给那些一无所有的人提供工作,而且还付给他们总是够用的工资,等等。"(同上,第 413 页)"对生产的性质、数量、质量和适宜性的确定,对财富的使用和消费以及对一切劳动材料的支配,都是完全自由的。每个人都可以只考虑他自己的个人利益,随意地自由交换自己的物品。"(同上,第 413 页)

"竞争不过是任意交换的表现,而任意交换又是使用和滥用任何生产工具的个人权利的直接和合乎逻辑的结果。实际上构成一个统一整体的这三个经济因素——使用和滥用的权利,交换的自由和无限制的竞争——引起如下的后果:每个人都可以按照他乐意的方式,在他乐意的时间和地点,生产他

① 马克思在他收藏的康·贝魁尔这本著作第 413 页下边的空白处作了这一计算。——编者注

乐意生产的东西;他可以生产得好或坏、过多或过少、过迟或过早、过贵或过贱;没有人知道,他能否卖出去、卖给谁、如何卖、何时卖、在何处卖。买进的情况也是如此。[XIII]生产者既不知道需用的东西也不知道原料来源,既不知道需求也不知道供给。他在他愿意卖和能够卖的时候,在他乐意的地点,按照他乐意的价格,卖给他乐意卖的人。他买进的情况也是如此。他在这一切方面总是偶然情况的玩物,是强者、不受折磨者、富有者所强加的法律的奴隶…… 一个地方是财富的不足,而另一个地方是财富的过剩和浪费。一个生产者卖得很多或者卖得很贵并且利润丰厚,而另一个生产者卖不出去或者亏本…… 供给不知道需求,需求不知道供给。你们根据消费者中出现的爱好和时兴进行生产;可是,当你们准备好提供这种商品的时候,他们的兴趣已经消逝,并转到另一种产品上去了…… 这一切情况的必然结果就是:连续不断的和日益扩大的破产;失算,突如其来的破落和出乎意料的致富;商业危机,停业,周期性商品滞销或脱销;工资和利润的不稳定和下降;财富、时间和精力在激烈竞争的舞台上的损失或惊人的浪费。"(同上,第414—416页)

李嘉图在他的书①(地租)中说:各国只是生产的工场;人是消费和生产的机器;人的生命就是资本;经济规律盲目地支配着世界。在李嘉图看来,人是微不足道的,而产品则是一切。在法译本第二十六章中说:

"对于一个拥有 2 万法郎资本,每年获得利润 2 000 法郎的人来说,不管他的资本是雇 100 个工人还是雇 1 000 个工人,都是无关紧要的…… 一个国家的实际利益不也是这样吗? 只要这个国家的实际纯收入、它的地租和利润不变,这个国家的人口有 1 000 万还是有 1 200 万,它是不会关心的。"②"德·西斯蒙第先生说(第 2 卷第 331 页):真的,只盼望国王孤零零地

---

① 指大·李嘉图《政治经济学和赋税原理》1835 年巴黎第 2 版第 2 卷。——编者注
② 大·李嘉图《政治经济学和赋税原理》1835 年巴黎第 2 版第 2 卷第 194—195 页,引自欧·比雷《论英法工人阶级的贫困》1840 年巴黎版第 1 卷第 6—7 页。——编者注

住在自己的岛上,不断地转动手柄〈Kurbel〉,通过自动机来完成英国的全部工作了。"①

"雇主用只够满足工人最迫切需要的低价格来购买工人的劳动,对于工资不足或劳动时间过长,他不负任何责任,因为他自己也要服从他强加给别人的法律…… 贫困的根源与其说在于人,不如说在于物的力量。"(〔比雷,〕同上,第 82 页)

"英国许多地方的居民缺少资本来充分耕种他们的土地。苏格兰南部各郡的羊毛,因为缺少就地加工的资本,大部分不得不通过很糟糕的道路,长途运送到约克郡去加工。英国有许多小工业城市,那里的居民缺少足够的资本把他们的工业产品运往可以找到需求和消费者的遥远市场。这里的商人〔XIV〕只不过是住在某些大商业城市中的比较富有的商人的代理人。"(斯密,第 2 卷第 382 页)"要增加土地和劳动的年产品的价值,就只有增加**生产工人的人数**,或者提高已被雇用的**工人的劳动生产率**…… 无论哪一种情况几乎总是必须增加资本。"(斯密,第 2 卷第 338 页)

"因为按照事物的本性,资本的**积累**是分工的必要的先导,只有资本的积聚越来越多,分工才会越来越细。分工越细,同样数目的人所能加工的材料数量也就增加得越多;因为每个工人的任务在更大程度上逐渐简化,减轻和缩减这些任务的新机器才大量发明出来。因此,随着分工的发展,为了经常雇用同样数目的工人,就必须预先积聚和从前同样多的生活资料,以及比从前分工不大发达时更多的材料、工具和手工业器具。在任何劳动部门,工人人数总是随着这一部门分工的发展而增长,更正确地说,正是工人人数的这种增长才使工人可能实现这种分类和细密分工。"(斯密,第 2 卷第 193、194 页)

"劳动生产力的大大提高,非有预先的资本积累不可,同样,资本的积累也自然会引起劳动生产力的大大提高。资本家希望利用自己的资本来生产数量尽可能多的产品,因此他力求在自己的工人中间实行最恰当的分工,并把尽可能好的机器供给工人使用。他为在这两方面获得成功而采取的办法,〔XV〕就看他有多少资本,或者说,要看这个资本能够雇用多少工人。因此,

---

① 指德·西斯蒙第《政治经济学新原理》1827 年巴黎第 2 版第 2 卷第 331 页,引自欧·比雷《论英法工人阶级的贫困》1840 年巴黎版第 1 卷第 7 页。——编者注

在一个国家里,不仅工业的数量随着推动劳动的**资本的扩大**而增加,而且,同一数量的工业所生产的产品数量,也由于资本的扩大而大大增加。"(斯密,同上,第194、195页)

由此出现了**生产过剩**。

"由于在更大规模的企业中实行更大数量和更多种类的人力和自然力的结合,在工业和商业中……生产力更广泛地联合起来。有些地方,主要的生产部门彼此之间已经更密切地结合起来。例如,大工厂主也力图购置大地产,以便他们的工业企业所需要的原料至少有一部分不必从他人手中得到;或者他们结合自己的工业企业开办商业,不仅为了销售他们自己的产品,而且也为了购买其他种类的产品并把这些产品卖给他们的工人。在英国,单个的工厂主有时拥有10 000—12 000个工人……不同生产部门在**一个有才智者**的领导之下的这种结合,这种所谓国家中的小国家或国家中的管辖地区,已经屡见不鲜。例如,伯明翰的矿主近来已把制铁的**全部**过程掌握起来,而过去这一过程是分散在许多企业家和占有者手里的。见1838年《德意志季刊》[19]第3期《伯明翰的矿区》一文。最后,我们在目前已如此之多的大股份企业中,还看到**许多**股东的财力同另一些担任实际工作的人的科技知识和才能的广泛结合。这样一来,资本家就有可能以更纷繁多样的方式来利用自己的积蓄,甚至还可以把积蓄同时用于农业、工业和商业。因此他们的利益也就是多方面的了,[XVI]而农业、工业和商业的利益之间的截然对立也缓和下来并趋于消失。然而,这种用不同方式便于资本得利的可能性本身,必定会加深有产者阶级和无产者阶级之间的对立。"(舒尔茨,同上,第40、41页)

房东从贫困中取得巨额利润。房租和工业贫困成反比。

还从堕落的无产者的恶习中抽取利息。(卖淫,酗酒,抵押放债人)

当资本和地产掌握在同一个人手中,并且资本由于数额庞大而能够把各种生产部门联合起来的时候,资本的积累日益增长,而资本间的竞争日益减少。

对人的漠不关心。斯密的二十张彩票。[20]

萨伊的纯收入和总收入。

地　　租

[I]**土地所有者的权利**来源于掠夺。（萨伊,第 1 卷第 136 页,注）土地所有者也像所有其他人一样,喜欢在他们未曾播种的地方有所收获,甚至对土地的自然产物也索取地租。（斯密,第 1 卷第 99 页）

"也许有人认为,地租不过是土地所有者用来改良土地的资本的利润……有时候,地租可能部分地是这样……但是,土地所有者(1)甚至对未经改良的土地也要求地租,而人们可能看做改良费用的利息或利润的东西,则往往是这种原始地租的附加额(追加费)①;(2)此外,这种改良并不总是用土地所有者的资金,而有时是用租地农场主的资金来进行的;虽然如此,在重订租约时,土地所有者通常要求提高地租,仿佛这种改良全是由他自己出资进行的;(3)而且,他有时甚至对那根本不能用人力来改良的东西也要求地租。"（斯密,第 1 卷第 300、301 页）

为说明后一种情况,斯密举叉明草（Seekrapp,salicorne）为例,

"这是一种海洋植物,一经燃烧便产生碱性盐,可用于制造玻璃、肥皂等等。这种植物生长在英国各地,特别是苏格兰,但只生长在潮汐〈涨潮,marée〉可及的岩石上;这些岩石每日两次被海潮淹没,因此这些岩石上的产物决不能通过人的劳动而增多。然而,生长这种植物的土地的所有者也要求地租,就像对谷田要求地租一样。设得兰群岛附近海域盛产鱼类。该群岛很大一部分居民[II]都靠捕鱼为生。但是,要从海产品获利,就必须在近海地带有住所。这里的地租不是同租地农场主可能从土地取得的东西成比例,而是同他

---

① 手稿中"追加费"写在"附加额"的上方。——编者注

可能从土地和海洋这两方面取得的东西的总和成比例。"（斯密，第 1 卷第 301、302 页）

"可以把地租看成土地所有者租给租地农场主使用的那些**自然力**的产物。这种产物的多少，取决于那些自然力的大小，换句话说，取决于土地的自然肥力或人工肥力的大小。地租是扣除或抵消一切可以看做人的劳动产物的东西之后所留下的自然产物。"（斯密，第 2 卷第 377、378 页）

"这样一来，被看成是为使用土地而支付的价格的**地租**，自然是一种**垄断价格**。它根本不同土地所有者改良土地所支出的费用成比例，也不同土地所有者为了不亏损而必须取得的数额成比例，而是同租地农场主在不亏损的情况下所能提供的数额成比例。"（斯密，第 1 卷第 302 页）

"在这三个阶级①中，土地所有者是这样一个阶级，他们的收入既不用劳力也不用劳心，可说是自然而然地落到他们手中的，并且用不着任何洞察力和计划。"（斯密，第 2 卷第 161 页）

我们已经听说，地租的数量取决于土地**肥力**的程度。

决定地租数量的另一个因素是土地的**位置**。

"不管土地的产品怎样，地租随着土地的**肥力**而变动；不管土地的肥力怎样，地租随着土地的位置而变动。"（斯密，第 1 卷第 306 页）

"如果土地、矿山或渔场的富饶程度相等，它们的产品就同用来耕作或开发的资本大小以及［Ⅲ］对这种资本的恰当使用的程度成比例。如果资本额相等而且都同样得到恰当使用，它们的产品就同土地、渔场或矿山的自然富饶程度成比例。"（［斯密，］第 2 卷第 210 页）

斯密的这些论点之所以重要，是因为它们在生产费用和资本额相等的条件下把地租归结为土地富饶程度的大小。这就清楚地证明了国民经济学**3**颠倒概念，竟把土地富饶程度变成土地占有者

---

① 手稿中是"三个生产阶级"。在马克思对亚·斯密著作的摘要中，此处是"三个阶级"，见《马克思恩格斯全集》历史考证版第 4 部分第 2 卷第 356 页。——编者注

的特性。

现在让我们来考察一下地租,看它在现实的关系中是如何形成的。

地租是通过**租地农场主和土地所有者之间的斗争**确定的。在国民经济学中,我们到处可以看到,各种利益的敌对性的对立、斗争、战争,被承认是社会组织的基础。

现在我们来看一看土地所有者和租地农场主之间的相互关系是怎样的。

"当决定租约条款时,土地所有者尽量使租地农场主所得的份额仅够补偿他用于置备种子,支付劳动报酬,购买、维持耕畜和其他生产工具的资本,此外,还使他取得该地区农场的普通利润。显然,这是租地农场主在不亏本的条件下所愿意接受的最低份额,而土地所有者是很少愿意多留一点给他的。产品或产品价格超过这一部分的余额,不论它有多大,土地所有者都力图把它作为地租攫为己有。这种地租就是租地农场主在土地现状下所能支付的最高额。[Ⅳ]这个余额始终可以看做自然地租,或看做大多数土地在出租时自然应该得到的地租。"(斯密,第 1 卷第 299、300 页)

萨伊说:"土地所有者对租地农场主实行某种垄断。对他们的商品即土地的需求可能不断增长;但是他们的商品数量只能扩展到某一点…… 土地所有者和租地农场主之间所达成的交易,总是对前者尽可能有利……除了本应得到的好处以外,他还从自己的地位、较大的财产、信誉、声望中得到好处;但是,仅仅前一种好处就足以使他能够总是**独享**他的土地的一切有利条件。运河或道路的开辟,地区人口的增长和富裕程度的提高,总是会提高地租…… 诚然,租地农场主本人也可能自己花钱来改良土壤;但是他只能在租期内从这笔投资中得到好处;租期一满,好处就转归土地所有者了;从这时起,土地所有者虽然没有预付什么,却获取利益,因为地租相应地增加了。"(萨伊,第 2 卷第 142、143 页)

"因此被看成是为使用土地而支付的价格的地租,自然是租地农场主在土地现状下所能支付的最高价格。"(斯密,第 1 卷第 299 页)

"因此,土地地面的地租大都……占总产品的三分之一,并且大都是一种固定的、[V]不受收成意外变动的影响的地租。"（斯密，第 1 卷第 351 页）"这种地租很少低于总产品的四分之一。"（同上，第 2 卷第 378 页）

不可能为一切商品都支付地租。例如，在一些地区，就不用为石头支付地租。

"通常人们只能把这样一部分土地产品送往市场，即这种产品的普通价格足够补偿把它们运往市场所需的资本，并能为这笔资本提供普通利润。如果普通价格超过此数，它的余额自然会归入地租。如果普通价格恰好是此数，商品虽然能够完全进入市场，但是不能给土地占有者提供地租。价格是否会超过此数呢？这取决于需求。"（斯密，第 1 卷第 302、303 页）

"地租以与工资、资本利润**不同的方式**加入**商品价格**的构成。**工资和利润的高低**是商品价格高低的**原因**，而地租的高低是这一价格的**结果**。"（斯密，第 1 卷第 303、304 页）

食物是始终提供**地租**的**产品**之一。

"因为像一切动物一样，人的繁殖自然同其生存资料相称，所以对食物总是有或大或小的需求。食物总是能够购买或多或少的[VI]劳动量，并且总是有人愿意为获得食物去做某种事情。诚然，由于有时要支付高工资，食物所能购买的劳动量，并不总是同食物被分配得最经济时所能维持的劳动量**相等**。但是，食物总是能够购买到它按照当地通常标准所能维持的那种劳动的劳动量。几乎在任何情况下，土地生产出的食物都超出为维持有助于使食物上市而必需的全部劳动所用的数量。这食物的超出部分又始终超过那个足够补偿推动这种劳动的资本并提供利润的数量。因此，这里始终有一些余额用来向土地所有者支付地租。"（斯密，第 1 卷第 305、306 页）"不仅食物是地租的原始源泉，而且，如果任何其他土地产品后来也提供地租，那么它的价值中的这个超出部分，则归因于：通过〈au moyen〉土地的耕种和改良，生产食物的劳动生产力有所提高。"（斯密，第 1 卷第 345 页）"可见，人的食物总是足够支付地租的。"（第 1 卷第 337 页）"一国有多少人口，不是看这个国家的产品能够保证多少人穿衣住宿，而是看这个国家的产品能够保证多少人糊口度日。"（斯密，第 1 卷第 342 页）

"除了食物之外,衣服和住宅连同取暖设备,就是人类的两大需要。这些东西大都可以带来地租,但并非必定如此。"(同上,第 1 卷第 338[—339]页)

[VIII]现在让我们来看看土地所有者如何榨取社会的一切利益。

(1)"地租随着人口的增长而增加。"**21**(斯密,第 1 卷第 335 页)

(2)我们已经从萨伊那里听说,地租如何随着铁路等等的修建,随着交通工具的改善、日益安全和多样化而增加。

(3)"社会状况的任何改善,都有**直接**或**间接地**提高地租、扩大土地所有者的实际财富即扩大土地所有者购买他人劳动或他人劳动产品的权力的趋势…… 土壤改良和耕作上的进步可以直接造成这种结果。土地所有者在产品中得到的那个份额,必然随着产品的增加而增加…… 这种原料实际价格的提高,例如家畜价格的提高,也可以直接地并以更大的比例提高地租。随着产品的这种实际价值的增长,不仅土地所有者所得份额的实际价值,即这一份额所赋予他的支配他人劳动的实际权力必然增长,而且土地所有者得到的份额在总产品中所占的比重也随着这种价值增长。这种产品的实际价格提高以后,提供这种产品和补偿所使用的资本及其普通利润,并不需要更多的劳动。因此,现在剩下的属于土地所有者的那部分产品在总产品中的比例,将比过去大得多。"(斯密,第 2 卷第 157—159 页)

[IX]对原产品的较大需求以及由此而产生的原产品价值的提高,可能部分地是人口及其需要增长的结果。但是,每一项新的发明,工业对于过去从未利用或很少利用的原料的每一次新的采用,都提高地租。例如,随着铁路、轮船等等的出现,煤矿的地租大大提高了。

除了土地所有者从工业、各种发现和劳动中获取的这种利益以外,我们现在还会看到另一种利益。

（4）"提高劳动生产力的各种方法既能直接降低工业品的实际价格,也能间接提高实际地租。土地所有者用超过他个人消费的这部分原料或这部分原料的价格来交换工业品。凡是降低工业品实际价格的措施,都能提高农产品的实际价格。这时,同量原产品将相当于较多的工业品,而土地所有者就能得到数量较多的享乐品、装饰品和奢侈品。"（斯密,第2卷第159页）

但是,斯密从土地所有者榨取社会的一切利益这一事实得出 [X]结论说（第2卷第161页）,土地所有者的利益始终同社会的利益一致,这就荒谬了。根据国民经济学,在私有制的统治下,个人从社会得到的利益同社会从个人得到的利益正好成反比,正像高利贷者靠挥霍者得到的利益决不同挥霍者的利益相一致一样。

我们现在只是顺便提一下土地所有者针对外国地产的垄断欲,例如,谷物法**22**就来源于这种垄断欲。同样,我们在这里不谈中世纪的农奴制、殖民地的奴隶制、英国的农民（农业短工）①的贫困。让我们继续谈论国民经济学本身的原理吧。

（1）按照国民经济学的原理,土地所有者与社会的繁荣有利害关系;他与人口、工业生产的增长,与社会需要的增长,一句话,与社会财富的增长有利害关系,正如我们上面所考察的,这种增长与贫困和奴役的增长是一致的。房租上涨和贫困增长之间的关系,就是土地所有者与社会有利害关系的一个例子,因为随着房租的上涨,地租,即房基地的租金也增长。

（2）根据国民经济学家自己的看法,土地所有者的利益同租地农场主从而同社会的相当大一部分人的利益是敌对的。**23**

[XI]（3）因为租地农场主支付的工资越少,土地所有者向租地农场主能够索取的地租就越高,因为土地所有者向租地农场主

---

① 手稿中"农业短工"写在"农民"的上方。——编者注

索取的地租越高,租地农场主就把工资压得越低,所以土地所有者的利益同雇农的利益是敌对的,正如工厂主的利益同他的工人的利益是敌对的一样。土地所有者的利益也要求把工资压到最低限度。

(4)因为工业品价格的实际降低可以提高地租,所以土地占有者与工业工人工资的降低、资本家之间的竞争、生产过剩以及工业发展所造成的一切灾难有直接的利害关系。

(5)由此看来,如果说土地所有者的利益同社会的利益完全不一致,并且同租地农场主、雇农、工业工人和资本家的利益相敌对,那么,一个土地所有者的利益,由于竞争,也决不会同另一个土地所有者的利益一致。我们现在就来考察一下这种竞争。

大地产和小地产之间的相互关系一般是与大资本和小资本之间的相互关系一样的。但是,还有一些特殊情况必然引起大地产的积累和大地产对小地产的吞并。

[XII](1)工人和劳动工具的相对数量,在任何地方都不像在地产中那样随着资金规模的增大而减少得那么多。同样,全面利用的可能性,生产费用的节约和巧妙的分工,在任何地方都不像在地产中那样随着资金规模的增大而提高得那么多。不管地块多么小,耕种这块土地所必需的劳动工具如犁、锯等等的数量少到一定限度便不能再减,而地产的面积则可以缩小,完全不受此限。

(2)大地产把租地农场主用来改良土地的那笔资本的利息用于自己的积累。小地产则不得不把自己的资本投入这方面。因此,对小地产来说,就没有这全部利润了。

(3)每一项社会改良都对大地产有利而对小地产有害,因为这种改良总是需要小地产付出越来越多的现金。

（4）还要考察一下关于这种竞争的两个重要规律：

（α）生产人们食物的耕地的地租，调节其他大部分耕地的地租。（斯密，第1卷第331页）

归根结底，只有大地产才能生产家畜之类的食物。因此，大地产调节其他土地的地租，并能把它降低到最低限度。

在这种情况下，自耕的小土地所有者和大土地所有者的关系，正像拥有**自己的**工具的手工业者和工厂主的关系一样。小地产简直成了劳动工具。［XVI］对小土地占有者来说，地租完全消失了，留给他的至多只是他的资本的利息和他的工资；因为通过竞争，地租可能降低到刚好相当于并非土地占有者本人所投入的那笔资本的利息。

（β）此外，我们已经听说，如果土地、矿山或渔场的富饶程度相等和开发程度相等，那么产品就同资本的大小成比例。因此，大土地所有者取得胜利。同样，如果资本相等，那么产品就同土地的富饶程度成比例。因此，在资本相等的条件下，拥有较富饶土地的土地所有者取得胜利。

（γ）"一般说来，一个矿山是富饶还是贫瘠，要看用一定量的劳动从这个矿山所取得的矿物量是多于还是少于用同量劳动从其他大多数同类矿山所取得的矿物量。"（斯密，第1卷第345、346页）"最富饶的煤矿的产品价格也调节邻近其他一切煤矿的煤的价格。土地所有者和企业主二者都发现，如果他们的产品的卖价比邻矿低一些，土地所有者就能得到更多的地租，企业主就能得到更多的利润。这时，邻矿也不得不按同一价格出卖自己的产品，虽然他们不大有可能这样做，虽然这种价格会越来越降低，有时还会使他们失去全部地租和全部利润。结果，一些煤矿就得完全放弃开采，另外一些煤矿提供不了地租，以后只能由土地所有者本人开采。"（斯密，第1卷第350页）"秘鲁银矿被发现以后，欧洲的银矿大都被废弃…… 波托西银矿被发现

以后,古巴和圣多明各的银矿,甚至秘鲁的老矿,也都发生同样的情况。"(第1卷第353页)

斯密在这里关于矿山所讲的这些话,或多或少也适用于一般的地产。

(δ)"应该指出,土地的市场价格始终取决于市场利息率……如果地租大大低于货币利息,那么谁也不愿购买土地,这又会使土地的市场价格很快下跌。反之,如果地租的收益抵补货币利息而绰绰有余,那么,所有的人都愿争购土地,这同样又会使土地的市场价格很快回升。"([斯密,]第2卷第367、368页)

从地租对货币利息的这种关系可以得出结论说,地租必然越来越降低,以致最后只有最富有的人才能靠地租过活。因而不出租土地的土地所有者之间的竞争便不断加剧。一部分土地所有者破产。大地产进一步集中。

[XVII]这种竞争的结果还会使一大部分地产落入资本家手中,资本家同时也成为土地所有者,正如较小的土地所有者一般说来现在已经仅仅是资本家一样。同样,一部分大土地所有者同时也成为工业家。

因此,最终的结果是资本家和土地所有者之间的差别消失,以致在居民中大体上只剩下两个阶级:工人阶级和资本家阶级。地产买卖,地产转化为商品,意味着旧贵族的彻底没落和金钱贵族的最后形成。

(1)浪漫主义者为此流下的感伤的眼泪,我们可没有。他们总是把**土地的买卖**中的卑鄙行为同土地**私有权的买卖**中包含的那些完全合理的、在私有制范围内必然的和值得期待的后果混为一谈。首先,封建地产按其本质来说已是买卖了的土地,已是同人相异化因而以少数大领主的形态与人相对立的土地。

封建的土地占有已经包含土地作为某种异己力量对人们的统治。农奴是土地的附属物。同样,长子继承权享有者,即长子,也属于土地。土地继承了他。私有财产的统治一般是从土地占有开始的;土地占有是私有财产的基础。但是,在封建的土地占有制下,领主至少**在表面上**是领地的君王。同样,在封建的土地占有制下,占有者和土地之间还存在着比单纯**实物**财富的关系更为密切的关系的外观。地块随它的领主而个性化,有它的爵位,随它的领主而有男爵或伯爵的封号;有它的特权、它的审判权、它的政治地位等等。土地仿佛是它的领主的无机的身体。因此,俗语说:**没有无主的土地**。这句话表明领主的权势是同土地占有结合在一起的。同样,地产的统治在这里并不直接表现为单纯的资本的统治。属于这块地产的人们对待这块地产毋宁说就像对待自己的祖国一样。这是一种狭隘的民族性。

[XVIII]正像一个王国给它的国王以称号一样,封建地产也给它的领主以称号。领主的家庭史,他的家族史等等——对他来说这一切都使他的地产个性化,使地产名正言顺地归属于他的家族,使地产人格化。同样,那些耕种他的土地的人并不处于**短工**的地位,而是一部分像农奴一样本身就是他的财产,另一部分则对他保持着尊敬、忠顺和纳贡的关系。因此,领主对他们的态度具有直接的政治性,同时又有其**温情的**一面。风尚、性格等等因地块而各不相同,并且仿佛同自己所属的小块土地是一体的,但是后来把人和地块连结在一起的便不再是人的性格、人的个性,而仅仅是人的钱袋了。最后,封建领主并不力求从自己的领地取得最大可能的收益。相反,他消费那里的东西,并且心安理得地让农奴和租地农场

主设法为他提供各种消费品。这就是**贵族**对领地的关系,这种关系给领主罩上浪漫主义的灵光。

这种外观必将消失,地产这个私有财产的根源必然完全卷入私有财产的运动而成为商品;所有者的统治必然要失去一切政治色彩而表现为私有财产的、资本的单纯统治;所有者和劳动者之间的关系必然归结为剥削者和被剥削者的国民经济关系;所有者和他的财产之间的一切人格的关系必然终止,而这个财产必然成为纯**实物的**、物质的财富;与土地的荣誉联姻必然被利益的联姻所代替,而土地也像人一样必然降到交易价值的水平。地产的根源,即卑鄙的自私自利,也必然以其无耻的形式表现出来。稳定的垄断必然变成动荡的、不稳定的垄断,变成竞争,而对他人血汗成果的坐享其成必然变为以他人血汗成果来进行的忙碌交易。最后,在这种竞争中,地产必然以资本的形式既表现为对工人阶级的统治,也表现为对那些因资本运动的规律而破产或兴起的所有者本身的统治。从而,中世纪的俗语"没有无领主的土地"被现代俗语"金钱没有主人"所代替。后一俗语清楚地表明了死的物质对人的完全统治。

[ⅩⅨ](2)关于地产的分割或不分割的争论[24],应该指出下面一点。

地产的分割否定地产的**大垄断**,扬弃它,但只通过下述办法——使这种垄断**普遍化**。地产的分割并不消灭垄断的基础——私有制。它只触及垄断的存在形式,而不触及垄断的本质。结果,地产的分割成了私有制规律的牺牲品。因为地产的分割是适应工业领域的竞争运动的。除了工具分开和劳动相互分离(显然,应当同分工区别开来:这里不是一件工作由许多人来分担,而是大家各自从事同样的劳动,这就是无数次地重复同样的劳动)这种经济上的不利之外,这种分割也和上述的竞争一样,必然重新转化为积累。

因此,凡是进行地产分割的地方,就只能或者回到具有更加丑恶形态的垄断,或者否定(扬弃)①地产分割本身。但是,这不是回到封建的土地占有制,而是扬弃整个土地私有制。对垄断的最初扬弃总是使垄断普遍化,也就是使它的存在范围扩大。扬弃了具有最广泛的、无所不包的存在形式的垄断,才算完全消灭了垄断。联合一旦应用于土地,就享有大地产在国民经济上的好处,并第一次实现分割的原有倾向即平等。同样,联合也通过合理的方式,而不再采用以农奴制度、领主统治和有关所有权的荒谬的神秘主义为中介的方式来恢复人与土地的温情的关系,因为土地不再是牟利的对象,而是通过自由的劳动和自由的享受,重新成为人的真正的个人财产。地产分割的一大优点是,一大批人不再听命于农奴制,他们将以不同于工业的方式因财产而没落下去。

至于说到大地产,它的维护者总是用诡辩的方式把大农业在国民经济上的好处同大地产混为一谈,仿佛这种好处,恰恰不是通过这种财产的废除,才能一方面获得[XX]最充分发挥,另一方面第一次成为社会的利益。同样,这些维护者还攻击小地产的牟利精神,仿佛大地产甚至在它的封建形式下也没有潜藏着牟利行为,更不用说现代英国的地产形式了,在那里,地主的封建主义是同租地农场主的以产业形式牟利的行为结合在一起的。

地产分割指责大地产实行垄断,大地产可以把这种责难回敬给地产分割,因为地产分割也是以私有财产的垄断为基础的;同

---

① 手稿中"扬弃"写在"否定"的上方。——编者注

样,地产分割可以把说它分割的责难回敬给大地产,因为在大地产那里也是分割占统治地位,只不过采取不动的、冻结的形式罢了。总之,私有财产是以分割为基础的。

此外,正如地产分割要重新导致作为资本财富的大地产一样,封建的地产,不管它怎样设法挣脱,也必然要遭到分割,或者至少要落到资本家手中。

这是因为大地产,像在英国那样,把绝大多数居民推入工业的怀抱,并把它自己的工人压榨到赤贫的程度。因此,大地产把国内的贫民和全部活动都推到敌对方面,从而促使自己敌人的势力即资本、工业的势力产生和壮大。大地产把国内的大多数居民变成工业人口,从而使他们成为大地产的敌人。如果工业获得雄厚的实力,像现在英国那样,那么工业就会逐步地迫使大地产把它的垄断针对外国①,并让它投入同外国地产的竞争。因为,在工业的统治下,地产只有通过针对外国的垄断才能确保自己的封建威严,从而不受与它的封建本质相矛盾的一般商业规律支配。地产一旦卷入竞争,就要像其他任何受竞争支配的商品一样,遵循竞争的规律。它同样会动荡不定,时而缩减,时而增加,从一个人手中转入另一个人手中,任何法律都无法使它再保持在少数注定的人手中。[XXI]直接的结果就是地产分散到许多人手中,并且无论如何要服从于工业资本的权力。

最后,那种就这样靠强力维持下来并在自己身旁产生了巨大工业的大地产,要比地产分割更快地导致危机,因为在地产分割条

---

① 手稿中原来写的是"针对外国的垄断",后来马克思把"的垄断"删去。——编者注

件下工业的权力总是处于次要地位。

正如我们在英国看到的,大地产就它力求赚到尽可能多的货币而言,已经失去自己的封建性质,而具有工业的性质。它给所有者带来尽可能多的地租,而给租地农场主带来尽可能多的资本利润。结果,农业工人的工资被降到最低限度,而租地农场主阶级在地产范围内代表着工业和资本的权力。由于同外国竞争,地租在大多数情况下不再能形成一种独立的收入了。很大一部分土地所有者不得不取代租地农场主的地位,而租地农场主就有一部分以这种方式沦为无产阶级。另一方面,有许多租地农场主也会把地产掌握在自己手中;这是因为有优裕收入的大土地所有者大都沉湎于挥霍,并且大多数都不适宜于领导大规模的农业,他们往往既无资本又无能力来开发土地。因此,他们中间也有一部分人完全破产。最后,为了经受住新的竞争,已经降到最低限度的工资不得不进一步降低。而这就必然导致革命。

工业必然以垄断的形式和竞争的形式走向破产,以便学会信任人,同样,地产必然以这两种方式中的任何一种方式发展起来,以便以这两种方式走向必不可免的灭亡。

[异化劳动和私有财产]

[XXⅡ]我们是从国民经济学的各个前提出发的。我们采用了它的语言和它的规律。我们把私有财产,把劳动、资本、土地的互相分离,工资、资本利润、地租的互相分离以及分工、竞争、交换价值概念等等当做前提。我们从国民经济学本身出发,用它自己

的话指出,工人降低为商品,而且降低为最贱的商品;工人的贫困同他的生产的影响和规模成反比;竞争的必然结果是资本在少数人手中积累起来,也就是垄断的更惊人的恢复;最后,资本家和地租所得者之间、农民和工人之间的区别消失了,而整个社会必然分化为两个阶级,即**有产者**阶级和没有财产的**工人**阶级。

国民经济学从私有财产的事实出发。它没有给我们说明这个事实[25]。它把私有财产在现实中所经历的**物质**过程,放进一般的、抽象的公式,然后把这些公式当做**规律**。它不**理解**这些规律,就是说,它没有指明这些规律是怎样从私有财产的本质中产生出来的。国民经济学没有向我们说明劳动和资本分离以及资本和土地分离的原因。例如,当它确定工资和资本利润之间的关系时,它把资本家的利益当做最终原因;就是说,它把应当加以阐明的东西当做前提。同样,竞争到处出现,对此它则用外部情况来说明。至于这种似乎偶然的外部情况在多大程度上仅仅是一种必然的发展过程的表现,国民经济学根本没有向我们讲明。我们已经看到,交换本身在它看来是偶然的事实。**贪欲**以及**贪欲者之间的战争即竞争**,是国民经济学家所推动的仅有的车轮。①

正因为国民经济学不理解运动的联系,所以才把例如竞争的学说同垄断的学说,经营自由的学说同同业公会的学说,地产分割的学说同大地产的学说重新对立起来。因为竞争、经营自由、地产分割仅仅被阐述和理解为垄断、同业公会和封建所有制的偶然的、蓄意的、强制的结果,而不是必然的、不可避免的、自然的结果。

---

① 手稿中这段话下面删去一句话:"我们现在必须回顾上述财产的**物质**运动的本质。"——编者注

因此,我们现在必须弄清楚私有制、贪欲以及劳动、资本、地产三者的分离之间,交换和竞争之间、人的价值和人的贬值之间、垄断和竞争等等之间以及这全部异化和**货币**制度之间的本质联系。

我们不要像国民经济学家那样,当他想说明什么的时候,总是置身于一种虚构的原始状态。这样的原始状态什么问题也说明不了。[26]国民经济学家只是使问题堕入五里雾中。他把应当加以推论的东西即两个事物之间的例如分工和交换之间的必然关系,假定为事实、事件。神学家也是这样用原罪来说明恶的起源,就是说,他把他应当加以说明的东西假定为一种具有历史形式的事实。

我们且从**当前的**国民经济的事实出发。

工人生产的财富越多,他的生产的影响和规模越大,他就越贫穷。[27]工人创造的商品越多,他就越变成廉价的商品。物的世界的**增值**同人的世界的**贬值**成正比。劳动生产的不仅是商品,它还生产作为**商品**的劳动自身和工人,而且是按它一般生产商品的比例生产的。

这一事实无非是表明:劳动所生产的对象,即劳动的产品,作为一种**异己的存在物**,作为**不依赖于**生产者的**力量**,同劳动相对立。劳动的产品是固定在某个对象中的、物化的劳动,这就是劳动的**对象化**。劳动的现实化就是劳动的对象化。在国民经济的实际状况中,劳动的这种现实化表现为工人的**非现实化**[28],对象化表现为**对象的丧失**和**被对象奴役**,占有表现为**异化、外化**[29]。

劳动的现实化竟如此表现为非现实化,以致工人非现实化到饿死的地步。对象化竟如此表现为对象的丧失,以致工人被剥夺了最必要的对象——不仅是生活的必要对象,而且是劳动的必要对象。甚至连劳动本身也成为工人只有通过最大的努力和极不规则的间歇才能加以占有的对象。对对象的占有竟如此表现为异化,以致工人生产的对象越多,他能够占有的对象就越少,而且越受自己的产品即资本的统治。

这一切后果包含在这样一个规定中:工人对**自己的劳动的产品**的关系就是对一个**异己的**对象的关系。因为根据这个前提,很明显,工人在劳动中耗费的力量越多,他亲手创造出来反对自身的、异己的对象世界的力量就越强大,他自身、他的内部世界就越贫乏,归他所有的东西就越少。宗教方面的情况也是如此。人奉献给上帝的越多,他留给自身的就越少。[30]工人把自己的生命投入对象;但现在这个生命已不再属于他而属于对象了。因此,这种活动越多,工人就越丧失对象。凡是成为他的劳动的产品的东西,就不再是他自身的东西。因此,这个产品越多,他自身的东西就越少。工人在他的产品中的**外化**,不仅意味着他的劳动成为对象,成为**外部的**存在,而且意味着他的劳动作为一种与他相异的东西不依赖于他而**在他之外**存在,并成为同他对立的独立力量;意味着他给予对象的生命是作为敌对的和相异的东西同他相对立。

[XXIII]现在让我们来更详细地考察一下**对象化**,即工人的生产,以及对象即工人的产品在对象化中的**异化**、**丧失**。

没有**自然界**,没有**感性的外部世界**,工人什么也不能创造。自然界是工人的劳动得以实现、工人的劳动在其中活动、工人的劳动从中生产出和借以生产出自己的产品的材料。

但是,自然界一方面在这样的意义上给劳动提供**生活资料**,即没有劳动加工的对象,劳动就不能**存在**,另一方面,也在更狭隘的意义上提供**生活资料**,即维持**工人**本身的肉体生存的手段。

因此,工人越是通过自己的劳动**占有**外部世界、感性自然界,他就越是在两个方面失去**生活资料**:第一,感性的外部世界越来越不成为属于他的劳动的对象,不成为他的劳动的**生活资料**;第二,感性的外部世界越来越不给他提供直接意义的**生活资料**,即维持工人的肉体生存的手段。

因此,工人在这两方面成为自己的对象的奴隶:首先,他得到**劳动的对象**,也就是得到**工作**;其次,他得到**生存资料**。因此,他首先是作为**工人**,其次是作为**肉体的主体**,才能够生存。这种奴隶状态的顶点就是:他只有作为**工人**才能维持自己作为**肉体的主体**,并且只有作为**肉体的主体**才能是工人。

(按照国民经济学的规律,工人在他的对象中的异化表现在:工人生产得越多,他能够消费的越少;他创造的价值越多,他自己越没有价值、越低贱;工人的产品越完美,工人自己越畸形;工人创造的对象越文明,工人自己越野蛮;劳动越有力量,工人越无力;劳动越机巧,工人越愚笨,越成为自然界的奴隶。)

国民经济学由于不考察工人(劳动)**同产品的直接关系而掩盖劳动本质的异化**。当然,劳动为富人生产了奇迹般的东西,但是为工人生产了赤贫。劳动生产了宫殿,但是给工人生产了棚舍。劳动生产了美,但是使工人变成畸形。劳动用机器代替了手工劳动,但是使一部分工人回到野蛮的劳动,并使另一部分工人变成机器。劳动生产了智慧,但是给工人生产了愚钝和痴呆。

劳动对它的产品的直接关系,是工人对他的生产的对象的关系。有产者对生产对象和生产本身的关系,不过是这前一种关系的**结果**,而且证实了这一点。对问题的这另一个方面我们将在后面加以考察。因此,当我们问劳动的本质关系是什么的时候,我们问的是**工人**对生产的关系。

　　以上我们只是从一个方面,就是从工人**对他的劳动产品的关系**这个方面,考察了工人的异化、外化。但是,异化不仅表现在结果上,而且表现在**生产行为**中,表现在**生产活动**本身中。如果工人不是在生产行为本身中使自身异化,那么工人活动的产品怎么会作为相异的东西同工人对立呢? 产品不过是活动、生产的总结。因此,如果劳动的产品是外化,那么生产本身必然是能动的外化,活动的外化,外化的活动。在劳动对象的异化中不过总结了劳动活动本身的异化、外化。

　　那么,劳动的外化表现在什么地方呢?

　　首先,劳动对工人来说是**外在的东西**,也就是说,不属于他的本质;因此,他在自己的劳动中不是肯定自己,而是否定自己,不是感到幸福,而是感到不幸,不是自由地发挥自己的体力和智力,而是使自己的肉体受折磨、精神遭摧残。因此,工人只有在劳动之外才感到自在,而在劳动中则感到不自在,他在不劳动时觉得舒畅,而在劳动时就觉得不舒畅。因此,他的劳动不是自愿的劳动,而是被迫的**强制劳动**。因此,这种劳动不是满足一种需要,而只是满足劳动以外的那些需要的一种**手段**。劳动的异己性完全表现在:只要肉体的强制或其他强制一停止,人们就会像逃避瘟疫那样逃避劳动。外在的劳动,人在其中使自己外化的劳动,是一种自我牺牲、自我折磨的劳动。最后,对工人来说,劳动的外在性表现在:这种劳动不是他自己的,而是别人的;劳动不属于他;他在劳动中也不属于他自己,而是属于别人。在宗教中,人的幻想、人的头脑和人的心灵的自主活动对个人发生作用不取决于他个人,就是说,是作为某种异己的活动,神灵的或魔鬼的活动发生作用,同样,工人的活动也不是他的自主活动。[31]他的活动属于别人,这种活动是他自身的丧失。

因此,结果是,人(工人)只有在运用自己的动物机能——吃、喝、生殖,至多还有居住、修饰等等——的时候,才觉得自己在自由活动,而在运用人的机能时,觉得自己只不过是动物。动物的东西成为人的东西,而人的东西成为动物的东西。

吃、喝、生殖等等,固然也是真正的人的机能。但是,如果加以抽象,使这些机能脱离人的其他活动领域并成为最后的和唯一的终极目的,那它们就是动物的机能。

我们从两个方面考察了实践的人的活动即劳动的异化行为。第一,工人对**劳动产品**这个异己的、统治着他的对象的关系。这种关系同时也是工人对感性的外部世界、对自然对象——异己的与他敌对的世界——的关系。第二,在**劳动**过程中劳动对**生产行为**的关系。这种关系是工人对他自己的活动——一种异己的、不属于他的活动——的关系。在这里,活动是受动;力量是无力;生殖是去势;工人**自己的**体力和智力,他个人的生命——因为,生命如果不是活动,又是什么呢? ——是不依赖于他、不属于他、转过来反对他自身的活动。这是**自我异化**,而上面所谈的是**物**的异化。

[XXIV]我们现在还要根据在此以前考察的**异化劳动**的两个规定推出它的第三个规定。

人是类存在物,不仅因为人在实践上和理论上都把类——他自身的类以及其他物的类——当做自己的对象;而且因为——这只是同一种事物的另一种说法——人把自身当做现有的、有生命的类来对待,因为人把自身当做**普遍的**因而也是自由的存在物来对待。**32**

无论是在人那里还是在动物那里,类生活从肉体方面来说就在于人(和动物一样)靠无机界生活,而人和动物相比越有普遍性,人赖以生活的无机界的范围就越广阔。从理论领域来说,植物、动物、石头、空气、光等等,一方面作为自然科学的对象,一方面作为艺术的对象,都是人的意识的一部分,是人的精神的无机界,是人必须事先进行加工以便享用和消化的精神食粮;同样,从实践领域来说,这些东西也是人的生活和人的活动的一部分。人在肉体上只有靠这些自然产品才能生活,不管这些产品是以食物、燃料、衣着的形式还是以住房等等的形式表现出来。在实践上,人的普遍性正是表现为这样的普遍性,它把整个自然界——首先作为人的直接的生活资料,其次作为人的生命活动的对象(材料)①和工具——变成人的**无机的**身体。自然界,就它自身不是人的身体而言,是人的**无机的身体**。人靠自然界**生活**。这就是说,自然界是人为了不致死亡而必须与之处于持续不断的交互作用过程的、人的**身体**。所谓人的肉体生活和精神生活同自然界相联系,不外是说自然界同自身相联系,因为人是自然界的一部分。

异化劳动,由于(1)使自然界同人相异化,(2)使人本身,使他自己的活动机能,使他的生命活动同人相异化,因此,异化劳动也就使**类**同人相异化;对人来说,异化劳动把**类生活**变成维持个人生活的手段。第一,它使类生活和个人生活异化;第二,它把抽象形式的个人生活变成同样是抽象形式和异化形式的类生活的目的。[33]

因为,首先,劳动这种**生命活动**、这种**生产生活**本身对人来说不过是满足一种需要即维持肉体生存的需要的一种**手段**。而生产

---

① 手稿中"材料"写在"对象"的上方。——编者注

生活就是类生活。这是产生生命的生活。一个种的整体特性、种的类特性就在于生命活动的性质,而自由的有意识的活动恰恰就是人的类特性。生活本身仅仅表现为**生活的手段**。

动物和自己的生命活动是直接同一的。动物不把自己同自己的生命活动区别开来。它就是**自己的生命活动**。人则使自己的生命活动本身变成自己意志的和自己意识的对象。他具有有意识的生命活动。这不是人与之直接融为一体的那种规定性。有意识的生命活动把人同动物的生命活动直接区别开来。正是由于这一点,人才是类存在物。或者说,正因为人是类存在物,他才是有意识的存在物,就是说,他自己的生活对他来说是对象。仅仅由于这一点,他的活动才是自由的活动。异化劳动把这种关系颠倒过来,以致人正因为是有意识的存在物,才把自己的生命活动,自己的**本质**变成仅仅维持自己**生存**的手段。

通过实践创造**对象世界**,改造无机界,人证明自己是有意识的类存在物,就是说是这样一种存在物,它把类看做自己的本质,或者说把自身看做类存在物。诚然,动物也生产。动物为自己营造巢穴或住所,如蜜蜂、海狸、蚂蚁等。但是,动物只生产它自己或它的幼仔所直接需要的东西;动物的生产是片面的,而人的生产是全面的;动物只是在直接的肉体需要的支配下生产,而人甚至不受肉体需要的影响也进行生产,并且只有不受这种需要的影响才进行真正的生产;动物只生产自身,而人再生产整个自然界;动物的产品直接属于它的肉体,而人则自由地面对自己的产品。动物只是按照它所属的那个种的尺度和需要来构造,而人却懂得按照任何一个种的尺度来进行生产,并且懂得处处都把固有的尺度运用于对象;因此,人也按照美的规律来构造。

因此，正是在改造对象世界的过程中，人才真正地证明自己是**类存在物**。这种生产是人的能动的类生活。通过这种生产，自然界才表现为**他的**作品和他的现实。因此，劳动的对象是**人的类生活的对象化**：人不仅像在意识中那样在精神上使自己二重化，而且能动地、现实地使自己二重化，从而在他所创造的世界中直观自身。因此，异化劳动从人那里夺去了他的生产的对象，也就从人那里夺去了他的**类生活**，即他的现实的类对象性，把人对动物所具有的优点变成缺点，因为人的无机的身体即自然界被夺走了。

同样，异化劳动把自主活动、自由活动贬低为手段，也就把人的类生活变成维持人的肉体生存的手段。

因此，人具有的关于自己的类的意识，由于异化而改变，以致类生活对他来说竟成了手段。

这样一来，异化劳动导致：

（3）**人的类本质**，无论是自然界，还是人的精神的类能力，都变成了对人来说是**异己的**本质，变成了维持他的**个人生存的手段**。异化劳动使人自己的身体同人相异化，同样也使在人之外的自然界同人相异化，使他的精神本质、他的**人的**本质同人相异化。

（4）人同自己的劳动产品、自己的生命活动、自己的类本质相异化的直接结果就是**人同人相异化**。当人同自身相对立的时候，他也同**他人**相对立。凡是适用于人对自己的劳动、对自己的劳动产品和对自身的关系的东西，也都适用于人对他人、对他人的劳动和劳动对象的关系。

总之，人的类本质同人相异化这一命题，说的是一个人同他人相异化，以及他们中的每个人都同人的本质相异化。

人的异化，一般地说，人对自身的任何关系，只有通过人对他人的关系才得到实现和表现。

因此,在异化劳动的条件下,每个人都按照他自己作为工人所具有的那种尺度和关系来观察他人。

[XXV]我们的出发点是国民经济事实即工人及其生产的异化。我们表述了这一事实的概念:**异化的**、**外化的**劳动。我们分析了这一概念,因而我们只是分析了一个国民经济事实。

现在让我们看一看,应该怎样在现实中去说明和表述异化的、外化的劳动这一概念。

如果劳动产品对我来说是异己的,是作为异己的力量面对着我,那么它到底属于谁呢?

如果我自己的活动不属于我,而是一种异己的活动、一种被迫的活动,那么它到底属于谁呢?

属于**另一个**有别于我的存在物。

这个存在物是谁呢?

是**神**吗?确实,起初主要的生产活动,如埃及、印度、墨西哥建造神庙的活动等等,不仅是为供奉神而进行的,而且产品本身也是属于神的。但是,神从来不是劳动的唯一主宰。**自然界**也不是。况且,在人通过自己的劳动使自然界日益受自己支配的情况下,在工业奇迹使神的奇迹日益变得多余的情况下,如果人竟然为讨好这些力量而放弃生产的乐趣和对产品的享受,那岂不是十分矛盾的事情。

劳动和劳动产品所归属的那个**异己的**存在物,劳动为之服务和劳动产品供其享受的那个存在物,只能是**人**自身。

如果劳动产品不是属于工人,而是作为一种异己的力量同工人相对立,那么这只能是由于产品属于**工人之外的他人**。如果工人的活动对他本身来说是一种痛苦,那么这种活动就必然给他人带来**享受**和生活乐趣。不是神也不是自然界,只有人自身才能成为统治人的异己力量。

还必须注意上面提到的这个命题:人对自身的关系只有通过他对他人的关系,才成为对他来说是**对象性的**、**现实的**关系。因此,如果人对自己的劳动产品的关系、对对象化劳动的关系,就是对一个**异己的**、敌对的、强有力的、不依赖于他的对象的关系,那么他对这一对象所以发生这种关系就在于有另一个异己的、敌对的、强有力的、不依赖于他的人是这一对象的主宰。如果人把他自己的活动看做一种不自由的活动,那么他是把这种活动看做替他人服务的、受他人支配的、处于他人的强迫和压制之下的活动。

人同自身以及同自然界的任何自我异化,都表现在他使自身、使自然界跟另一些与他不同的人所发生的关系上。因此,宗教的自我异化也必然表现在世俗人对僧侣或者世俗人对耶稣基督——因为这里涉及精神世界——等等的关系上。在实践的、现实的世界中,自我异化只有通过对他人的实践的、现实的关系才能表现出来。异化借以实现的手段本身就是**实践的**。因此,通过异化劳动,人不仅生产出他对作为异己的、敌对的力量的生产对象和生产行为的关系,而且还生产出他人对他的生产和他的产品的关系,以及他对这些他人的关系。正像他把他自己的生产变成自己的非现实化,变成对自己的惩罚一样,正像他丧失掉自己的产品并使它变成不属于他的产品一样,他也生产出不生产的人对生产和产品的支配。正像他使他自己的活动同自身相异化一样,他也使与他相异的人占有非自身的活动。

到目前为止,我们只是从工人方面考察了这一关系;下面我们还要从非工人方面来加以考察。

　　总之,通过**异化的、外化的劳动**,工人生产出一个同劳动疏远的、站在劳动之外的人对这个劳动的关系。工人对劳动的关系,生产出资本家——或者不管人们给劳动的主宰起个什么别的名字——对这个劳动的关系。

　　因此,**私有财产**是**外化劳动**即工人对自然界和对自身的外在关系的产物、结果和必然后果。

　　因此,我们通过分析,从**外化劳动**这一概念,即从**外化的人**、异化劳动、异化的生命、**异化的人**这一概念得出**私有财产**这一概念。

　　诚然,我们从国民经济学得到作为**私有财产运动**之结果的**外化劳动**(**外化的生命**)这一概念。但是,对这一概念的分析表明,尽管私有财产表现为外化劳动的根据和原因,但确切地说,它是外化劳动的后果,正像神**原先**不是人类理智迷误的原因,而是人类理智迷误的结果一样。后来,这种关系就变成相互作用的关系。

　　私有财产只有发展到最后的、最高的阶段,它的这个秘密才重新暴露出来,就是说,私有财产一方面是外化劳动的**产物**,另一方面又是劳动借以外化的**手段**,是**这一外化的实现**。

　　这些论述使至今没有解决的各种矛盾立刻得到阐明。

　　(1)国民经济学虽然从劳动是生产的真正灵魂这一点出发,但是它没有给劳动提供任何东西,而是给私有财产提供了一切。蒲鲁东从这个矛盾得出了有利于劳动而不利于私有财产的结论。[34]然而,我们看到,这个表面的矛盾是**异化劳动**同自身的矛盾,而国民经济学只不过表述了异化劳动的规律罢了。

　　因此,我们也看到,**工资**和**私有财产**是同一的,因为用劳动产品、劳动对象来偿付劳动本身的工资,不过是劳动异化的必然后果,因为在工资中,劳动并不表现为目的本身,而表现为工资的奴仆。下面我们要详细说明这个问题,现在还只是作出几点[XXVI]结论。**35**

强制提高**工资**(且不谈其他一切困难,不谈强制提高工资这种反常情况也只有靠强制才能维持),无非是**给奴隶以较多工资**,而且既不会使工人也不会使劳动获得人的身份和尊严。

甚至蒲鲁东所要求的**工资平等**,也只能使今天的工人对自己的劳动的关系变成一切人对劳动的关系。这时社会就被理解为抽象的资本家。**36**

工资是异化劳动的直接结果,而异化劳动是私有财产的直接原因。因此,随着一方衰亡,另一方也必然衰亡。

(2)从异化劳动对私有财产的关系可以进一步得出这样的结论:社会从私有财产等等解放出来、从奴役制解放出来,是通过**工人解放**这种**政治**形式来表现的,这并不是因为这里涉及的仅仅是工人的解放,而是因为工人的解放还包含普遍的人的解放;其所以如此,是因为整个的人类奴役制就包含在工人对生产的关系中,而一切奴役关系只不过是这种关系的变形和后果罢了。

正如我们通过**分析**从**异化的**、**外化的劳动**的概念得出**私有财产**的概念一样,我们也可以借助这两个因素来阐明国民经济学的一切**范畴**,而且我们将重新发现,每一个范畴,例如买卖、竞争、资本、货币,不过是这两个基本因素的**特定的**、**展开了的表现**而已。

但是,在考察这些范畴的形成以前,我们还打算解决两个任务:

(1)从**私有财产**对**真正人的**和**社会的**财产的关系来规定作为异化劳动的结果的**私有财产**的普遍**本质**。

（2）我们已经承认**劳动的异化**、劳动的**外化**这个事实，并对这一事实进行了分析。现在要问，**人是怎样使自己的劳动外化**、异化的？这种异化又是怎样由人的发展的本质引起的？我们把**私有财产的起源**问题**变为外化劳动**对人类发展进程的关系问题，就已经为解决这一任务得到了许多东西。因为人们谈到**私有财产**时，总以为是涉及人之外的东西。而人们谈到劳动时，则认为是直接关系到人本身。问题的这种新的提法本身就已包含问题的解决。

补入（1） 私有财产的普遍本质以及私有财产对真正人的财产的关系。

在这里外化劳动分解为两个组成部分，它们互相制约，或者说，它们只是同一种关系的不同表现，**占有表现为异化**、**外化**，而**外化表现为占有**，**异化**表现为真正**得到公民权**。

我们已经考察了一个方面，考察了**外化劳动**对**工人本身**的关系，也就是说，考察了**外化劳动对自身的关系**。我们发现，这一关系的产物或必然结果是**非工人对工人和劳动的财产关系**。**私有财产**作为外化劳动的物质的、概括的表现，包含着这两种关系：**工人对劳动**、**对自己的劳动产品**和对非工人的关系，以及**非工人对工人和工人的劳动产品**的关系。

我们已经看到，对于通过劳动而**占有**自然界的工人来说，占有表现为异化，自主活动表现为替他人活动和表现为他人的活动，生命的活跃表现为生命的牺牲，对象的生产表现为对象的丧失，即对象转归异己力量、**异己的**人所有。现在我们就来考察一下这个同劳动和工人**疏远的**人对工人、劳动和劳动对象的关系。

首先必须指出，凡是在工人那里表现为**外化的**、**异化的**活动的东西，在非工人那里都表现为**外化的**、**异化的状态**。

其次,工人在生产中的**现实的**、实践的**态度**,以及他对产品的态度(作为一种内心状态),在同他相对立的非工人那里表现为**理论的态度**。

[XXVII]**第三**,凡是工人做的对自身不利的事,非工人都对工人做了,但是,非工人做的对工人不利的事,他对自身却不做。

我们来进一步考察这三种关系。

［笔记本 II］

［私有财产的关系］

［……］［XL］构成他的资本的利息。因此,在工人身上主观地存在着这样一个事实,即资本是完全失去自身的人;同样,在资本身上也客观地存在着这样一个事实,即劳动是失去自身的人。但是,**工人**不幸而成为一种**活的**、因而是**贫困的**资本,这种资本只要一瞬间不劳动便失去自己的利息,从而也失去自己的生存条件。作为资本,工人的**价值**按照需求和供给而增长,而且,**从肉体上来说**,他的**存在**、他的**生命**,也同其他任何商品一样,过去和现在都被看成是**商品**的供给。工人生产资本,资本生产工人,因而工人生产自身,而且作为**工人**、作为**商品**的人就是这整个运动的产物。对于仅仅充当工人而别无其他身份的人来说,他作为工人之所以还保留着人的种种特性,只是因为这些特性是为**异己的**资本而存在的。但是,因为资本和工人彼此是异己的,从而处于漠不关心的、外部的和偶然的相互关系中,所以这种异己性也必定**现实地**表现出来。因此,资本一旦想到——不管是必然地还是任意地想到——不再对工人存在,工人自己对自己来说便不再存在:他**没有**工作,因而也**没有**工资,并且因为他不是**作为人**,而是**作为工人**才得以存在,所以他就会被埋葬,会饿死,等等。工人只有当他**对自己作为资本**

存在的时候,才作为工人存在;而只有当某种**资本对他**存在的时候,他才作为资本存在。资本的存在是**他的**存在、他的**生活**,资本的存在以一种对他来说无所谓的方式规定他的生活的内容。因此,国民经济学[3]不知道有失业的工人,即处于这种劳动关系之外的劳动人。小偷、骗子、乞丐,失业的、快饿死的、贫穷的和犯罪的劳动人,都是些**在国民经济学看来**并不存在,而只在其他人眼中,在医生、法官、掘墓者、乞丐管理人等等的眼中才存在的**人物**;他们是一些在国民经济学领域之外的幽灵。因此,在国民经济学看来,工人的需要不过是维持**工人在劳动期间的**生活的**需要**,而且只限于保持**工人后代**不致死绝。因此,工资就与其他任何生产工具的**保养**和**维修**,与资本连同利息的再生产所需要的一般**资本的消费**,与为了保持车轮运转而加的润滑油,具有完全相同的意义。可见,工资是资本和资本家的必要**费用**之一,并且不得超出这个必要的需要。因此,英国工厂主在实行 1834 年的济贫法[37]以前,把工人靠济贫税得到的社会救济金从他的工资中扣除,并且把这种救济金看做工资的一个组成部分,这种做法是完全合乎逻辑的。——

生产不仅把人当做商品、当做商品人、当做具有**商品**的规定的人生产出来;它依照这个规定把人当做既**在精神上**又在肉体上**非人化的**存在物生产出来。——工人和资本家的不道德、退化、愚钝。这种生产的产品是**具有自我意识的**和**能够自主活动的商品**……**商品人**…… 李嘉图、穆勒等人比斯密和萨伊进了一大步,他们把人的**存在**——人这种商品的或高或低的生产率——说成是**无关紧要的**,甚至是**有害的**。在他们看来,生产的真正目的不是一笔资本养活多少工人,而是它带来多少利息,每年总共**积攒**多少钱。同样,现代[XLI]英国国民经济学**38**也合乎逻辑地进了一大步,它把**劳动**提升为国民经济学的**唯一**原则,同时十分清楚地阐释了工资和资本利息之间的**反**比例关系,指出资本家通常**只有**通过降低工资才能增加收益,反之则降低收益。它还指出,不是对消费者诈取,而是资本家和工人相互诈取,才是**正常的**关系。——

私有财产的关系潜在地包含着作为**劳动**的私有财产的关系和作为**资本**的私有财产的关系,以及这两种表现的相互**关系**。一方面是作为**劳动**的人的活动的生产,即作为对自身、对人和自然界,因而也对意识和生命表现来说完全异己的活动的生产,是人作为单纯的**劳动人**的**抽象**存在,因而这种劳动人每天都可能由他的充实的无沦为绝对的无,沦为他的社会的从而也是现实的非存在。另一方面是作为**资本**的人的活动对象的生产,在这里,对象的一切自然的和社会的规定性都**消失了**,在这里,私有财产丧失了自己的自然的和社会的特质(因而丧失了一切政治的和社会的幻象,而且没有任何**表面上的**人的关系混合在一起),在这里,**同一个资本**在各种极不相同的自然的和社会的存在中始终是**同一**的,而完全不管它的**现实**内容如何。劳动和资本的这种对立一达到极端,就必然是整个关系的顶点、最高阶段和灭亡。因此,现代英国国民经济学的又一重大成就是:它指明了地租是最坏耕地的利息和最好耕地的利息之间的差额,揭示了土地所有者的浪漫主义臆想——他的所谓社会重要性和他的利益同社会利益的一致性,而这一点是**亚当·斯密**早就继重农学派**39**之后主张过的①;它预料到并且准备了这样一个现实的运动:使土地所有者变成极其普通的、平庸

———————

① 见本书第 36—37 页;并见第 170—172 页右栏。——编者注

的资本家,从而使对立简化和尖锐化,并加速这种对立的消除。这样一来,作为**土地**的**土地**,作为**地租**的**地租**,就失去了自己的**等级的差别**,变成了毫无内涵的**资本**和**利息**,或者毋宁说,变成了只有货币内涵的**资本**和**利息**。——

资本和土地的**差别**,利润和地租的**差别**,这二者和工资的**差别**,**工业**和**农业**之间、私有的**不动产**和私有的**动产**之间的**差别**,仍然是**历史的**差别,而不是基于事物本质的差别。这种差别是资本和劳动之间的对立形成和产生的一个**固定**环节。同不动的地产相反,在工业等等中只表现出工业产生的方式以及工业在其中得到发展的那个同农业的对立。这种差别只要在下述情况下就作为**特殊种类**的劳动,作为一个**本质的**、**重要的**、**包括全部生活**的差别而存在:同地产(贵族生活(封建生活)①)**相对立**,工业(城市生活)形成了,而且工业本身在垄断、公会、行会和同业公会等形式中还带有自己对立面的封建性质;而在这些形式的规定内,劳动还具有**表面上的社会**意义,**现实的**共同体的意义,还没有达到对自己的内容**漠不关心**和完全自为地存在的地步,就是说,还没有从其他一切存在中抽象出来,从而也还没有成为**获得自由的**资本。[XLII]但是,获得自由的、本身自为地构成的**工业**和**获得自由的资本**,是劳动的必然**发展**。工业对它的对立面的支配立即表现在作为一种真正工业的**农业**的产生上,而过去农业是把主要工作交给土地和耕种这块土地的**奴隶**去做的。随着奴隶转化为**自由**工人即**雇佣工人**,地主本身便实际上转化为工厂主、资本家,而这种转化最初是通过**租地农场主**这个中间环节实现的。但是,**租地农场主**是土地

---

① 手稿中"封建生活"写在"贵族生活"的上方。——编者注

所有者的代表,是土地所有者的公开的**秘密**;只有依靠租地农场主,土地所有者才有**他的国民经济上的**存在,才有他的作为私有者的存在,——因为他的土地的地租只有依靠租地农场主的竞争才能获得。因此,地主以**租地农场主**的身份出现,本质上已**变成普通的**资本家。而这种情况也必然在现实中发生:经营农业的资本家——租地农场主——必然要成为地主,反过来也一样。租地农场主的**以产业形式牟利**就是**土地所有者**的以产业形式牟利,因为前者的存在设定后者的存在。——

　　但是,当土地所有者和资本家回想起自己的对立面的产生,回想起自己的来历时,土地所有者才知道资本家是自己的目空一切的、获得自由的、发了财的昔日奴隶,并且看出他对自己这个**资本家**的威胁;而资本家则知道土地所有者是自己的坐享其成的、残酷无情的(自私自利的)①昔日主人;他知道土地所有者使他这个资本家受损害,虽然土地所有者今天的整个社会地位、财产和享受都应归功于工业;资本家把土地所有者看成**自由**工业和不依赖于任何自然规定的**自由**资本的对立面。他们之间的这种对立极其激烈,而且各自说出对方的真相。只要看一看不动产对动产的攻击,并且反过来看一看动产对不动产的攻击,对双方的卑鄙性就会有一个明确的概念。土地所有者炫耀他的财产的贵族渊源,夸示封建时代留下的纪念物(怀旧)②,标榜他的回忆的诗意、他的耽于幻想的气质、他的政治上的重要性等等,而如果他用国民经济学的语言来表达,那么他就会说:**只有农业才是生产的**。同时,他把自己

———————
① 手稿中"自私自利的"写在"残酷无情的"上方。——编者注
② 手稿中"怀旧"写在"封建时代留下的纪念物"的上方。——编者注

的对手描绘为狡黠诡诈的,兜售叫卖的,吹毛求疵的,坑蒙拐骗的,贪婪成性的,见钱眼开的,图谋不轨的,没有心肝和丧尽天良的,背离社会和出卖社会利益的,放高利贷的,牵线撮合的,奴颜婢膝的,阿谀奉承的,圆滑世故的,招摇撞骗的,冷漠生硬的,制造、助长和纵容竞争、赤贫和犯罪的,破坏一切社会纽带的,没有廉耻、没有原则、没有诗意、没有实体、心灵空虚的**贪财恶棍**。(见重农学派**贝尔加斯**的著作,对他,卡米耶·德穆兰在自己的杂志《法国革命和布拉班特革命》[40]中曾经予以抨击;见芬克、兰齐措勒、哈勒、莱奥、科泽加滕的著作;[41]见爱好夸张的老年黑格尔派神学家**丰克**的著作,他满眼含泪,按照莱奥先生的说法讲述了在废除农奴制时一个奴隶如何拒绝不再充当**贵族的财产**。还可参看**尤斯图斯·默泽的《爱国主义的幻想》**,[42]这些幻想的特色是它们一刻也没有离开庸人的那种一本正经的、小市民的、"凡俗的"、**平庸的**狭隘眼界;虽然如此,它们仍然不失为**纯粹的**幻想。这个矛盾也使这些幻想如此投合德国人的口味。并见**西斯蒙第的**著作,以及其他各种文献。)

动产也显示工业和运动的奇迹,它是现代之子,现代的合法的嫡子;它很遗憾自己的对手是一个对自己的本质**懵然无知的**(这个评价完全正确),想用粗野的、不道德的暴力和农奴制来代替合乎道德的资本和自由的劳动的蠢人;动产把这个对手描绘成一个貌似**率直坦诚**、**一本正经**、**热心公益**、**始终不渝**,而实际上缺乏活动能力、一味贪求享乐、只顾自己、牟求私利、居心不良的唐·吉诃德。它宣布自己的对手是诡计多端的**垄断者**;它回顾历史,以辛辣嘲讽的口气历数这个对手在浪漫的城堡里干的下流、残忍、挥霍无度、荒淫无耻、卑鄙龌龊、无法无天和大逆不道的勾当,以此来给对手的怀旧之情、诗意和幻想大泼冷水。[XLIII]动产宣称自己给人间带来了政治自由,解除了束缚市民社会的桎梏,把各领域彼此连成一体,创造了博爱的商业、纯洁的道德、令人愉悦的文化教养;它使人民摒弃低俗的需要,代之以文明的需要,并提供了满足这种需要的手段;而土地所有者——无所事事的、只会碍事的粮食投机商——则抬高人民最必需的生活资料的价格,从而迫使资本家提高工资而不能提高生产力;因此,土地所有者妨碍国民年收入的增长,阻碍资本的积累,从而减少人民就业和国家增加财富的可能性;最终使这种可能性完全消失,引起普遍的衰退,并且像高利贷一样剥削现代文明的**一切**利益,而没有对现代文明作丝毫贡献,甚至不放弃自己的封建偏见。最后,动产认为应当让土地所有者看一看自己的**租地农场主**——对土地所有者来说,农业和土地本身仅仅作为赐给他的财源而存在,——并且让土地所有者说说,他是不是这样一个**一本正经的、耽于幻想的、狡猾的**无赖:不管他曾怎样反对工业和商业,也不管他曾怎样絮絮叨叨地讲述历史的回忆以及伦理的和政治的目的,他其实早已在心里并且在实际上属于**自由的**工业和**可爱的**商业了。动产认为,土地所有者实际上提出的为自己申辩的一切,只有用在**耕作者**(资本家和雇农)身上才是符合事实的,而确切地说,**土地所有者**是耕作者的**敌人**;因此,土地所有者作了不利于自身的论证。动产认为,**没有资本**,地产就是死的、无价值的物质;资本的文明的胜利恰恰在于,资本发现并促使人的劳动代替死的物而成为财富的源泉。(见保尔·路易·库利埃、圣西门、加尼耳、李嘉图、穆勒、麦克库洛赫、德斯杜特·德·特拉西和米歇尔·舍伐利埃的著作。)——

　　由**现实的**发展进程(这里插一句)产生的结果,是**资本家**必然战胜**土地所有者**,也就是说,发达的私有财产必然战胜不发达的、不完全的私有财产,正如一般说来动必然战胜不动,公开的、自觉的卑鄙行为必然战胜隐蔽的、**不自觉的**卑鄙行为,**贪财欲**必然战**胜享受欲**,直认不讳的、老于世故的、孜孜不息的、精明机敏的**开明**利己主义必然战胜眼界狭隘的、一本正经的、懒散懈怠的、耽于幻想的**迷信利己主义**,**货币**必然战胜其他形式的私有财产一样。——

那些对完成的自由工业、完成的纯洁道德和完成的博爱商业的危险多少有点预感的国家,企图阻止地产资本化,却完全白费力气。——

与资本不同,**地产**是还带有**地域的**和政治的偏见的私有财产、资本,是还没有完全摆脱同周围世界的纠结而达到自身的资本,即还**没有完成的**资本。它必然要在它的**世界发展**过程中达到它的抽象的即**纯粹的**表现。——

私有财产的关系是劳动、资本以及二者的关系。这个关系中的这些成分必定经历的运动是:

第一:二者直接的或间接的统一。

起初,资本和劳动还是统一的;后来,它们虽然分离和异化,却作为**积极的**条件而互相促进和互相推动。

[**第二:**]**二者的对立。**它们互相排斥;工人知道资本家是自己的非存在,反过来也是这样;每一方都力图剥夺另一方的存在。

[**第三:**]二者各自同自身**对立。**资本 = 积累的劳动 = 劳动。作为这样的东西,资本分解为**自身**和自己的**利息**,而利息又分解为**利息和利润**。资本家彻底牺牲。他沦为工人阶级,正像工人——

但只是例外地——成为资本家一样。劳动是资本的要素,是资本的**费用**。因而,工资是资本的牺牲。

劳动分解为**自身**和**工资**。工人本身是资本、商品。

敌对性的相互对立。

［笔 记 本 Ⅲ］

［对笔记本 Ⅱ 第 XXXVI 页的补充］

［私有财产和劳动］

［Ⅰ］补入第 **XXXVI** 页。私有财产的**主体本质**,**私有财产**作为自为地存在着的活动、作为**主体**、作为**人**,就是**劳动**。因此,十分明显,只有把**劳动**视为自己的原则——**亚当·斯密**——,也就是说,不再认为私有财产仅仅是人之外的一种**状态**的国民经济学,只有这种国民经济学才应该被看成私有财产的现实**能量**和现实**运动**的产物(这种国民经济学是私有财产的在意识中自为地形成的独立运动,是现代工业本身),现代**工业**的产物;而另一方面,正是这种国民经济学促进并赞美了这种**工业**的能量和发展,使之变成**意识**的力量。因此,按照这种在私有制范围内揭示出财富的**主体本质**的启蒙国民经济学**43**的看法,那些认为私有财产对人来说**仅仅是对象性的本质**的货币主义体系和重商主义体系**44**的拥护者,是**拜物教徒**、**天主教徒**。因此,**恩格斯**有理由把**亚当·斯密**称做**国民经济学的路德**①。正像路德把**信仰**看成是**宗教**的外部**世界**的本质,

---

① 参看《马克思恩格斯选集》第 3 版第 1 卷第 22 页。——编者注

因而起来反对天主教异教一样,正像他把宗教笃诚变成人的**内在本质**,从而扬弃了**外在的**宗教笃诚一样,正像他把僧侣移入世俗人心中,因而否定了在世俗人之外存在的僧侣一样,由于私有财产体现在人本身中,人本身被认为是私有财产的本质,从而人本身被设定为私有财产的规定,就像在路德那里被设定为宗教的规定一样,因此在人之外存在的并且不依赖于人的——也就是只应以外在方式来保存和维护的——财富被扬弃了,换言之,财富的这种**外在的、无思想的对象性**就被扬弃了。① 由此可见,以劳动为原则的国民经济学表面上承认人,其实是彻底实现对人的否定,因为人本身已不再同私有财产的外在本质处于外部的紧张关系中,而是人本身成了私有财产的这种紧张的本质。以前是**自身之外的存在**——人的真正外化——的东西,现在仅仅变成了外化的行为,变成了外在化。因此,如果上述国民经济学是从表面上承认人、人的独立性、自主活动等等开始,并由于把私有财产移入人自身的本质中而能够不再受制于作为**存在于人之外的本质**的私有财产的那些地域性的、民族的等等的**规定**,从而发挥一种**世界主义的**、普遍的、摧毁一切界限和束缚的能量,以便自己作为**唯一的**政策、普遍性、界限和束缚取代这些规定,——那么国民经济学在它往后的发展过程中必定抛弃这种**伪善性**,而表现出自己的**十足的昔尼克主义**[45]。它也正是这样做的——它不在乎这种学说使它陷入的那一切表面上的矛盾——,它十分片**面地**,因而也**更加明确和彻底地**发挥了关于**劳动**是**财富**的唯一**本质**的论点,然而它表明,这个学说的结论与上述原来的观点相反,实际上是**敌视人的**;最后,它还致命地打击

---

① 见《马克思恩格斯选集》第 3 版第 1 卷第 10—11 页。——编者注

了私有财产和财富源泉的最后的**个别的**、**自然的**、不依赖于劳动运动的存在形式即**地租**,打击了这种已经完全成了国民经济学的东西因而对国民经济学无法反抗的封建所有制的表现。(**李嘉图学派**[46]。)从斯密经过萨伊到李嘉图、穆勒等等,国民经济学的**昔尼克主义**不仅相对地增长了——因为**工业**所造成的后果在后面这些人面前以更发达和更充满矛盾的形式表现出来——,而且肯定地说,他们总是自觉地在排斥人这方面比他们的先驱者走得更远,但是,**这只是**因为他们的科学发展得更加彻底、更加真实罢了。因为他们使具有活动形式的私有财产成为**主体**,就是说,既使人成为本质,同时又使作为某种非存在物[Unwesen]的人成为本质,所以现实中的矛盾就完全符合他们视为原则的那个充满矛盾的本质。支离破碎的[Ⅱ]**工业现实**不仅没有推翻,相反,却证实了他们的**自身支离破碎的**原则。他们的原则本来就是这种支离破碎状态的原则。——

　　魁奈医生的重农主义学说是从重商主义体系到亚当·斯密的过渡。**重农学派**[39]直接是封建所有制**在国民经济学上的**解体,但正因为如此,它同样直接是封建所有制**在国民经济学上的变革**、恢复,不过它的语言这时不再是封建的,而是经济学的了。全部财富被归结为**土地**和**耕作**(农业)。土地还不是**资本**,它还是资本的一种**特殊的**存在形式,这种存在形式应当在它的自然特殊性中并且**由于**它的这种自然特殊性而起作用。但是,土地毕竟是一种普遍的自然**要素**,而重商主义体系只知道**贵金属**是财富的存在。因此,财富的**对象**、财富的材料立即获得了**自然界范围之内的**最高普遍性,因为它们作为**自然界**仍然是直接对象性的财富。而土地只有通过劳动、耕种才对人存在。因而财富的主体本质已经移入劳动中。但是,农业同时是**唯一的生产的**劳动。因此,劳动还不是从它的普遍性和抽象性上被理解的,它还是同一种**作为它的材料的**特殊**自然要素**结合在一起,因而,它也还是仅仅在一种**特殊的、自然规定的存在形式**中被认识的。因此,劳动不过是人的一种**特定的、特殊的**外化,正像劳动产品还被理解为一种特定的财富——与其说来源于劳动本身,不如说来源于自然界的财富。在这里,土地还被看做不依赖于人的自然存在,还没有被看做资本,就是说,还没有被看做劳动本身的因素。相反,劳动却表现为**土地**的因素。但是,因为这里把过去的外在的仅仅作为对象存在的财富的拜物教归结为一种极其简单的自然要素,而且已经承认——虽然只是部分地、以一种特殊的方式承认——财富的本质就在于财富的主体存在,所以,认出财富的**普遍本质**,并因此把具有完全绝对性即抽象性的**劳动**提高为**原则**,是一个必要的进步。人们向重农学派证明,从经济学观点即唯一合理的观点来看,**农业**同任何其他一切生产部门毫无区别,因此,财富的**本质**不是某种**特定的**劳动,不是与某种特殊要素结合在一起的、某种特殊的劳动表现,而是**一般劳动**。

重农学派既然把劳动宣布为财富的**本质**,也就否定了**特殊的、外在的、仅仅是对象性的财富**。但是,在重农学派看来,劳动首先只是地产的**主体本质**(重农学派是以那种在历史上占统治地位并得到公认的财产为出发点的);他们认为,只有地产才成为**外化的人**。他们既然把**生产**(农业)宣布为地产的**本质**,也就消除了地产的封建性质;但是,由于他们宣布**农业是唯一的生产**,他们就对工业世界持否定态度,并且承认封建制度。

十分明显,那种与地产相对立的、即作为工业而确立下来的工业的**主体本质**一旦被理解,那么这种本质同时也包含着自己的那个对立面。因为正像工业包含着已被扬弃了的地产一样,工业的**主体**本质也同时包含着**地产**的主体本质。

地产是私有财产的第一个形式,而工业在历史上最初仅仅作为财产的一个特殊种类与地产相对立——或者不如说它是地产的获得自由的奴隶——,同样,在科学地理解私有财产的**主体**本质,理解**劳动**时,这一过程也在重演。而劳动起初只作为**农业劳动**出现,后来才作为一般**劳动**得到承认。[III]一切财富都成了**工业的**财富,成了劳动的**财富**,而**工业**是完成了的劳动,正像**工厂制度**是**工业**的即劳动的发达的本质,而**工业资本**是私有财产的完成了的客观形式一样。——我们看到,只有这时私有财产才能完成它对人的统治,并以最普遍的形式成为世界历史性的力量。——

[对笔记本 II 第 XXXIX 页的补充]

[私有财产和共产主义]

×补入第 **XXXIX** 页。但是,**无产**和**有产**的对立,只要还没有把它理解为**劳动**和**资本**的对立,它还是一种无关紧要的对立,一种没有从它的**能动关系**上、它的**内在关系**上来理解的对立,还没有作为**矛盾**来理解的对立。[47]这种对立即使没有私有财产的前进运动也能以**最初的**形式表现出来,如在古罗马、土耳其等。因此,它还不**表现**为由私有财产本身设定的对立。但是,作为对财产的排除的劳动,即私有财产的主体本质,和作为对劳动的排除的资本,即客体化的劳动,——这就是作为发展了的矛盾关系、因而也就是作为促使矛盾得到解决的能动关系的**私有财产**。

　　××**补入同一页**。自我异化的扬弃同自我异化走的是同一条道路。最初,对**私有财产**只是从它的客体方面来考察,——但是劳动仍然被看成它的本质。因此,它的存在形式就是"本身"应被消灭的**资本**。(蒲鲁东。)或者,劳动的**特殊方式**,即划一的、分散的因而是不自由的劳动,被理解为私有财产的**有害性**的根源,理解为私有财产同人相异化的存在的根源——**傅立叶**,他和重农学派一样,也把**农业劳动**看成至少是**最好的**劳动,**48**而**圣西门**则相反,他把**工业劳动**本身说成本质,因此他渴望工业家**独占**统治,渴望改善工人状况。① 最后,**共产主义**是被扬弃了的私有财产的**积极表现**;起先它是作为**普遍的**私有财产出现的。由于这种共产主义是从私有财产的**普遍性**来看私有财产关系的,所以共产主义

　　(1)在它的最初的形态中不过是私有财产关系的**普遍化**和**完成**。**49**而作为这种关系的普遍化和完成,共产主义是以双重的形态表现出来的:首先,**实物**财产的统治在这种共产主义面前显得如此强大,以致它想把不能被所有的人作为**私有财产**占有的**一切**都消灭;它想用**强制的**方法把才能等等抛弃。在这种共产主义看来,物质的直接的**占有**是生活和存在的唯一目的;**工人**这个规定并没有被取消,而是被推广到一切人身上;私有财产关系仍然是共同休同物的世界的关系;最后,这个用普遍的私有财产来反对私有财产的运动是以一种动物的形式表现出来的:用**公妻制**——也就是把妇

---

① 昂・圣西门的这些论点,见他的《实业家问答》1823 — 1824 年巴黎版。——编者注

女变为**公有的**和**共有的财产**——来反对**婚姻**(它确实是一种**排他性的私有财产的形式**)。人们可以说,**公妻制**这种思想是这个还相当粗陋的和毫无思想的共产主义的**昭然若揭的秘密**。[50]正像妇女从婚姻转向普遍卖淫一样,财富——也就是人的对象性的本质——的整个世界,也从它同私有者的排他性的婚姻的关系转向它同共同体的普遍卖淫关系。这种共产主义——由于它到处否定人的**个性**——只不过是私有财产的彻底表现,私有财产就是这种否定。普遍的和作为权力而形成的**忌妒**,是**贪欲**所采取的并且只是用**另一种**方式使自己得到满足的隐蔽形式。任何私有财产本身所产生的思想,**至少**对于比自己**更富足的**私有财产都含有忌妒和平均主义欲望,这种忌妒和平均主义欲望甚至构成竞争的本质。粗陋的共产主义者不过是充分体现了这种忌妒和这种从**想象的**最低限度出发的平均主义。他具有一个**特定的**、**有限制的**尺度。对整个文化和文明的世界的抽象否定,向**贫穷的**、需求不高的人——他不仅没有超越私有财产的水平,甚至从来没有达到私有财产的水平——的**非自然的**[Ⅳ]简单状态的倒退,恰恰证明对私有财产的这种扬弃决不是真正的占有。[51]

共同性只是**劳动**的共同性以及由共同的资本——作为普遍的资本家的**共同体**——所支付的**工资**的平等的共同性。相互关系的两个方面被提高到**想象的**普遍性:**劳动**是为每个人设定的天职,而**资本**是共同体的公认的普遍性和力量。

把妇女当做共同淫欲的**虏获物**和婢女来对待,这表现了人在对待自身方面的无限的退化,因为这种关系的秘密在**男人**对**妇女**的关系上,以及在对**直接的**、**自然的**类关系的理解方式上,都**毫不含糊地**、确凿无疑地、**明显地**、露骨地表现出来。人对人的直接的、自然的、必然的关系是**男人**对**妇女的关系**。在这种**自然的**类关系中，人对自然的关系直接就是人对人的关系，正像人对人的关系直接就是人对自然的关系，就是他自己的**自然的**规定。因此，这种关系通过**感性的**形式，作为一种显而易见的**事实，表现出**人的本质在何种程度上对人来说成为自然，或者自然在何种程度上成为人具有的人的本质。因此，从这种关系就可以判断人的整个文化教养程度。从这种关系的性质就可以看出，**人在何种程度上对自己来说成为并把自身理解为类存在物、人**。男人对妇女的关系是人对人**最自然的**关系。因此，这种关系表明人的**自然的**行为在何种程度上是**合乎人性的**，或者，**人的**本质在何种程度上对人来说成为**自然的**本质，他的人的**本性**在何种程度上对他来说成为**自然**。这种关系还表明，人的**需要**在何种程度上成为**合乎人性的**需要，就是说，**别人**作为人在何种程度上对他来说成为需要，他作为最具有个体性的存在在何种程度上同时又是社会存在物。

由此可见，对私有财产的最初的积极的扬弃，即**粗陋的**共产主义，不过是私有财产的卑鄙性的一种**表现形式**，这种私有财产力图把自己设定为**积极的共同体**。

（2）共产主义（α）还具有政治性质，是民主的或专制的；（β）是废除国家的，但同时是尚未完成的，并且仍然处于私有财产即人的异化的影响下。这两种形式的共产主义都已经认识到自己是人向自身的还原或复归，是人的自我异化的扬弃；但是，因为它还没有理解私有财产的积极的本质，也还不了解需要所具有的**人的**本性，所以它还受私有财产的束缚和感染。它虽然已经理解私有财产这一概念，但是还不理解它的本质。

（3）**共产主义**是对**私有财产即人的自我异化的积极的扬弃，**

因而是通过人并且为了人而对**人的本质**的真正**占有**；因此，它是人向自身、也就是向**社会的**即合乎人性的人的复归，这种复归是完全的复归，是自觉实现并在以往发展的全部财富的范围内实现的复归。这种共产主义，作为完成了的自然主义，等于人道主义，而作为完成了的人道主义，等于自然主义，它是人和自然界之间、人和人之间的矛盾的**真正解决**，是存在和本质、对象化和自我确证、自由和必然、个体和类之间的斗争的真正解决。它是历史之谜的解答，而且知道自己就是这种解答。**52**

[V]因此，历史的全部运动，既是这种共产主义的**现实的**产生活动，即它的经验存在的诞生活动，同时，对它的思维着的意识来说，又是它的**被理解**和**被认识到的生成**运动；而上述尚未完成的共产主义则从个别的与私有财产相对立的历史形态中为自己寻找**历史的**证明，在现存的事物中寻找证明，它从运动中抽出个别环节（卡贝、维尔加德尔等人尤其喜欢卖弄这一套），把它们作为自己是历史的纯种的证明固定下来；但是，它这样做恰好说明：历史运动的绝大部分是同它的论断相矛盾的，如果它曾经存在过，那么它的这种**过去的**存在恰恰反驳了对**本质**的奢求。

不难看到，整个革命运动必然在**私有财产**的运动中，即在经济的运动中，为自己既找到经验的基础，也找到理论的基础。

这种**物质的**、直接感性的私有财产，是**异化了的人**的生命的物质的、感性的表现。私有财产的运动——生产和消费——是迄今为止全部生产的运动的**感性**展现，就是说，是人的实现或人的现实。宗教、家庭、国家、法、道德、科学、艺术等等，都不过是生产的一些**特殊的**方式，并且受生产的普遍规律的支配。因此，对**私有财产**的积极的扬弃，作为对**人**的生命的占有，是对一切异化的积极的扬弃,从而是人从宗教、家庭、国家等等向自己的**合乎人性的**存在即**社会的**存在的复归。宗教的异化本身只是发生在**意识**领域、人的内心领域,而经济的异化是**现实生活**的异化,——因此对异化的扬弃包括两个方面。不言而喻,在不同的民族那里,运动从哪个领域**开始**,这要看一个民族的真正的、**公认的**生活主要是在意识领域还是在外部世界进行,这种生活更多地是观念的生活还是现实的生活。共产主义是径直从无神论开始的(**欧文**)[53],而**无神论**最初还根本不是**共产主义**;那种无神论主要还是一个抽象。——因此,无神论的博爱最初还只是**哲学的**、抽象的博爱,而共产主义的博爱则径直是**现实的**和直接追求**实效的**。——

我们已经看到,在被积极扬弃的私有财产的前提下,人如何生产人——他自己和别人;直接体现他的个性的对象如何是他自己为别人的存在,同时是这个别人的存在,而且也是这个别人为他的存在。但是,同样,无论是劳动的材料还是作为主体的人,都既是运动的结果,又是运动的出发点(并且二者必须是这个**出发点**,私有财产的历史**必然性**就在于此)。因此,**社会性质**是整个运动的普遍性质;**正像**社会本身生产作为**人**的**人**一样,社会也是由人**生产**的。活动和享受,无论就其内容或就其**存在方式**来说,都是**社会的**活动和**社会的**享受。自然界的**人的**本质只有对**社会的**人来说才是存在的;因为只有在社会中,自然界对人来说才是人与**人联系的纽带**,才是他为别人的存在和别人为他的存在,只有在社会中,自然界才是人自己的**合乎人性的**存在的**基础**,才是人的现实的生活要素。只有在社会中,人的**自然的**存在对他来说才是人的**合乎人性的**存在,并且自然界对他来说才成为人。因此**社会**是人同自然界的完成了的本质的统一,是自然界的真正复活,是人的实现了的自然主义和自然界的实现了的人道主义。①

[VI]社会的活动和社会的享受决不**仅仅**存在于**直接**共同的活动和直接**共同的**享受这种形式中,虽然共同的活动和**共同的**享受,即直接通过同别人的**实际交往**表现出来和得到确证的那种活动和享受,在社会性的上述**直接**表现以这种活动的内容的本质为根据并且符合这种享受的本性的地方都会出现。

甚至当我从事**科学**之类的活动,即从事一种我只在很少情况下才能同别人进行直接联系的活动的时候,我也是**社会的**,因为我是作为**人**活动的。不仅我的活动所需的材料——甚至思想家用来进行活动的语言——是作为社会的产品给予我的,而且我**本身的**存在**就是**社会的活动;因此,我从自身所做出的东西,是我从自身为社会做出的,并且意识到我自己是社会存在物。

我的**普遍**意识不过是以**现实**共同体、社会存在物为**生动**形态的那个东西的**理论**形态,而在今天,**普遍**意识是现实生活的抽象,并且作为这样的抽象是与现实生活相敌对的。因此,我的普遍意识的**活动**——作为一种活动——也是我作为社会存在物的**理论**存在。

首先应当避免重新把"社会"当做抽象的东西同个体对立起来。个体是社会存在物。因此,他的生命表现,即使不采取共同的、同他人一起完成的生命表现这种直接形式,也**是社会生活**的表现和确证。人的个体生活和类生活不是**各不相同的**,尽管个体生

---

① 马克思在这一页结尾标示的通栏线下面写了一句话:"卖淫不过是**工人普遍**卖淫的一个**特殊**表现,因为卖淫是一种关系,这种关系不仅包括卖淫者,而且包括逼人卖淫者——后者的下流无耻尤为严重——,因此,资本家等等也包括在卖淫这一范畴中。"——编者注

活的存在方式是——必然是——类生活的较为**特殊的**或者较为**普遍的**方式,而类生活是较为**特殊的**或者较为**普遍的**个体生活。

作为**类意识**,人确证自己的现实的**社会生活**,并且只是在思维中复现自己的现实存在;反之,类存在则在类意识中确证自己,并且在自己的普遍性中作为思维着的存在物自为地存在着。

因此,人是**特殊的**个体,并且正是人的特殊性使人成为个体,成为现实的、**单个的**社会存在物,同样,人也是**总体**,是观念的总体,是被思考和被感知的社会的自为的主体存在,正如人在现实中既作为对社会存在的直观和现实享受而存在,又作为人的生命表现的总体而存在一样。

可见,思维和存在虽有**区别**,但同时彼此又处于**统一**中。

死似乎是类对**特定的**个体的冷酷的胜利,并且似乎是同类的统一相矛盾的;但是,特定的个体不过是一个**特定的类存在物**,而作为这样的存在物是迟早要死的。

//(4)**私有财产**不过是下述情况的感性表现:人变成对自己来说是**对象性的**,同时,确切地说,变成异己的和非人的对象;他的生命表现就是他的生命的外化,他的现实化就是他的非现实化,就是**异己的**现实。同样,对私有财产的积极的扬弃,就是说,为了人并且通过人对人的本质和人的生命、对象性的人和人的**产品**的**感性的**占有,不应当仅仅被理解为**直接的**、片面的**享受**,不应当仅仅被理解为**占有**、**拥有**。人以一种全面的方式,就是说,作为一个完整的人,占有自己的全面的本质。人对世界的任何一种**人的**关系——视觉、听觉、嗅觉、味觉、触觉、思维、直观、情感、愿望、活动、爱,——总之,他的个体的一切器官,正像在形式上直接是社会的器官的那些器官一样,[Ⅶ]是通过自己的**对象性**关系,即通过自己**同对象的关系**而对对象的占有,对**人的现实**的占有;这些器官同对象的关系,是**人的现实的实现**(因此,正像人的**本质规定**和**活动**是多种多样的一样,人的现实也是多种多样的),是人的**能动**和人的**受动**,因为按人的方式来理解的受动,是人的一种自我享受。//

//私有制使我们变得如此愚蠢而片面,以致一个对象,只有当它为我们所拥有的时候,就是说,当它对我们来说作为资本而存在,或者它被我们直接占有,被我们吃、喝、穿、住等等的时候,简言之,在它被我们**使用**的时候,才是**我们的**。尽管私有制本身也把占有的这一切直接实现仅仅看做**生活手段**,而它们作为手段为之服务的那种生活,是**私有制的生活**——劳动和资本化。//

//因此,**一切**肉体的和精神的感觉都被这**一切**感觉的单纯异化即**拥有**的感觉所代替。人的本质只能被归结为这种绝对的贫困,这样它才能够从自身产生出它的内在丰富性。(关于**拥有**这个范畴,见《二十一印张》文集中**赫斯**的论文。**54**)//

//因此,对私有财产的扬弃,是人的一切感觉和特性的彻底**解放**;但这种扬弃之所以是这种解放,正是因为这些感觉和特性无论在主体上还是在客体上都成为**人的**。眼睛成为**人的**眼睛,正像眼睛的**对象**成为社会的、**人的**、由人并为了人创造出来的对象一样。因此,**感觉**在自己的实践中直接成为**理论家**。感觉为了物而同**物**发生关系,但物本身是对自身和对人的一种**对象性的**、人的关系,反过来也是这样。// //当物按人的方式同人发生关系时,我才能在实践上按人的方式同物发生关系。因此,需要和享受失去了自己的**利己主义**性质,而自然界失去了自己的纯粹的**有用性**,因为效用成了**人的**效用。

同样,别人的感觉和精神也为我**自己**所占有。因此,除了这些直接的器官以外,还以社会的**形式**形成**社会的**器官。例如,同他人直接交往的活动等等,成为我的**生命表现**的器官和对**人的**生命的一种占有方式。

不言而喻,**人的**眼睛与野性的、非人的眼睛得到的享受不同,人的**耳朵**与野性的耳朵得到的享受不同,如此等等。

我们知道,只有当对象对人来说成为**人的**对象或者说成为对象性的人的时候,人才不致在自己的对象中丧失自身。只有当对象对人来说成为**社会的**对象,人本身对自己来说成为社会的存在物,而社会在这个对象中对人来说成为本质的时候,这种情况才是可能的。//

//因此,一方面,随着对象性的现实在社会中对人来说到处成为人的本质力量的现实,成为人的现实,因而成为人**自己的**本质力量的现实,一切**对象**对他来说也就成为他自身的**对象化**,成为确证和实现他的个性的对象,成为**他的**对象,这就是说,对象成为**他自身**。对象如何对他来说成为他的对象,这取决于**对象的性质**以及与之相适应的**本质力量**的性质;因为正是这种关系的**规定性**形成一种特殊的、**现实的**肯定方式。**眼睛**对对象的感觉不同于**耳朵**,眼睛的对象**是**不同于**耳朵**的对象的。每一种本质力量的独特性,恰好就是这种本质力量的**独特的本质**,因而也是它的对象化的独特方式,是它的**对象性的、现实的**、活生生的**存在**的独特方式。因此,人不仅通过思维,[VIII]而且以**全部**感觉在对象世界中肯定自己。

另一方面,即从主体方面来看:只有音乐才激起人的音乐感;对于没有音乐感的耳朵来说,最美的音乐也**毫无意义**,**不是**对象,因为我的对象只能是我的一种本质力量的确证,就是说,它只能像我的本质力量作为一种主体能力自为地存在着那样才对我而存在,因为任何一个对象对我的意义(它只是对那个与它相适应的感觉来说才有意义)恰好都以**我的**感觉所及的程度为限。因此,社会的人的**感觉不同于**非社会的人的感觉。只是由于人的本质客观地展开的丰富性,主体的、**人的**感性的丰富性,如有音乐感的耳朵、能感受形式美的眼睛,总之,那些能成为人的享受的感觉,即确证自己是**人的**本质力量的**感觉**,才一部分发展起来,一部分产生出来。因为,不仅五官感觉,而且连所谓精神感觉、实践感觉(意志、爱等等),一句话,**人的**感觉、感觉的人性,都是由于**它的**对象的存在,由于**人化的**自然界,才产生出来的。

五官感觉的**形成**是迄今为止全部世界历史的产物。囿于粗陋的实际需要的**感觉**,也只具有**有限的**意义。//对于一个忍饥挨饿的人来说并不存在人的食物形式,而只有作为食物的抽象存在;食物同样也可能具有最粗糙的形式,而且不能说,这种进食活动与**动物的**进食活动有什么不同。忧心忡忡的、贫穷的人对最美丽的景色都没有什么**感觉**;经营矿物的商人只看到矿物的商业价值,而看不到矿物的美和独特性;他没有矿物学的感觉。因此,一方面为了使人的**感觉**成为**人的**,另一方面为了创造同人的本质和自然界的本质的全部丰富性相适应的**人的感觉**,无论从理论方面还是从实践方面来说,人的本质的对象化都是必要的。

通过**私有财产**及其富有和贫困——或物质的和精神的富有和贫困——的运动,正在生成的社会发现这种**形成**所需的全部材料;//**同样,已经生成的**社会创造着具有人的本质的这种全部丰富性的人,创造着**具有丰富的、全面而深刻的感觉**的人作为这个社会的恒久的现实。——//

我们看到,主观主义和客观主义,唯灵主义和唯物主义,活动和受动,只是在社会状态中才失去它们彼此间的对立,从而失去它们作为这样的对立面的存在;我们看到,//**理论的**对立本身的解决,**只有**通过**实践**方式,只有借助于人的实践力量,才是可能的;因此,这种对立的解决绝对不只是认识的任务,而是**现实**生活的任务,而**哲学**未能解决这个任务,正是因为哲学把这**仅仅**看做理论的任务。——//

//我们看到,**工业**的历史和工业的已经生成的**对象性的**存在,是**一本打开了的关于人的本质力量**的书,是感性地摆在我们面前的人的**心理学**;对这种心理学人们至今还没有从它同人的**本质**的联系,而总是仅仅从外在的有用性这种关系来理解,因为在异化范围内活动的人们仅仅把人的普遍存在,宗教,或者具有抽象普遍本质的历史,如政治、艺术和文学等等,[Ⅸ]理解为人的本质力量的现实性和**人的类活动**。在**通常的、物质的工业**中(人们可以把这种工业理解为上述普遍运动的一部分,正像可以把这个运动本身理解为工业的一个**特殊**部分一样,因为全部人的活动迄今为止都是劳动,也就是工业,就是同自身相异化的活动),人的**对象化的本质力量**以**感性的、异己的、有用的对象**的形式,以异化的形式呈现在我们面前。如果**心理学**还没有打开这本书即历史的这个恰恰最容易感知的、最容易理解的部分,那么这种心理学就不能成为内容确实丰富的和**真正的**科学。//如果科学从人的活动的如此广泛的丰富性中只知道那种可以用"**需要**"、"**一般需要!**"的话来表达的东西,那么人们对于这种**高傲地**撇开人的劳动的这一巨大部分而不感觉自身不足的科学究竟应该怎样想呢?——

自然科学展开了大规模的活动并且占有了不断增多的材料。

而哲学对自然科学始终是疏远的,正像自然科学对哲学也始终是疏远的一样。过去把它们暂时结合起来,不过是**离奇的幻想**。存在着结合的意志,但缺少结合的能力。甚至历史编纂学也只是顺便地考虑到自然科学,仅仅把它看做是启蒙、有用性和某些伟大发现的因素。然而,自然科学却通过工业日益**在实践上**进入人的生活,改造人的生活,并为人的解放作准备,尽管它不得不直接地使非人化充分发展。**工业**是自然界对人,因而也是自然科学对人的**现实的**历史关系。因此,如果把工业看成人的**本质力量**的**公开的**展示,那么自然界的**人的**本质,或者人的**自然的**本质,也就可以理解了;因此,自然科学将抛弃它的抽象物质的方向,或者更确切地说,是抛弃唯心主义方向,从而成为**人的**科学的基础,正像它现在已经——尽管以异化的形式——成了真正人的生活的基础一样;说生活还有**别的**什么基础,**科学**还有别的什么基础——这根本就是谎言。//在人类历史中即在人类社会的形成过程中生成的自然界,是人的**现实的**自然界;因此,通过工业——尽管以**异化**的形式——形成的自然界,是真正的、**人本学的**自然界。——//

感性(见费尔巴哈)必须是一切科学的基础。科学只有从**感性**意识和**感性**需要这两种形式的感性出发,因而,科学只有从自然界出发,才是**现实的**科学。[1] 可见,全部历史是为了使"人"成为**感性**意识的对象和使"人作为人"的需要成为需要而作准备的历史(发展的历史)[2]。历史本身是**自然史**的一个**现实**部分,即自然界

---

[1] 路·费尔巴哈《关于哲学改革的临时纲要》(《德国现代哲学和政论界轶文集》1843 年苏黎世—温特图尔版第 2 卷第 84—85 页)以及《未来哲学原理》1843 年苏黎世—温特图尔版第 58—70 页。——编者注

[2] 手稿中"发展的历史"写在"作准备的历史"的上方。——编者注

生成为人这一过程的一个**现实**部分。自然科学往后将包括关于人的科学,正像关于人的科学包括自然科学一样:这将是**一门科学**。

[X]**人**是自然科学的直接对象;因为直接的**感性自然界**,对人来说直接是**人**的感性(这是同一个说法),直接是**另一个**对他来说感性地存在着的人;因为他自己的感性,只有通过**别人**,才对他本身来说是人的感性。但是,**自然界**是**关于人的科学**的直接对象。人的第一个对象——人——就是自然界、感性;而那些特殊的、人的、感性的本质力量,正如它们只有在**自然**对象中才能得到客观的实现一样,只有在关于自然本质的科学中才能获得它们的自我认识。思维本身的要素,思想的生命表现的要素,即**语言**,具有感性的性质。自然界的**社会的**现实和**人**的自然科学或**关于人的自然科学**,是同一个说法。——

//我们看到,**富有的人**和人的丰富的需要代替了国民经济学上的**富有**和**贫困**。**富有的人**同时就是**需要**有人的生命表现的完整性的人,在这样的人的身上,他自己的实现作为内在的必然性、作为**需要**而存在。不仅人的**富有**,而且人的**贫困**,——在社会主义的前提下——同样具有**人的**因而是社会的意义。贫困是被动的纽带,它使人感觉到自己需要的最大财富是**他人**。因此,对象性的本质在我身上的统治,我的本质活动的感性爆发,是**激情**,从而激情在这里就成了我的本质的**活动**。——//

(5)任何一个**存在物**只有当它用自己的双脚站立的时候,才认为自己是独立的,而且只有当它依靠自己而**存在**的时候,它才是用自己的双脚站立的。靠别人恩典为生的人,把自己看成一个从属的存在物。但是,如果我不仅靠别人维持我的生活,而且别人还**创造了**我的**生活**,别人还是我的生活的**泉源**,那么我就完全靠别人的恩典为生;如果我的生活不是我自己的创造,那么我的生活就必定在我自身之外有这样一个根源。因此,**创造**[*Schöpfung*]是一个很难从人民意识中排除的观念。自然界的和人的通过自身的存在,对人民意识来说是**不能理解的**,因为这种存在是同实际生活的**一切明显的事实**相矛盾的。

大地创造说,受到了**地球构造学**[55]即说明地球的形成、生成是一个过程、一种自我产生的科学的致命打击。自然发生说[56]是对创世说[Schöpfungstheorie]的唯一实际的驳斥。

现在对单个人讲讲亚里士多德已经说过的下面这句话,当然是容易的:你是你父亲和你母亲所生;这就是说,两个人的交媾即人的类行为生产了你这个人。[①] 这样,你看到,人的肉体的存在也要归功于人。因此,你应该不是仅仅注意**一个**方面即**无限的**过程,由于这个过程你会进一步发问:谁生出了我的父亲? 谁生出了他的祖父? 等等。你还应该紧紧盯住这个无限过程中的那个可以通过感觉直观的**循环运动**,由于这个运动,人通过生儿育女使自身重复出现,因而**人始终是主体**。

但是,你会回答说:我向你承认这个循环运动,那么你也要向我承认那个无限的过程,那个过程驱使我不断追问,直到我提出问题:谁生出了第一个人和整个自然界?

我只能对你作如下的回答:你的问题本身就是抽象的产物。请你问一下自己,你是怎样想到这个问题的;请你问一下自己,你的问题是不是来自一个因为荒谬而使我无法回答的观点。请你问

---

① 参看亚里士多德《形而上学》第 8 卷第 4 章。有关论述还可参看黑格尔《自然哲学讲演录》1842 年柏林版第 2 部分第 646—647 页。——编者注

一下自己,那个无限的过程本身对理性的思维来说是否存在。既然你提出自然界和人的创造问题,你也就把人和自然界抽象掉了。你设定它们是**不存在的**,你却希望我向你证明它们是**存在的**。那我就对你说:放弃你的抽象,你也就会放弃你的问题,或者,你想坚持自己的抽象,你就要贯彻到底,如果你设想人和自然界是**不存在的**,[XI]那么你就要设想你自己也是不存在的,因为你自己也是自然界和人。不要那样想,也不要那样向我提问,因为一旦你那样想,那样提问,你就会把自然界的存在和人的存在**抽象掉**,这是没有任何意义的。也许你是个设定一切都不存在,而自己却想存在的利己主义者吧?

你可能反驳我:我并不想设定自然界等等不存在;我是问你自然界的**形成过程**,正像我问解剖学家骨骼如何形成等等一样。

但是,因为对社会主义的人来说,**整个所谓世界历史**不外是人通过人的劳动而诞生的过程,是自然界对人来说的生成过程,所以关于他通过自身而**诞生**、关于他的**形成过程**,他有直观的、无可辩驳的证明。因为人和自然界的**实在性**,即人对人来说作为自然界的存在以及自然界对人来说作为人的存在,已经成为实际的、可以通过感觉直观的,所以关于某种**异己的**存在物、关于凌驾于自然界和人之上的存在物的问题,即包含着对自然界的和人的非实在性的承认的问题,实际上已经成为不可能的了。**无神论**,作为对这种非实在性的否定,已不再有任何意义,因为无神论是**对神的否定**,并且正是通过这种否定而设定**人的存在**;但是,社会主义作为社会主义已经不再需要这样的中介;它是从把人和自然界看做**本质**这种**理论上和实践上的感性意识**开始的。社会主义是人的不再以宗教的扬弃为中介的**积极的自我意识**,正像**现实生活**是人的不再以

私有财产的扬弃即**共产主义**为中介的积极的现实一样。共产主义
是作为否定的否定的肯定,因此,它是人的解放和复原的一个**现实
的**、对下一段历史发展来说是必然的环节。**共产主义**是最近将来
的必然的形态和有效的原则,但是,这样的共产主义并不是人类发
展的目标,并不是人类社会的形态。——

[对黑格尔的辩证法和整个哲学的批判]

(6)在这一部分,为了便于理解和论证,对黑格尔的整个辩证
法,特别是《现象学》和《逻辑学》[9]中有关辩证法的叙述,以及最后
对现代批判运动同黑格尔的关系略作说明,也许是适当的。——

现代德国的批判着意研究旧世界的内容,而且批判的发展完
全拘泥于所批判的材料,以致对批判的方法采取完全非批判的态
度,同时,对于我们如何对待黑格尔的**辩证法**这一**表面上看来是形
式的**问题,而实际上是**本质的**问题,则完全缺乏认识。对于现代的
批判同黑格尔的整个哲学,特别是同辩证法的关系问题是如此缺
乏认识,以致像**施特劳斯**①和**布鲁诺·鲍威尔**这样的批判家仍然
受到黑格尔逻辑学的束缚;前者是完全被束缚,后者在自己的《符
类福音作者》中(与施特劳斯相反,他在这里用抽象的人的"自我

---

① 大·施特劳斯《耶稣传》1835—1836 年蒂宾根版第 1—2 卷;《为我的
著作〈耶稣传〉辩护和关于评述现代神学特性的论争文集》1837 年蒂
宾根版第 1—3 册;《评述和批判。神学、人类学和美学方面的轶文集》
1839 年莱比锡版;《基督教教理的历史发展及其同现代科学的斗争》
1840—1841 年蒂宾根—斯图加特版第 1—2 卷。——编者注

意识"代替了"抽象的自然界"的实体)①,甚至在《基督教真相》中,至少是有可能完全地被束缚。例如,《基督教真相》一书中说:

"自我意识设定世界、设定差别,并且在它所创造的东西中创造自身,因为它重新扬弃了它的创造物同它自身的差别,因为它只是在创造活动中和运动中才是自己本身,——这个自我意识在这个运动中似乎就没有自己的目的了",等等。或者说:"他们〈法国唯物主义者〉还未能看到,宇宙的运动只有作为自我意识的运动,才能实际上成为自为的运动,从而达到同自身的统一。"②

这些说法甚至在语言上都同黑格尔的观点毫无区别,实际上,这是在逐字逐句重述黑格尔的观点。

[Ⅻ]鲍威尔在他的《自由的正义事业》一书中对格鲁培先生提出的"那么逻辑学的情况如何呢?"这一唐突的问题避而不答,却让他去问未来的批判家。[57]这表明,鲍威尔在进行批判活动(鲍威尔《符类福音作者》)时对于同黑格尔辩证法的关系是多么缺乏认识,而且在物质的批判活动之后也还缺乏这种认识。

但是,即使现在,在**费尔巴哈**不仅在收入《轶文集》的《纲要》中,而且更详细地在《未来哲学》中从根本上推翻了旧的辩证法和哲学之后;在无法完成这一事业的上述批判反而认为这一事业已经完成,并且宣称自己是"纯粹的、坚决的、绝对的、洞察一切的批判"之后;在批判以唯灵论的狂妄自大态度把整个历史运动归结为世界的其他部分——它把这部分世界与它自身对立起来而归入

---

① 布·鲍威尔《符类福音作者的福音故事考证》1841 年莱比锡版第 1 卷第 Ⅵ—ⅩⅤ 页。——编者注
② 布·鲍威尔《基督教真相》1843 年苏黎世—温特图尔版第 113 — 115 页。——编者注

"群众"这一范畴——和它自身之间的关系,并且把一切独断的对立消融于它本身的聪明和世界的愚蠢之间、批判的基督和作为"**群氓**"的人类之间的**一个独断的**对立中之后;在批判每日每时以群众的愚钝无知来证明它本身的超群出众之后;在批判终于宣称这样一天——那时整个正在堕落的人类将聚集在批判面前,由批判加以分类,而每一类人都将得到一份赤贫证明书——即将来临,即以这种形式宣告批判的**末日审判**①之后;在批判于报刊上宣布它既对人的感觉又对它自己独标一格地雄踞其上的世界具有优越性,而且只是不时从它那尖酸刻薄的口中发出奥林波斯山众神的哄笑声②之后,——在以批判的形式消逝着的唯心主义(青年黑格尔主义)做出这一切滑稽可笑的动作之后,这种唯心主义甚至一点也没想到现在已经到了同自己的母亲即黑格尔辩证法批判地划清界限的时候,甚至一点也没表明它对费尔巴哈辩证法的批判态度。这是对自身持完全非批判的态度。

费尔巴哈是唯一对黑格尔辩证法采取**严肃的**、**批判的**态度的人;只有他在这个领域内作出了真正的发现,总之,他真正克服了旧哲学。费尔巴哈成就的伟大以及他把这种成就贡献给世界时所表现的那种谦虚纯朴,同批判所持的相反的态度形成惊人的对照。

费尔巴哈的伟大功绩在于:(1)证明了哲学不过是变成思想的并且通过思维加以阐明的宗教,不过是人的本质的异化的另一

---

① 见梅·希策尔《苏黎世通讯》(1844 年《文学总汇报》第 5 期第 12、15 页)。并见马克思和恩格斯《神圣家族》第 7 章第 1 节《批判的群众》,第 9 章《批判的末日的审判》(《马克思恩格斯全集》中文第 1 版第 2 卷)。——编者注

② 见布·鲍威尔《本省通讯》(1844 年《文学总汇报》第 6 期第 30 — 32 页)。并见《马克思恩格斯文集》第 1 卷第 348 — 355 页。——编者注

种形式和存在方式;因此哲学同样应当受到谴责;①

（2）创立了**真正的唯物主义**和**实在的科学**,因为费尔巴哈使社会关系即"人与人之间的"关系也同样成为理论的基本原则;②

（3）他把基于自身并且积极地以自身为根据的肯定的东西同自称是绝对肯定的东西的那个否定的否定对立起来。③

费尔巴哈这样解释了黑格尔的辩证法（从而论证了要从肯定的东西即从感觉确定的东西出发）：

黑格尔从异化出发（在逻辑上就是从无限的东西、抽象的普遍的东西出发）,从实体出发,从绝对的和不变的抽象出发,就是说,说得更通俗些,他从宗教和神学出发。

第二,他扬弃了无限的东西,设定了现实的、感性的、实在的、有限的、特殊的东西。（哲学,对宗教和神学的扬弃。）

第三,他重新扬弃了肯定的东西,重新恢复了抽象、无限的东西。宗教和神学的恢复。④

由此可见,费尔巴哈把否定的否定**仅仅**看做哲学同自身的矛盾,看做在否定神学（超验性等等）之后又肯定神学的哲学,即同自身相对立而肯定神学的哲学。

否定的否定所包含的肯定或自我肯定和自我确证,被认为是对自身还不能确信因而自身还受对立面影响的、对自身怀疑因而需要证明的肯定,即被认为是没有用自己的存在证明自身的、没有

---

① 路·费尔巴哈《未来哲学原理》1843 年苏黎世—温特图尔版第 1—33 页。——编者注
② 同上,第 77—84 页。——编者注
③ 同上,第 62—70 页。——编者注
④ 同上,第 33—58 页。——编者注

被承认的[ⅩⅢ]肯定；因此，感觉确定的、以自身为根据的肯定是同这种肯定直接地而非间接地对立着的。

费尔巴哈还把否定的否定、具体概念看做在思维中超越自身的和作为思维而想直接成为直观、自然界、现实的思维。**58**

但是，因为黑格尔根据否定的否定所包含的肯定方面把否定的否定看成真正的和唯一的肯定的东西，而根据它所包含的否定方面把它看成一切存在的唯一真正的活动和自我实现的活动，所以他只是为历史的运动找到**抽象的**、**逻辑的**、**思辨的**表达，这种历史还不是作为既定的主体的人的**现实**历史，而只是人的**产生的活动**、人的**形成的历史**。——我们既要说明这一运动在黑格尔那里所采取的抽象形式，也要说明这一运动在黑格尔那里同现代的批判即同费尔巴哈的《基督教的本质》一书所描述的同一过程①的区别；或者更正确些说，要说明这一在黑格尔那里还是非批判的运动所具有的**批判的**形式。——

现在看一看黑格尔的体系。必须从黑格尔的《**现象学**》**9**即从黑格尔哲学的真正诞生地和秘密开始。

现象学。

（A）**自我意识**。

Ⅰ. **意识**。（α）感觉确定性或"这一个"和**意谓**。（β）**知觉**，或具有特性的事物和**幻觉**。（γ）力和知性，现象和超感觉世界。

Ⅱ. **自我意识**。自身确定性的真理性。（a）自我意识的独立性和非独立性，主人和奴隶。（b）自我意识的自由。斯多亚主义**59**，

———————

① 路·费尔巴哈《基督教的本质》1841 年莱比锡版第 37—247 页。——
编者注

怀疑主义**60**,苦恼的意识。

Ⅲ. 理性。理性的确定性和真理性。（a）观察的理性;对自然界和自我意识的观察。（b）理性的自我意识通过自身来实现。快乐和必然性。心的规律和自大狂。德行和世道。（c）自在和自为的实在的个体性。精神动物世界和欺骗,或事情本身。立法的理性。审核法律的理性。

（B）**精神**。

Ⅰ. **真的精神**;伦理。Ⅱ. 自我异化的精神,教养。Ⅲ. 确定自身的精神,道德。

（C）宗教。**自然宗教,艺术宗教,启示宗教**。

（D）**绝对知识**。——

因为黑格尔的《**哲学全书**》以逻辑学,以**纯粹的思辨的思想**开始,而以**绝对知识**,以自我意识的、理解自身的哲学的或绝对的即超人的抽象精神结束**61**,所以整整一部《哲学全书》不过是哲学精神的**展开的本质**,是哲学精神的自我对象化;而哲学精神不过是在它的自我异化内部通过思维方式即通过抽象方式来理解自身的、异化的世界精神。——**逻辑学**是精神的**货币**,是人和自然界的思辨的、**思想的价值**——人和自然界的同一切现实的规定性毫不相干地生成的因而是非现实的本质,——是**外化的**因而是从自然界和现实的人抽象出来的**思维**,即**抽象**思维。——**这种抽象思维的外在性**就是……**自然界**,就像自然界对这种抽象思维所表现的那样。自然界对抽象思维来说是外在的,是抽象思维的自我丧失;而抽象思维也是外在地把自然界作为抽象的思想来理解,然而是作为外化的抽象思维来理解。——最后,**精神**,这个回到自己的诞生地的思维,在它终于发现自己和肯定自己是**绝对**知识因而是绝对的即抽象的精神之前,在它获得自己的自觉的、与自身相符合的存在之前,它作为人类学的、现象学的、心理学的、伦理的、艺术的、宗教的精神,总还不是自身。因为它的现实的存在是**抽象**[62]……——

黑格尔有双重错误。

第一个错误在黑格尔哲学的诞生地《现象学》中表现得最为明显。例如,当他把财富、国家权力等等看成同**人的**本质相异化的本质时,这只是就它们的思想形式而言…… 它们是思想本质,因而只是**纯粹的**即抽象的哲学思维的异化。因此,整个运动是以绝对知识结束的。这些对象从中异化出来的并以现实性自居而与之对立的,恰恰是抽象的思维。**哲学家**——他本身是异化的人的抽象形式——把自己变成异化的世界的尺度。因此,全部**外化历史**和外化的全部**消除**,不过是抽象的、绝对的[XVII](见第 XIII 页)思维的**生产史**,即逻辑的思辨的思维的**生产史**。因此,**异化**——它从而构成这种外化的以及这种外化之扬弃的真正意义——是**自在**和**自为**之间、**意识**和**自我意识**之间、**客体**和**主体**之间的对立,就是说,是抽象的思维同感性的现实或现实的感性在思想本身范围内的对立。其他一切对立及其运动,不过是这些唯一有意义的对立的**外观**、**外壳**、**公开**形式,这些唯一有意义的对立构成其他世俗对立的**含义**。在这里,不是人的本质**以非人的方式**在同自身的对立中的**对象化**,而是人的本质以**不同于**抽象思维的方式在同抽象思维的**对立**中的**对象化**,被当做异化的被设定的和应该扬弃的本质。

[XVIII]因此,对于人的已成为对象而且是异己对象的本质力量的占有,首先不过是那种在**意识**中、在**纯思维**中即在**抽象**中实现

的**占有**,是对这些作为**思想**和**思想运动**的对象的占有;因此,在《现象学》中,尽管已有一个完全否定的和批判的外表,尽管实际上已包含着往往早在后来发展之前就先进行的批判,黑格尔晚期著作的那种非批判的实证主义和同样非批判的唯心主义——现有经验在哲学上的分解和恢复——已经以一种潜在的方式,作为萌芽、潜能和秘密存在着了。**其次**,要求把对象世界归还给人——例如,有这样一种认识:**感性**意识不是**抽象的**感性意识,而是**人的**感性意识;宗教、财富等等不过是**人的**对象化的异化了的现实,是客体化了的人的本质力量的异化了的现实;因此,宗教、财富等等不过是通向真正**人的**现实的**道路**,——这种对人的本质力量的占有或对这一过程的理解,在黑格尔那里是这样表现的:**感性**、**宗教**、国家权力等等是**精神的**本质,因为只有**精神**才是人的**真正的**本质,而精神的真正的形式则是思维着的精神,逻辑的、思辨的精神。自然界的**人性**和历史所创造的自然界——人的产品——的**人性**,就表现在它们是抽象精神的**产品**,因此,在这个限度内,它们是**精神的**环节即**思想本质**。可见,《现象学》是一种隐蔽的、自身还不清楚的、神秘化的批判;但是,因为《现象学》紧紧抓住人的**异化**不放——尽管人只是以精神的形式出现——,所以它潜在地包含着批判的**一切**要素,而且这些要素往往已经以远远超过黑格尔观点的方式**准备好**和**加过工**了。关于"苦恼的意识"、"诚实的意识",关于"高尚的意识和卑鄙的意识"的斗争等等这些章节,包含着对宗教、国家、市民生活等整个整个领域的**批判的**要素,不过也还是通过异化的形式。正像**本质**、**对象**表现为思想本质一样,**主体**也始终是**意识**或**自我意识**,或者更正确些说,对象仅仅表现为**抽象的**意识,而人仅仅表现为**自我意识**。因此,在《现象学》中出现的异化的各种不同形式,不过是意识和自我意识的不同形式。正像抽象的意识**本身**——对象就被看成这样的意识——仅仅是自我意识的一个差别环节一样,这一运动的结果也表现为自我意识和意识的同一,即绝对知识,也就是那种已经不是向外部而是仅仅在自身内部进行的抽象思维运动,这就是说,纯思想的辩证法是结果。(下接第 XXII 页)

[XXII](见第 XVIII 页)因此,黑格尔的《现象学》及其最后成果——辩证法,作为推动原则和创造原则的否定性——的伟大之处首先在于,黑格尔把人的自我产生看做一个过程,把对象化看做非对象化,看做外化和这种外化的扬弃;可见,他抓住了**劳动**的本质,把对象性的人、现实的因而是真正的人理解为人**自己的劳动**的结果。[63]人同作为类存在物的自身发生**现实的**、**能动的**关系,或者说,人作为现实的类存在物即作为人的存在物的实现,只有通过下述途径才有可能:人确实显示出自己的全部**类力量**——这又只有通过人的全部活动、只有作为历史的结果才有可能——并且把这些力量当做对象来对待,而这首先又只有通过异化的形式才有可能。

我们将以《现象学》的最后一章——绝对知识——来详细说明黑格尔的片面性和局限性。这一章既包含经过概括的《现象学》的精神,包含《现象学》同思辨的辩证法的关系,也包含黑格尔对这二者及其相互关系的**理解**。

且让我们先指出一点:黑格尔是站在现代国民经济学家的立场上的。[64]他把**劳动**看做人的**本质**,看做人的自我确证的本质;他只看到劳动的积极的方面,没有看到它的消极的方面。劳动是**人**在**外化**范围之内的或者作为**外化的**人的**自为的生成**。黑格尔唯一知道并承认的劳动是**抽象的精神的**劳动。因此,黑格尔把一般说来构成哲学的**本质**的那个东西,即**知道自身的人的外化**或者**思考自身的**、**外化的科学**,看成劳动的本质;因此,同以往的哲学相反,他能把哲学的各个环节加以总括,并称自己的哲学才是**哲学**。至于其他哲学家做过的事情——把自然界和人类生活的各个环节看做自我意识的而且是抽象的自我意识的环节——,黑格尔**认为**那只是哲学的**行动**。因此,他的科学是绝对的。

现在让我们转向我们的本题。

绝对知识。《现象学》的最后一章。[65]

主要之点就在于:**意识的对象**无非是**自我意识**;或者说,对象不过是**对象化的自我意识**、作为对象的自我意识。(设定人=自我意识。)

因此,需要克服**意识的对象**。**对象性**本身被认为是人的**异化了的**、**同人的本质**即自我意识不相适应的关系。因此,**重新占有**在异化规定内作为异己的东西产生的人的对象性本质,不仅具有扬弃**异化**的意义,而且具有扬弃**对象性**的意义,就是说,因此,人被看成**非对象性的**、唯灵论的存在物。

黑格尔对**克服意识的对象**的运动作了如下的描述:

对象不仅表现为向**自我**[das *Selbst*]复归的东西(在黑格尔看来,这是对这一运动的**片面的**即只抓住了一个方面的理解)。设定人=自我。但是,自我不过是被**抽象地**理解的和通过抽象产生出来的人。人是自我的[selbstisch]。人的眼睛、人的耳朵等等都是**自我的**;人的每一种本质力量在人身上都具有**自我性**[*Selbstigkeit*]这种特性。但是,正因为这样,说**自我意识**具有眼睛、耳朵、本质力量,就完全错了。毋宁说,**自我意识是**人的自然即人的眼睛等等的质,而并非人的自然是[XXIV]**自我意识**的质。①

本身被抽象化和固定化的自我,是作为**抽象的利己主义者**的人,他被提升到自己的纯粹抽象、被提升到思维的**利己主义**。(下文还要谈到这一点。)

人的本质,人,在黑格尔看来=**自我意识**。因此,人的本质的全部异化**不过是自我意识的异化**。自我意识的异化没有被看做人的本质的**现实**异化的**表现**,即在知识和思维中反映出来的这种异化的表现。相反,**现实的**即真实地出现的异化,就其潜藏在**内部最深处的**——并且只有哲学才能揭示出来的——本质来说,不过是现实的人的本质即**自我意识**的**异化现象**。因此,掌握了这一点的科学就叫做**现象学**。因此,对异化了的对象性本质的全部重新占有,都表现为把这种本质合并于自我意识;掌握了自己本质的人,**仅仅**是掌握了对象性本质的自我意识。因此,对象向自我的复归就是对对象的重新占有。——

意识的对象的克服可**全面**表述如下:

(1)对象本身对意识来说是正在消逝的东西;

(2)自我意识的外化设定物性;

(3)这种外化不仅有**否定的**意义,而且有**肯定的**意义;

(4)它不仅**对我们**有这种意义或者说自在地有这种意义,而且**对它本身**也有这种意义;

(5)对象的否定,或对象的自我扬弃,**对意识**所以有**肯定的**意义,或者说,它所以**知道**对象的这种虚无性,是由于它把自身外化

---

① 参看马克思《乔治·威廉·弗里德里希·黑格尔〈精神现象学〉摘要〈绝对知识〉章》(《马克思恩格斯全集》中文第 2 版第 3 卷第 366—367 页)。——编者注

了,因为它在这种外化中把**自身**设定为对象,或者说,为了**自为存在**的不可分割的统一性而把对象设定为自身;

（6）另一方面,这里同时包含着另一个环节,即意识扬弃这种外化和对象性,同样也把它们收回到自身,因此,它在**自己的**异在**本身**中就是**在自身**;

（7）这就是意识的运动,因而也是意识的各个环节的总体;

（8）意识必须依据对象的各个规定的总体来对待对象,同样也必须依据这个总体的每一个规定来把握对象。对象的各个规定的这种总体使对象**自在地**成为**精神的本质**,而对意识来说,对象所以真正成为**精神的本质**,是由于把这个总体的每一个别的规定理解为**自我**的规定,或者说,是由于对这些规定采取了上述的**精神的**态度。①

补入（1）。所谓对象本身对意识来说是正在消逝的东西,就是上面提到的**对象向自我的复归**。

补入（2）。**自我意识的外化**设定**物性**。因为人＝自我意识,所以人的外化的、对象性的本质即**物性**（**对他来说**是**对象**的那个东西**,而且只有对他来说是本质的对象并因而是他的**对象性**的本质的那个东西,才是他的真正的对象。既然被当做主体的不是**现实的人**本身,因而也不是**自然**——人是**人的自然**——而只是人的抽象,即自我意识,所以物性只能是外化的自我意识）＝**外化的自我意识**,而**物性**是由这种外化设定的。一个有生命的、自然的、具备并赋有对象性的即物质的本质力量的存在物,既拥有它的本质的

---

① 上述有关"意识的对象的克服"这八点说明,几乎逐字逐句摘自黑格尔《精神现象学》最后一章《绝对知识》。参看《马克思恩格斯全集》中文第 2 版第 3 卷第 366—367 页。——编者注

现实的、自然的**对象**,而它的自我外化又设定一个**现实的**、却以**外在性**的形式表现出来因而不属于它的本质的、极其强大的对象世界,这是十分自然的。这里并没有什么不可捉摸的和神秘莫测的东西。相反的情况倒是神秘莫测的。但是,同样明显的是,**自我意识通过自己的外化所能设定的只是物性**,即只是抽象物、抽象的物,而不是**现实的**物。[XXVI]①此外还很明显的是:物性因此对自我意识来说决不是什么**独立的**、**实质的东西**,而只是纯粹的创造物,是自我意识所**设定的东西**,这个被设定的东西并不证实自己,而只是证实设定这一行动,这一行动在一瞬间把自己的能力作为产物固定下来,使它**表面上**具有独立的、现实的本质的作用——但仍然只是一瞬间。

当现实的、肉体的、站在坚实的呈圆形的地球上呼出和吸入一切自然力的**人**通过自己的外化把自己现实的、对象性的**本质力量设定**为异己的对象时,**设定**并不是主体;它是**对象性的**本质力量的主体性,因此这些本质力量的活动也必定是**对象性的**活动。对象性的存在物进行对象性活动,如果它的本质规定中不包含对象性的东西,它就不进行对象性活动。它所以创造或设定对象,只是因为它是被对象设定的,因为它本来就是**自然界**。因此,并不是它在设定这一行动中从自己的"纯粹的活动"转而**创造对象**,而是它的**对象性的**产物仅仅证实了它的**对象性**活动,证实了它的活动是对象性的自然存在物的活动。

我们在这里看到,彻底的自然主义或人道主义,既不同于唯心主义,也不同于唯物主义,同时又是把这二者结合起来的真理。我

---

① 马克思在手稿的页码中漏编了第 XXV 页。——编者注

们同时也看到,只有自然主义能够理解世界历史的行动。**66**

　　//人直接地是**自然存在物**。**67**人作为自然存在物,而且作为有生命的自然存在物,一方面具有**自然力**、**生命力**,是**能动的**自然存在物;这些力量作为天赋和才能、作为**欲望**存在于人身上;另一方面,人作为自然的、肉体的、感性的、对象性的存在物,同动植物一样,是**受动的**⁶⁸、受制约的和受限制的存在物,就是说,他的欲望的**对象**是作为不依赖于他的**对象**而存在于他之外的;但是,这些对象是他的**需要**的**对象**;是表现和确证他的本质力量所不可缺少的、重要的**对象**。说人是**肉体的**、有自然力的、有生命的、现实的、感性的、对象性的存在物,这就等于说,人有**现实的**、**感性的对象**作为自己本质的即自己生命表现的对象;或者说,人只有凭借现实的、感性的对象才能**表现**自己的生命。说一个东西**是**对象性的、自然的、感性的,又说,在这个东西自身之外有对象、自然界、感觉,或者说,它自身对于第三者来说是对象、自然界、感觉,这都是同一个意思。//**饥饿**是自然的**需要**;因此,为了使自身得到满足,使自身解除饥饿,它需要自身之外的**自然界**、自身之外的**对象**。饥饿是我的身体对某一**对象**的公认的需要,这个对象存在于我的身体之外,是使我的身体得以充实并使本质得以表现所不可缺少的。太阳是植物的**对象**,是植物所不可缺少的、确证它的生命的对象,正像植物是太阳的对象,是太阳的唤醒生命的力量的**表现**,是太阳的**对象性**的本质力量的**表现**一样。

　　一个存在物如果在自身之外没有自己的自然界,就不是**自然**存在物,就不能参加自然界的生活。一个存在物如果在自身之外没有对象,就不是对象性的存在物。一个存在物如果本身不是第三存在物的对象,就没有任何存在物作为自己的**对象**,就是说,它没有对象性的关系,它的存在就不是对象性的存在。[XXVII]非对象性的存在物是**非存在物**[*Unwesen*]。

假定一种存在物本身既不是对象,又没有对象。这样的存在物首先将是一个**唯一的**存在物,在它之外没有任何存在物存在,它孤零零地独自存在着。因为,只要有对象存在于我之外,只要我不是**独自**存在着,那么我就是和在我之外存在的对象不同的**他物**、**另一个现实**。因此,对这个第三对象来说,我是和它不同的**另一个现实**,也就是说,我是**它的**对象。这样,一个存在物如果不是另一个存在物的对象,那么就要以没有**任何一个**对象性的存在物存在为前提。只要我有一个对象,这个对象就以我作为对象。而**非对象性的**存在物是一种非现实的、非感性的、只是思想上的即只是想象出来的存在物,是抽象的东西。说一个东西是**感性的**即现实的,是说它是感觉的对象,是**感性的**对象,也就是说在自身之外有感性的对象,有自己的感性的对象。说一个东西是感性的,是说它是**受动的**。

因此,人作为对象性的、感性的存在物,是一个**受动的**存在物;因为它感到自己是受动的,所以是一个**有激情的**存在物。激情、热情是人强烈追求自己的对象的本质力量。

//但是,人不仅仅是自然存在物,而且是**人的**自然存在物,就是说,是自为地存在着的存在物,因而是**类存在物**。他必须既在自己的存在中也在自己的知识中确证并表现自身。// //因此,正像**人的**对象不是直接呈现出来的自然对象一样,直接地**存在着**的、客观地存在着的**人的感觉**,也不是**人的**感性、人的对象性。自然界,无论是客观的还是主观的,都不是直接同**人的**存在物相适合地存在着。//

正像一切自然物必须**形成**一样,**人**也有自己的形成过程即**历史**,但历史对人来说是被认识到的历史,因而它作为形成过程是一种有意识地扬弃自身的形成过程。历史是人的真正的自然史。——(关于这一点以后还要回过来谈。)

第三,因为物性的这种设定本身不过是一种外观,一种与纯粹活动的本质相矛盾的行为,所以这种设定也必然重新被扬弃,物性必然被否定。

补入(**3**)、(**4**)、(**5**)、(**6**)。(3)意识的这种外化不仅有**否定的**意义,而且也有**肯定的**意义。(4)它不仅**对我们**有这种肯定的意义或者说自在地有这种肯定的意义,而且对它即意识本身也有这种肯定的意义。(5)对象的否定,或对象的自我扬弃,**对意识**所以有**肯定的**意义,或者说,它所以**知道**对象的这种虚无性,是由于它把**自身**外化了,因为意识在这种外化中**知道**自身是对象,或者说,由于**自为存在**的不可分割的统一性而知道对象是它自身。(6)另一方面,这里同时包含着另一个环节,即意识扬弃这种外化和对象性,同样也把它们收回到自身,因此,它在自己的**异在本身**中就是**在自身**。

我们已经看到,对于被异化的对象性本质的占有,或在**异化**——它必然从漠不关心的异己性发展到现实的、敌对的异化——这个规定内对于对象性的扬弃,在黑格尔看来,同时或甚至主要地具有扬弃**对象性**的意义,因为并不是对象的**一定的**性质,而是它的**对象性的**性质本身,对自我意识来说是一种障碍和异化。因此,对象是一种否定的东西、自我扬弃的东西,是一种**虚无性**。对象的这种虚无性对意识来说不仅有否定的意义,而且有**肯定的**意义,因为对象的这种**虚无性**正是它自身的非对象性的即

[XXVIII]**抽象**的**自我确证**。对于**意识本身**来说,对象的虚无性所以有肯定的意义,是因为意识**知道**这种虚无性、这种对象性本质是它自己的**自我外化**,知道这种虚无性只是由于它的自我外化才存在……   意识的存在方式,以及对意识来说某个东西的存在方式,就是**知识**。知识是意识的唯一的行动。因此,只要意识**知道某个东西**,那么这个东西对意识来说就生成了。知识是意识的唯一的对象性的关系。——意识所以知道对象的虚无性,就是说,意识所以知道对象同它之间的差别的非存在,对象对它来说是非存在,是因为意识知道对象是它的**自我外化**,就是说,意识所以知道自己——作为对象的知识——,是因为对象只是对象的**外观**、障眼的云雾,而就它的本质来说不过是知识本身,知识把自己同自身对立起来,从而把某种**虚无性**,即在知识之外没有**任何**对象性的某种东西同自身对立起来;或者说,知识知道,当它与某个对象发生关系时,它只是**在自身之外**,使自身外化;它知道**它本身**只**表现为**对象,或者说,对它来说表现为对象的那个东西仅仅是它本身。

另一方面,黑格尔说,这里同时包含着另一个环节,即意识扬弃这种外化和对象性,同样也把它们收回到自身,因此,它在自己的**异在本身**中就是**在自身**。

这段议论汇集了思辨的一切幻想。

第一,意识、自我意识在**自己的异在本身**中就是**在自身**。因此,自我意识——或者,如果我们在这里撇开黑格尔的抽象而设定人的自我意识来代替自我意识——在自己的**异在本身**中就是**在自身**。

这里首先包含着:意识——作为知识的知识——作为思维的思维——直接地冒充为它自身的**他物**,冒充为感性、现实、生命,——在思维中超越自身的思维。(费尔巴哈。)①这里所以包含着这一方面,是因为仅仅作为意识的意识所碰到的障碍不是异化了的对象性,而是**对象性本身**。

第二,这里包含着:因为有自我意识的人认为精神世界——或人的世界在精神上的普遍存在——是自我外化并加以扬弃,所以他仍然重新通过这个外化的形态确证精神世界,把这个世界冒充为自己的真正的存在,恢复这个世界,假称在**自己的异在本身**中就是**在自身**。因此,在扬弃例如宗教之后,在承认宗教是自我外化的产物之后,他仍然在**作为宗教的宗教**中找到自身的确证。黑格尔的**虚假的**实证主义或他那只是**虚有其表的**批判主义的根源就**在于**此,这也就是费尔巴哈所说的宗教或神学的设定、否定和恢复,然而这应当以更一般的形式来表述。② 因此,理性在作为非理性的非理性中就是在自身。一个认识到自己在法、政治等等中过着外化生活的人,就是在这种外化生活本身中过着自己的真正的人的生活。因此,与自身相**矛盾**的,既与知识又与对象的本质相矛盾的自我肯定、自我确证,是真正的**知识**和真正的**生活**。

因此,现在不用再谈关于黑格尔对宗教、国家等等的适应了,因为这种谎言是他的原则的谎言。

[XXIX]如果我**知道**宗教是**外化的**人的自我意识,那么我也就知道,在作为宗教的宗教中得到确证的不是我的自我意识,而是我的外化的自我意识。这就是说,我知道我的属于自身的、属于我的

---

① 路·费尔巴哈在《未来哲学原理》1843 年苏黎世—温特图尔版第 55 页第 30 条称"黑格尔是一位在思维中**超越**自身的思想家"。——编者注
② 路·费尔巴哈《未来哲学原理》1843 年苏黎世—温特图尔版第 34—42 页。——编者注

本质的自我意识,不是在**宗教**中,倒是在**被消灭**、**被扬弃的**宗教中得到确证的。

因此,在黑格尔那里,否定的否定不是通过否定假本质来确证真本质,而是通过否定假本质来确证假本质或同自身相异化的本质,换句话说,否定的否定是否定作为在人之外的、不依赖于人的对象性本质的这种假本质,并使它转化为主体。

因此,把否定和保存即肯定结合起来的**扬弃**起着一种独特的作用。

例如,在黑格尔法哲学中,扬弃了的**私法**=**道德**,扬弃了的道德=**家庭**,扬弃了的家庭=**市民社会**[12],扬弃了的市民社会等于**国家**,扬弃了的国家=**世界历史**。[69]在**现实**中,私法、道德、家庭、市民社会、国家等等依然存在着,它们只是变成**环节**,变成人的存在和存在方式,这些存在方式不能孤立地发挥作用,而是互相消融,互相产生等等。**运动的环节**。

在它们的现实存在中它们的**运动的**本质是隐蔽的。这种本质只是在思维中、在哲学中才表露、显示出来;因此,我的真正的宗教存在是我的**宗教哲学的**存在,我的真正的政治存在是我的**法哲学的**存在,我的真正的自然存在是**自然哲学的**存在,我的真正的艺术存在是**艺术哲学的**存在,我的真正的**人的**存在是我的**哲学的**存在。同样,宗教、国家、自然界、艺术的真正存在=宗教**哲学**、自然**哲学**、国家**哲学**、艺术**哲学**。但是,如果只有宗教哲学等等对我来说才是真正的宗教存在,那么我也就只有作为**宗教哲学家**才算是真正信教的,而这样一来,我就否定了**现实的**宗教信仰和现实的**信教的**人。但是,我同时**确证了**它们:一方面,是在我自己的存在中或在我使之与它们相对立的那个异己的存在中,因为异己的存在仅仅**是**它们的**哲学的**表现;另一方面,则是在它们自己的最初形式中,因为在我看来它们不过是**虚假的**异在、比喻,是隐蔽在感性外壳下面的它们自己的真正存在即我的**哲学的**存在的形式。

同样地,扬弃了的**质**=**量**,扬弃了的量=**度**,扬弃了的度=**本质**,扬弃了的本质=**现象**,扬弃了的现象=**现实**,扬弃了的现实=**概念**,扬弃了的概念=**客观性**,扬弃了的客观性=**绝对观念**,扬弃了的绝对观念=**自然界**,扬弃了的自然界=**主观精神**,扬弃了的主观精神=**伦理的**客观精神,扬弃了的伦理精神=**艺术**,扬弃了的艺术=**宗教**,扬弃了的宗教=**绝对知识**。[70]

一方面,这种扬弃是对思想上的本质的扬弃,就是说,**思想上的**私有财产在道德的**思想**中进行自我扬弃。而且因为思维自以为直接就是和自身不同的另一个东西,**即感性的现实**,从而认为自己的活动也是**感性的现实的**活动,所以这种思想上的扬弃,在现实中没有触动自己的对象,却以为实际上克服了自己的对象;另一方面,因为对象对于思维来说现在已成为一个思维环节,所以对象在自己的现实中也被思维看做思维本身的即自我意识的、抽象的自我确证。

[XXX]因此,从一方面来说,黑格尔在哲学中**扬弃**的存在,并不是**现实的**宗教、国家、自然界,而是已经成为知识的对象的宗教本身,即**教义学**;**法学**、**国家学**、**自然科学**也是如此。因此,从一方面来说,黑格尔既同**现实的**本质相对立,也同直接的、非哲学的**科学**或这种本质的非哲学的**概念**相对立。因此,黑格尔是同它们的通用的概念相矛盾的。

另一方面,信奉宗教等等的人可以在黑格尔那里找到自己的最后的确证。

现在应该考察——在异化这个规定之内——黑格尔辩证法的**积极的**环节。

//(a)**扬弃**是**把外化收回到**自身的、对象性的运动。——这是在异化之内表现出来的关于通过扬弃对象性本质的异化来**占有**对象性本质的见解;这是异化的见解,它主张人的**现实的对象化**,主张人通过消灭对象世界的**异化的**规定、通过在对象世界的异化存在中扬弃对象世界而现实地占有自己的对象性本质,//正像无神论作为神的扬弃就是理论的人道主义的生成,而共产主义作为私有财产的扬弃就是要求归还真正人的生命即人的财产,就是实践的人道主义的生成一样;或者说,无神论是以扬弃宗教作为自己的中介的人道主义,共产主义则是以扬弃私有财产作为自己的中介的人道主义。只有通过对这种中介的扬弃——但这种中介是一个必要的前提——积极地从自身开始的即**积极的**人道主义才能产生。

然而,无神论、共产主义决不是人所创造的对象世界的消逝、舍弃和丧失,决不是人的采取对象形式的本质力量的消逝、舍弃和丧失,决不是返回到非自然的、不发达的简单状态去的贫困。恰恰相反,无神论、共产主义才是人的本质的现实的生成,是人的本质对人来说的真正的实现,或者说,是人的本质作为某种现实的东西的实现。

这样,因为黑格尔理解到——尽管又是通过异化的方式——有关自身的否定具有的**积极**意义,所以同时也把人的自我异化、人的本质的外化、人的非对象化和非现实化理解为自我获得、本质的表现、对象化、现实化。//简单地说,他——在抽象的范围内——把劳动理解为人的**自我产生的行动**,把人对自身的关系理解为对

异己存在物的关系,把作为异己存在物的自身的实现理解为生成着的**类意识和类生活**。//

(b)但是,撇开上述的颠倒说法不谈,或者更正确地说,作为上述颠倒说法的结果,在黑格尔那里,这种行动,第一,仅仅是**形式的**,因为它是抽象的,因为人的本质本身仅仅被看做**抽象的、思维着的本质**,即自我意识;而

第二,因为这种观点是**形式的**和**抽象的**,所以外化的扬弃成为外化的确证,或者说,在黑格尔看来,**自我产生、自我对象化**的运动,作为**自我外化和自我异化**的运动,是**绝对的**因而也是最后的、以自身为目的的、安于自身的、达到自己本质的**人的生命表现**。因此,这个运动在其抽象[XXXI]形式上,作为辩证法,被看成**真正人的生命**;而因为它毕竟是人的生命的抽象、异化,所以它被看成**神性的过程**,然而是人的神性的过程,——人的与自身有区别的、抽象的、纯粹的、绝对的本质本身所经历的过程。

第三,这个过程必须有一个承担者、主体;但主体只作为结果出现;因此,这个结果,即知道自己是绝对自我意识的主体,就是**神,绝对精神**,就是**知道自己并且实现自己的观念**。现实的人和现实的自然界不过是成为这个隐蔽的非现实的人和这个非现实的自然界的谓语、象征。因此,主语和谓语之间的关系被绝对地相互颠倒了:这就是**神秘的主体—客体**,或**笼罩在客体上的主体性**,作为**过程的绝对主体**,作为使自身**外化**并且从这种外化返回到自身的、但同时又把外化收回到自身的**主体**,以及作为这一过程的主体;这就是在自身内部的纯粹的、**不停息的旋转**。**71**

关于第一:对人的自我产生的行动或自我对象化的行动的**形式的**和**抽象的**理解。

因为黑格尔设定人=自我意识,所以人的异化了的对象、人的异化了的本质现实性,无非就是**意识**,就是异化的思想,就是异化的**抽象的**因而无内容的和非现实的表现,即**否定**。因此,外化的扬弃也不外是对这种无内容的抽象进行抽象的、无内容的扬弃,即**否定的否定**。因此,自我对象化的内容丰富的、活生生的、感性的、具体的活动,就成为这种活动的纯粹抽象,成为**绝对的否定性**,而这种抽象又作为抽象固定下来,并且被想象为独立的活动,或者干脆被想象为活动。因为这种所谓否定性无非是上述现实的、活生生的行动的**抽象的无内容的**形式,所以它的内容也只能是**形式的**、抽去一切内容而产生的内容。因此,这就是普遍的,抽象的,适合于任何内容的,从而既超脱任何内容同时又恰恰对任何内容都有效的,脱离**现实**精神和**现实**自然界的**抽象形式**、思维形式、逻辑范畴。(下文我们将阐明绝对的否定性的**逻辑**内容。)

黑格尔在这里——在他的思辨的逻辑学里——所完成的积极的东西在于:独立于自然界和精神的**特定概念**、普遍的**固定的思维形式**,是人的本质普遍异化的必然结果,因而也是人的思维普遍异化的必然结果;因此,黑格尔把它们描绘成抽象过程的各个环节并且把它们联贯起来了。例如,扬弃了的存在是本质,扬弃了的本质是概念,扬弃了的概念……是绝对观念。[72]然而,绝对观念究竟是什么呢?如果绝对观念不想再去从头经历全部抽象行动,不想再满足于充当种种抽象的总体或充当理解自我的抽象,那么绝对观念也要再一次扬弃自身。但是,把自我理解为抽象的抽象,知道自己是无;它必须放弃自身,放弃抽象,从而达到那恰恰是它的对立面的本质,达到**自然界**。因此,全部逻辑学都证明,抽象思维本身是无,绝对观念本身是无,只有**自然界**才是某物。[XXXII]绝对观

念、**抽象**观念，

"从它与自身统一这一方面来**考察**就是**直观**"（黑格尔《全书》第 3 版**61**第 222 页），它"在自己的绝对真理中**决心**把自己的特殊性这一环节，或最初的规定和异在这一环节，即作为自己的反映的**直接观念**，从自身释放出去，就是说，把自身作为**自然界从自身释放出去**"（同上），

举止如此奇妙而怪诞、使黑格尔分子伤透了脑筋的这整个观念，无非始终是**抽象**，即抽象思维者，这种抽象由于经验而变得聪明起来，并且弄清了它的真相，于是在某些——虚假的甚至还是抽象的——条件下决心**放弃自身**，而用自己的异在，即特殊的东西、特定的东西，来代替自己的在自身的存在（非存在）①，代替自己的普遍性和不确定性；决心把那只是作为抽象、作为思想物而隐藏在它里面的**自然界从自身释放出去**，就是说，决心抛弃抽象而去观察一番**摆脱了**它的自然界。直接成为**直观**的抽象观念，无非始终是那种放弃自身并且决心成为**直观**的抽象思维。从逻辑学到自然哲学的这整个过渡，无非是对抽象思维者来说如此难以实现、因而由他作了如此离奇的描述的从**抽象**到**直观**的过渡。有一种**神秘的**感觉驱使哲学家从抽象思维转向直观，那就是**厌烦**，就是对内容的渴望。

（同自身相异化的人，也是同自己的**本质**即同自己的自然的和人的本质相异化的思维者。因此，他的那些思想是居于自然界和人之外的僵化的精灵。黑格尔把这一切僵化的精灵统统禁锢在他的逻辑学里，先是把它们每一个都看成否定，即**人的思维的外化**，然后又把它们看成否定的否定，即看成这种外化的扬弃，看成

---

① 手稿中"非存在"写在"在自身的存在"的上方。——编者注

人的思维的**现实**表现;但是,这种否定的否定——尽管仍然被束缚在异化中——,一部分是使原来那些僵化的精灵在它们的异化中恢复;一部分是停留于最后的行动中,也就是在作为这些僵化的精灵的真实存在的外化中自身同自身相联系{(这就是说,黑格尔用那在自身内部旋转的抽象行动来代替这些僵化的抽象概念;于是,他就有了这样的贡献:他指明了就其起源来说属于各个哲学家的一切不适当的概念的诞生地,把它们综合起来,并且创造出一个在自己整个范围内穷尽一切的抽象作为批判的对象,以代替某种特定的抽象。)(我们在下面将会看到,黑格尔为什么把思维同**主体**分隔开来;但就是现在也已经很清楚:如果没有人,那么人的本质表现也不可能是人的,因此思维也不能被看做是人的本质表现,即在社会、世界和自然界生活的有眼睛、耳朵等等的人的和自然的主体的本质表现。)};一部分则由于这种抽象理解了自身并且对自身感到无限的厌烦,所以,在黑格尔那里放弃抽象的、只在思维中运动的思维,即无眼、无牙、无耳、无一切的思维,便表现为决心承认**自然界**是本质并且转而致力于直观。)

[XXXIII]但是,被抽象地理解的、自为的、被确定为与人分隔开来的**自然界**,对人来说也是无。不言而喻,这位决心转向直观的抽象思维者是抽象地直观自然界的。正像自然界曾经被思维者禁锢于他的这种对他本身来说也是隐秘的和不可思议的形式即绝对观念、思想物中一样,现在,当他把自然界从自身释放出去时,他实际上从自身释放出去的只是这个**抽象的自然界**——不过现在具有这样一种意义,即这个自然界是思想的异在,是现实的、被直观的、有别于抽象思维的自然界——,只是自然界的**思想物**。或者用人的语言来说,抽象思维者在它直观自然界时了解到,他在神性的

辩证法中以为是从无、从纯抽象中创造出来的那些本质——在自身中转动的并且在任何地方都不向现实看一看的思维劳动的纯粹产物——无非是**自然界诸规定的抽象概念**。因此,对他来说整个自然界不过是在感性的、外在的形式下重复逻辑的抽象概念而已。他重新把自然界**分解**为这些抽象概念。因此,他对自然界的直观不过是他把对自然界的直观加以抽象化的确证行动,①不过是他有意识地重复的他的抽象概念的产生过程。例如,时间=自身同自身相联系的否定性(前引书②,第 238 页)。扬弃了的运动即物质——在自然形式中——同扬弃了的生成即定在相符合。光是**反射于自身**的**自然形式**。像**月亮**和**彗星**这样的物体,是**对立物**的**自然形式**,按照《逻辑学》⁹,这种对立物一方面是**以自身为根据的肯定的东西**,而另一方面又是以自身为根据的**否定的东西**。地球是作为对立物的否定性统一的逻辑**根据**的**自然**形式,等等。

作为自然界的自然界,这是说,就它还在感性上不同于它自身所隐藏的神秘的意义而言,与这些抽象概念分隔开来并与这些抽象概念不同的自然界,就是**无**,是**证明**自己为**无的无**,是**无意义的**,或者只具有应被扬弃的外在性的意义。

"有限的**目的论**的观点包含着一个正确的前提,即自然界本身并不包含着绝对的目的。"(第 225 页)③

---

① 手稿中删去下面一段话:"我们姑且考察一下黑格尔的自然界诸规定以及从自然界到精神的过渡。自然界是作为具有异在形式的观念产生的。因为观念……"——编者注

② 指黑格尔《哲学全书纲要》1830 年海德堡第 3 版。——编者注

③ 黑格尔《哲学全书纲要》1830 年海德堡第 3 版第 225 页第 245 节。——编者注

自然界的目的就在于对抽象的确证。

"结果自然界成为具有**异在**形式的观念。既然**观念**在这里表现为对自身的否定或**外在于自身的东西**,那么自然界并非只在相对的意义上对这种观念来说是外在的,而是**外在性**构成这样的规定,观念在其中表现为自然界。"(第227 页)①

在这里不应把**外在性**理解为**显露在外的**并且对光、对感性的人敞开的**感性**;在这里应该把外在性理解为外化,理解为不应有的偏差、缺陷。因为真实的东西毕竟是观念。自然界不过是观念的**异在**的形式。而既然抽象思维是**本质**,那么外在于它的东西,就其本质来说,不过是某种**外在的东西**。抽象思维者同时承认**感性**、同**在自身中转动的思维**相对立的**外在性**,是自然界的本质。但是,他同时又把这种对立说成这样,即**自然界的**这种**外在性**,自然界同思维的**对立**,是自然界的**缺陷**;就自然界不同于抽象而言,自然界是个有缺陷的存在物。[XXXIV]一个不仅对我来说、在我的眼中有缺陷而且本身就有缺陷的存在物,在它自身之外有一种为它所缺少的东西。这就是说,它的本质是不同于它自身的另一种东西。因此,对抽象思维者来说,自然界必须扬弃自身,因为他已经把自然界设定为潜在地**被扬弃的**本质。

"**对我们来说**,精神以**自然界**为自己的**前提**,精神是自然界的**真理**,因而对自然界来说,精神也是某种**绝对第一性的东西**。在这个真理中自然界消逝了,结果精神成为达到其自为的存在的观念,而**概念**则既是观念的**客体**,又是观念的**主体**。这种同一性是**绝对的否定性**,因为概念在自然界中有自己的完满的外在的客观性,但现在它的这种外化被扬弃了。而概念在这种外化中成

---

① 黑格尔《哲学全书纲要》1830 年海德堡第 3 版第 227 页第 247 节。
　　——编者注

了与自身同一的东西。因此,概念只有作为从自然界的回归才是这种同一性。"(第392页)①

"**启示**,作为**抽象**观念,是向自然界的直接的过渡,是自然界的**生成**,而作为自由精神的启示,则是自由精神把自然界**设定**为**自己的**世界,——这种设定,作为反思,同时又是把世界**假定**为独立的自然界。概念中的启示,是精神把自然界创造为自己的存在,而精神在这个存在中获得自己的自由的**确证**和**真理**。""**绝对的东西是精神**;这是绝对的东西的最高定义。"②

［私有财产和需要］

［ⅩⅣ］(7)我们已经看到,在社会主义的前提下,人的需要的**丰富性**具有什么样的意义,从而某种**新的生产方式**和某种新的生产**对象**具有什么样的意义。**人的本质力量**得到新的证明,**人的本质**得到新的充实。而在私有制范围内,这一切却具有相反的意义。每个人都指望使别人产生某种**新的**需要,以便迫使他作出新的牺牲,以便使他处于一种新的依赖地位并且诱使他追求一种新的**享受**,从而陷入一种新的经济破产。每个人都力图创造出一种支配他人的、**异己的**本质力量,以便从这里面获得他自己的利己需要的满足。因此,随着对象的数量的增长,奴役人的异己存在物王国也在扩展,而每一种新产品都是产生相互欺骗和相互掠夺的新的**潜在力量**。人作为人更加贫穷,他为了夺取敌对的存在物,更加需要**货币**,而他的**货币**的力量恰恰同产品数量成反比,就是说,他的需求程度随着货币的**力量**的增加而日益增长。——因此,对货币的

---

① 黑格尔《哲学全书纲要》1830 年海德堡第 3 版第 392 页第 381 节。——编者注
② 同上,第 393 页第 384 节。——编者注

需要是国民经济学所产生的真正需要,并且是它所产生的唯一需要。——货币的**量**越来越成为货币的唯一**强有力的**属性;正像货币把任何存在物都归结为它的抽象一样,货币也在它自己的运动中把自身归结为**量的**存在物。**无度**和**无节制**成了货币的真正尺度。

从主观方面来说,这一点部分地表现在:产品和需要的范围的扩大,要**机敏地**而且总是**精打细算地**屈从于非人的、精致的、非自然的和**幻想出来的**欲望。私有制不懂得要把粗陋的需要变为**人的**需要。它的**理想主义**不过是**幻想**、**任意的奇想**、**突发的怪想**;没有一个宦官不是厚颜无耻地向自己的君主献媚,并力图用卑鄙的手段来刺激君主的麻木不仁的享受能力,以骗取君主的恩宠;工业的宦官即生产者则更厚颜无耻地用更卑鄙的手段来骗取银币,从自己按照基督教教义说来本应去爱的邻人的口袋里诱取黄金鸟(每一种产品都是人们想用来诱骗他人的本质、他人的货币的诱饵;每一个现实的或可能的需要都是诱使苍蝇飞近涂胶竿的弱点;对共同的人的本质的普遍利用,正像人的每一个缺陷一样,对人来说是同天国联结的一个纽带,是使僧侣能够接近人心的途径;每一项急需都是一个机会,使人能够摆出一副格外殷勤的面孔走向自己的邻人并且对他说:亲爱的朋友,你需要什么,我给你,但是你知道,有先决条件;你知道,你应当用什么样的墨水给我写字据;既然我给你提供了享受,我也要敲诈你一下),——工业的宦官迎合他人的最下流的念头,充当他和他的需要之间的牵线人,激起他的病态的欲望,默默地盯着他的每一个弱点,然后要求对这种殷勤服务付酬金。

这种异化也部分地表现在:一方面出现的需要的精致化和满

足需要的资料的精致化,却在另一方面造成需要的牲畜般的野蛮化和彻底的、粗陋的、抽象的简单化,或者毋宁说这种精致化只是再生出相反意义上的自身。对于工人来说,甚至对新鲜空气的需要也不再成其为需要了。人又退回到洞穴中居住,不过这洞穴现在已被文明的污浊毒气所污染,而且他在洞穴中也是**朝不保夕**,仿佛这洞穴是一个每天都可能离他而去的异己力量,如果他[XV]付不起房租,他每天都可能被赶走。他必须为这停尸房**支付租金**。**明亮的**居室,这个曾被埃斯库罗斯笔下的普罗米修斯称为使野蛮人变成人的伟大天赐之一,①现在对工人来说已不再存在了。光、空气等等,甚至**动物的**最简单的爱清洁习性,都不再是人的需要了。**肮脏**,人的这种堕落、腐化,文明的**阴沟**(就这个词的本义而言),成了工人的**生活要素**。完全**违反自然**的荒芜,日益腐败的自然界,成了他的**生活要素**。他的任何一种感觉不仅不再以人的方式存在,而且不再以**非人的**方式因而甚至不再以动物的方式存在。人类劳动的最粗陋的**方式**(**工具**)又重新出现了:例如,罗马奴隶的**踏车**又成了许多英国工人的生产方式和存在方式。人不仅没有了人的需要,他甚至连**动物的**需要也不再有了。爱尔兰人只知道有**吃**的需要,确切地说,只知道**吃马铃薯**,而且只是**感染上斑点病的马铃薯**,②那是质量最差的一种马铃薯。而如今在英国和法国的每一个工业城市都已有一个**小爱尔兰**⁷³。连野蛮人、动物都还有猎捕、运动等等的需要,有和同类交往的需要。机器、劳动的简单化,被利用来把正在成长的人、完全没有发育成熟的人——

---

① 埃斯库罗斯《被缚的普罗米修斯》第5幕。——编者注
② 欧·比雷《论英法工人阶级的贫困》1840年巴黎版第1卷第110—111页。——编者注

儿童——变成工人,而工人则变成了无人照管的儿童。机器迁就人的**软弱性**,以便把**软弱的**人变成机器。——

//需要和满足需要的资料的增长如何造成需要的丧失和满足需要的资料的丧失,国民经济学家(和资本家:每当我们谈到国民经济学家,我们一般总是指**经验的**生意人,国民经济学家是他们的**科学的**自白和存在)是这样论证的:(1)他把工人的需要归结为维持最必需的、最悲惨的肉体生活,并把工人的活动归结为最抽象的机械运动;于是他说:人无论在活动方面还是在享受方面都没有别的需要了;因为他**甚至**把这样的生活宣布为**人的**生活和**人的**存在;(2)他把尽可能**贫乏的**生活(生存)当做**计算的**标准,而且是普遍的标准:说普遍的标准,是因为它适用于大多数人。他把工人变成没有感觉和没有需要的存在物,正像他把工人的活动变成抽去一切活动的纯粹抽象一样。因此,工人的任何**奢侈**在他看来都是不可饶恕的,而一切超出最抽象的需要的东西——无论是被动的享受或能动的表现——在他看来都是奢侈。因此,国民经济学这门关于**财富**的科学,同时又是关于克制、穷困和**节约**的科学,而实际上它甚至要人们**节约**对新鲜**空气**或身体**运动的需要**。这门关于惊人的勤劳的科学,同时也是关于**禁欲**的科学,而它的真正理想是**禁欲的**却又**进行重利盘剥的**吝啬鬼和**禁欲的**却又**进行生产的**奴隶。它的道德理想就是把自己的一部分工资存入储蓄所的**工人**,而且它甚至为了它喜爱的这个想法发明了一种奴才的**艺术**。人们怀着感伤的情绪把这些搬上了舞台。因此,国民经济学,尽管它具有世俗的和纵欲的外表,却是真正道德的科学,最最道德的科学。它的基本教条是:自我节制,对生活乃至人的一切需要都加以节制。你越是少吃,少喝,少买书,少去剧院,少赴舞会,少上餐馆,少思考,少爱,少谈理论,少唱,少画,少击剑,等等,你**积攒**的就越多,你的那些既不会被虫蛀也不会被贼偷的财宝①,即你的**资本**,也就会**越多**。你的**存在**越微不足道,你表现自己的生命越少,你**拥有**的就越多,你的**外化的**生命就越大,你的异化本质也积累得越多。[ⅩⅥ]国民经济学家把从你的生命和人性中夺去的一切,全用**货币**和**财富**补偿给你。你自己不能办到的一切,你的货币都能办到:它能吃,能喝,能赴舞会,能去剧院,它能获得艺术、学识、历史珍品、政治权力,它能旅行,它**能**为你占有这一切;它能购买这一切;它是真正的**能力**。但是,货币尽管是这一切,它除了自身以外却**不愿创造**任何东西,除了自身以外不愿购买任何东西,因为其余一切都是它的奴仆,而当我拥有了主人,我就拥有了奴仆,我也就不需要去追求他的奴仆了。因此,一切情欲和一切活动都必然湮没在**贪财欲**之中。工人只能拥有他想活下去所必需的那么一点,而且只是为了拥有这么一点,他才想活下去。//

诚然,在国民经济学领域掀起了一场争论。一方(罗德戴尔、马尔萨斯等)推崇**奢侈**而咒骂节约;另一方(萨伊、李嘉图等)则推崇节约而咒骂奢侈。但是,一方承认,它要求奢侈是为了生产出**劳动**即绝对的节约;而另一方承认,它推崇节约是为了生产出**财富**即奢侈。前者沉湎于**浪漫主义的**臆想,认为不应仅仅由贪财欲决定富人的消费,并且当它把**挥霍**直接当做发财致富的手段时,它是跟它自己的规律相矛盾的。因此,后者极其严肃而详尽地向前者证明,我通过挥霍只会减少而不会增加**我的财产**。后者装腔作势地不承认,正是突发的怪想和念头决定生产;它忘记了"考究的

---

① 《新约全书·马太福音》第6章第19—20节。——编者注

需要"，它忘记了没有消费就不会有生产；它忘记了，通过竞争，生产只会变得日益全面、日益奢侈；它忘记了，按照它的理论，使用决定物的价值，而时尚决定使用；它希望看到仅仅生产"有用的东西"，但它忘记了生产过多的有用的东西就会生产出过多的**无用的**人口。双方都忘记了，挥霍和节约，奢侈和困苦，富有和贫穷是画等号的。

而且，如果你愿意节俭行事，并且不愿意毁于幻想，那么你不仅应当在你的直接感觉，如吃等等方面节约，而且也应当在普遍利益、同情、信任等等这一切方面节约。

//你必须把你的一切变成**可以出卖的**，就是说，变成有用的。如果我问国民经济学家：当我靠失去贞操、出卖自己的身体满足别人的淫欲来换取金钱时，我是不是遵从经济规律（法国工厂工人把自己妻女的卖淫称为额外的劳动时间，这是名副其实的），而当我把自己的朋友出卖给摩洛哥人时，我是不是在按国民经济学行事呢（而像征兵买卖等等的直接贩卖人口的现象，在一切文明国家里都有）？于是，国民经济学家回答我：你的行为并不违反我的规律；但你要考虑到道德教母和宗教教母说些什么；我的**国民经济学的**道德和宗教丝毫不反对你的行为方式，但是——但是，我该更相信谁呢，是国民经济学还是道德？国民经济学的道德是**谋生**、劳动和节约、节制，——但是，国民经济学答应满足我的需要。——道德的国民经济学就是富有良心、美德等等；但是，如果我根本不存在，我又怎么能有美德呢？如果我什么都不知道，我又怎么会富有良心呢？//——//每一个领域都用不同的和相反的尺度来衡量我：道德用一种尺度，而国民经济学又用另一种尺度。这是以异化的本质为根据的，因为每一个领域都是人的一种特定的异化，每一个//［XVII］领域都把异化的本质活动的特殊范围固定下来,并且每一个领域都同另一种异化保持着异化的关系……　例如,**米歇尔·舍伐利埃**先生责备李嘉图撇开了道德。① 但是,李嘉图让国民经济学用它自己的语言说话。如果说这种语言不合乎道德,那么这不是李嘉图的过错。当米·舍伐利埃论述道德的时候,他撇开了国民经济学;而当他研究国民经济学的时候,他必然地而且实际上撇开了道德。如果国民经济学家同道德的关系,并非任意的、偶然的因而并非无根据的和不科学的,如果这种关系不是**装装样子**,而是被设想为**本质的**,那么这只能是国民经济学规律同道德的关系;如果实际上并非如此,或者恰恰出现相反的情况,那么李嘉图对此又有什么办法呢? 何况,国民经济学和道德之间的对立也只是一种**表象**,**它既是对立**,又不是对立。国民经济学不过是**以自己的方式**表现道德规律。——

　　//节制需要,这个国民经济学的原则在它的**人口论**中**最鲜明地**表现出来。人太**多**了。甚至连人的存在都是十足的奢侈,而如果工人是"**道德的**"(穆勒曾建议公开赞扬那些在两性关系上表现节制的人,并公开谴责那些违背这一结婚不生育原则的人……② 难道这不是禁欲主义的道德、学说吗?),那么他就会在生育方面实行**节约**。人的生产表现为公众的不幸。——//

　　生产对富人所具有的意义,**明显地**表现在生产对穷人所具有的意义中;对于上层来说总是表现得讲究、隐蔽、含糊,是表象;而对于下层来说则表现得粗陋、明白、坦率,是本质。工人的**粗陋的**需要是

① 见米·舍伐利埃《论法国的物质利益》1839 年巴黎第 4 版。——编者注
② 詹·穆勒《政治经济学原理》1823 年巴黎版第 59 页。——编者注

比富人的**讲究的**需要大得多的赢利来源。伦敦的地下室住所给房产主带来的收入比宫殿带来的更多,就是说,这种住所对房产主来说是**更大的财富**,因此,用国民经济学的语言来说,是更大的**社会**财富。——正像工业利用需要的讲究来进行投机一样,工业也利用需要的**粗陋**,而且是人为地造成需要的粗陋来进行投机。因此,对于这种粗陋来说,**自我麻醉**,这种对需要的**虚假**满足,这种包容在需要的粗陋野蛮**之中**的文明,是一种真正的享受。——因此,英国的酒店是私有制的具有**象征意义的**表现。酒店的**奢侈**表明工业的奢侈和工业的财富对人的真正的关系。因此,酒店理所当然地是人民唯一的、至少得到英国警察从宽对待的星期日娱乐场所。——

[增　补]

[XVIII]我们已经看到,国民经济学家怎样用各种各样的方式设定劳动和资本的统一:(1)资本是**积累的劳动**;(2)生产范围内的资本的使命——部分地是会带来利润的资本再生产,部分地是作为原料(劳动材料)的资本,部分地是作为本身**工作着的工具**(机器是被直接设定为与劳动等同的资本)——就在于**生产劳动**;(3)工人是资本;(4)工资属于资本的费用;(5)对工人来说,劳动是他的生命资本的再生产;(6)对资本家来说,劳动是他的资本的活动的因素。

最后,(7)国民经济学家把劳动和资本的原初的统一假定为资本家和工人的统一;这是一种天堂般的原始状态。这两个因素如何[XIX]作为两个人而互相对立,这对国民经济学家来说是一种**偶然的**因而只应用外部原因来说明的事情。（见穆勒。①）——

那些仍然被贵金属的感性光辉照得眼花缭乱,因而仍然是金属货币的拜物教徒的民族,还不是完全的货币民族。法国和英国之间的对立。——

例如,从**拜物教**就可看出,理论之谜的解答在何种程度上是实践的任务并以实践为中介,真正的实践在何种程度上是现实的和实证的理论的条件。拜物教徒的感性意识不同于希腊人的感性意识,因为他的感性存在还不同于希腊人的感性存在。只要人对自然界的感觉,自然界的人的感觉,因而也是**人**的**自然**感觉还没有被人本身的劳动创造出来,那么感觉和精神之间的抽象的敌对就是必然的。——

平等不过是德国人所说的自我＝自我②译成法国的形式即政治的形式。平等,作为共产主义的**基础**,是共产主义的**政治的**论据。这同德国人借助于把人理解为**普遍的自我意识**来论证共产主义,是一回事。不言而喻,异化的扬弃总是从作为**统治**力量的异化形式出发:在德国是**自我意识**;在法国是**平等**,因为这是政治;在英国是现实的、物质的、仅仅以自身来衡量自身的**实际**需要。对于蒲鲁东,应当从这一点出发来加以批判和承认。**74**——

如果我们把**共产主义**本身——因为它是否定的否定——称为对人的本质的占有,而这种占有以否定私有财产作为自己的中介,因而还不是**真正的**、从自身开始的肯定,而只是从私有财产开始的肯定,[……]③可见,既然人的生命的现实的异化仍在发生,而且

---

① 见詹·穆勒《政治经济学原理》1823年巴黎版第32—33页。——编者注
② 德国哲学家约·哥·费希特用的一个公式。——编者注
③ 手稿这一页的左下角破损,最后六行原文残缺不全。——编者注

人们越意识到它是异化,它就越成为更大的异化;所以,对异化的扬弃只有通过付诸实行的共产主义才能完成。要扬弃私有财产的**思想**,有思想上的共产主义就完全够了。而要扬弃现实的私有财产,则必须有**现实的**共产主义行动。历史将会带来这种共产主义行动,而我们**在思想中**已经认识到的那正在进行自我扬弃的运动,在现实中将经历一个极其艰难而漫长的过程。但是,我们从一开始就意识到了这一历史运动的局限性和目的,并且有了超越历史运动的意识,我们应当把这一点看做是现实的进步。——

当共产主义的**手工业者**联合起来的时候,他们首先把学说、宣传等等视为目的。但是同时,他们也因此而产生一种新的需要,即交往的需要,而作为手段出现的东西则成了目的。当法国社会主义工人联合起来的时候,人们就可以看出,这一实践运动取得了何等光辉的成果。吸烟、饮酒、吃饭等等在那里已经不再是联合的手段,不再是联系的手段。交往、联合以及仍然以交往为目的的叙谈,对他们来说是充分的;人与人之间的兄弟情谊在他们那里不是空话,而是真情,并且他们那由于劳动而变得坚实的形象向我们放射出人类崇高精神之光。——

[XX]//当国民经济学主张需求和供给始终相符的时候,它立即忘记,按照它自己的主张,**人**的供给(人口论)始终超过对人的需求;因而,需求和供给之间的比例失调在整个生产的重要结果——人的生存——上得到最显著的表现。——//

//作为手段出现的货币在什么程度上成为真正的**力量**和唯一的**目的**,那使我成为本质并使我占有异己的对象性本质的**手段**在什么程度上成为**目的本身**……可以从下面一点看出来:地产(在土地是生活的源泉的地方)以及**马和剑**(在它们是**真正的生存手**

段的地方)也都被承认为真正的政治的生命力。在中世纪,一个等级,只要它能佩**剑**,就成为自由的了。在游牧民族那里,有**马**就使人成为自由的人,成为共同体的参加者。——//

//我们在上面说过,人又退回到**洞穴中居住**,等等,然而是在一种异化的、敌对的形式下退回到那里的。野人在自己的洞穴——这个自由地给他们提供享受和庇护的自然要素——中并不感到陌生,或者说,感到如同**鱼**在水中那样自在。但是,穷人的地下室住所却是敌对的、"具有异己力量的住所,只有当他把自己的血汗献给它时才让他居住";他无权把这个住所看成自己的家园,而只有在自己的家园,他才能够说:这里就是我的家;相反,他是住在**别人**的家里,住在一个每天都在暗中监视着他,只要他不交房租就立即将他抛向街头的**陌生人**的家里。他同样知道,就质量来说,他的住所跟**彼岸**的在财富天国中的人的住所是迥然不同的。//

//异化既表现为**我的**生活资料属于**别人**,**我**所希望的东西是我不能得到的、**别人的**占有物;也表现为每个事物本身都是不同于它本身的**另一个东西**,我的活动是**另一个东西**,而最后,——这也适用于资本家,——则表现为一种**非人的**力量统治一切。//

//仅仅供享受的、不活动的和供挥霍的财富的规定在于:享受这种财富的人,一方面,仅仅作为**短暂的**、恣意放纵的个人而**行动**,并且把别人的奴隶劳动、把人的**血汗**看做自己的贪欲的虏获物,所以他把人本身,因而也把自己本身看做可牺牲的无价值的存在物。在这里,对人的蔑视,表现为狂妄放肆,表现为对那可以维持成百人生活的东西的任意糟蹋,又表现为一种卑鄙的幻觉,即仿佛他的无节制的挥霍浪费和放纵无度的非生产性消费决定着别人的**劳动**,从而决定着别人的**生存**;他把人的**本质力量**的实现,仅仅看做自己无度的要求、自己突发的怪想和任意的奇想的实现。但是,另一方面,财富又被仅仅看做手段,看做应当加以消灭的东西。因而,他既是自己财富的奴隶,同时又是它的主人;既是慷慨大方的,同时又是卑鄙无耻的、性情乖张的、傲慢自负的、目空一切的、文雅的、有教养的和机智的。他还没有体验到这种财富是一种作为凌驾于自己之上的完全**异己的力量**的**财富**。他宁愿把财富仅仅看做自身的力量,而且[……]①终极目的[不是]财富,而是**享受**。面对着这种财富[……]①[ⅩⅪ]同这种为感性外观所眩惑的关于财富本质的美妙幻想相对立的,是**实干的、清醒的、朴素的(节俭的)**②、看清财富本质的工业家;不过,当他为挥霍者的享受欲开辟越来越大的范围,并且用自己的各种产品向挥霍者百般献媚时——他的一切产品正是对挥霍者欲望的卑劣恭维——,他也懂得以唯一**有利的**方式把挥霍者的正在消失的力量据为己有。//因此,如果说工业财富在开始时表现为挥霍的、幻想的财富的结果,那么后来工业财富的运动就以能动的方式即通过它本身的运动排除了挥霍的、幻想的财富。//**货币利息**的降低是工业运动的必然后果和结果。因此,挥霍的食利者的资金日益减少,同享受的手段和诱惑的增加恰成**反**比。这样,他必定或者吃光自己的资本,从而走向破产,或者自己成为工业资本家……　另一方面,**地租**固然由于工业运动的进程而直接不断地提高,但是,正如我们已经看到的,总有一天,地产必定和其他一切财产一样,落入那会带来利润的、自行再生产的资本的范畴,而且这是同一个工业运动的结果。

---

① 手稿此处缺损。——编者注
② 手稿中"节俭的"写在"朴素的"上方。——编者注

因此,挥霍的地主也必定或者吃光自己的资本,从而走向破产,或者自己成为他自己土地的租地农场主,即经营农业的实业家。——

因此,货币利息降低——蒲鲁东把这看成资本的扬弃和资本社会化的倾向①——不如说直接地就是劳动的资本对挥霍的财富的彻底胜利的征兆,也就是一切私有财产向**工业**资本转化。这是私有财产对它的**表面**上还合乎人性的一切性质的彻底胜利,是私有者对私有财产的本质——**劳动**——的完全服从。

当然,工业资本家也享受。他决不退回到违反自然的粗陋需要。但是,他的享受仅仅是次要的事情,是一种服从于生产的休息;同时,他的享受是**精打细算的**,从而本身就是**一种经济的**享受,因为资本家把自己的享受也算入资本的费用。因此,他为自己的享受所挥霍的钱只限于这笔花费能通过会带来利润的资本再生产而重新得到补偿。可见,享受服从于资本,享受的个人服从于资本化的个人,而以前的情况恰恰相反。因此,利息的减少,只有当它是资本的统治正在完成的征兆,也就是异化正在完成因而加速其扬弃的征兆的时候,才是资本的扬弃的征兆。一般说来,这就是存在的东西确证自己的对立面的唯一方式。——//

因此,国民经济学家关于奢侈和节约的争论,不过是已弄清了财富本质的国民经济学同还沉湎于浪漫主义的反工业的回忆的国民经济学之间的争论。但是,双方都不善于把争论的对象用简单的词句表达出来,因而双方相持不下。——

[XXXIV]其次,**地租**作为地租已经被推翻了,因为现代国民

---

① 参看皮·约·蒲鲁东《什么是财产?》第 4 章的第 7 个论题的历史评述,见该书 1841 年巴黎版第 230—231 页。——编者注

经济学与断言土地所有者是唯一真正的生产者的重农学派[39]相反,证明土地所有者本身倒是唯一的完全不生产的食利者。现代国民经济学认为,农业是资本家的事情,资本家只要有希望从农业得到通常的利润,他就会这样使用自己的资本。因此,重农学派所提出的论点,即认为土地所有者作为唯一生产的所有者应当单独支付国税,从而也唯有他们才有权对国税进行表决并参与国事,就变成了相反的论断,即地租税是对非生产收入征收的单一税,因而也是无损于国民生产的单一税。显然,照这样理解,土地所有者的政治特权就再也不可能来源于他们是主要纳税人这一事实了。——

凡是蒲鲁东认为是劳动反对资本的运动①,都不过是具有资本的规定即**工业资本**的规定的劳动反对那种不是**作为**资本即不是以工业方式来消费的资本的运动。而且,这一运动正沿着胜利的道路即**工业**资本胜利的道路前进。——因此,我们知道,只有把**劳动**理解为私有财产的本质,才能同时弄清楚国民经济学的运动本身的真正规定性。——

[片 断]

[分 工]

在国民经济学家看来,**社会**是**市民社会**,在这里任何个人都是各种需要的整体,并且[XXXV]就人人互为手段而言,个人只为别

---

① 见本书第 57 页;并见第 210 页。——编者注

人而存在,别人也只为他而存在。正像政治家议论**人权**时那样,国民经济学家把一切都归结为人,即归结为个人,从个人那里他抽去一切规定性,把个人确定为资本家或工人。——

　　分工是关于异化范围内的**劳动社会性**的国民经济学用语。换言之,因为**劳动**只是人的活动在外化范围内的表现,只是作为生命外化的生命表现,所以**分工**也无非是人的活动作为**真正类活动**或**作为类存在物的人的活动**的异化的、外化的设定。

　　关于**分工的本质**——劳动一旦被承认为**私有财产的本质**,分工就自然不得不被理解为财富生产的一个主要动力,——就是说,关于**作为类活动的人的活动**这种**异化的和外化的形式**,国民经济学家们讲得极不明确并且自相矛盾。

　　亚当·斯密:

　　"**分工**原不是人类智慧的结果。它是交换倾向和互相买卖产品缓慢而逐步发展的必然结果。这种交换倾向或许是应用理性和语言的必然结果。它为一切人所共有,在任何动物中间是找不到的。动物一旦长大,就独立生活。人则经常需要别人的帮助,如果他单单指望别人发善心给以帮助,那是徒劳的。如果他能求助于他们的个人利益,并能说服这些人,说他们自己的利益要求他们去做他希望他们做的事,这样就可靠得多了。在向他人求助的时候,我们不是求助于他们的**人性**,而是求助于他们的**利己主义**。我们对他们**决不说我们有需要**,而总是说**对他们有利**……　这样一来,因为我们相互需要的帮助大部分是通过交换、交易、买卖获得的,所以**分工**的起因也正是这种**买卖**倾向。例如,在狩猎或游牧部落中,有个人制造弓矢比其他人更迅速、更有技巧。他往往用自己日常制作的这类东西去同部落的伙伴交换家畜和野味。他很快发觉,他用这种方法可以比他亲自去狩猎更容易获得这些东西。因此,他从自己的利益考虑,就把制作弓等等当做自己的主要工作。个人**天赋才能**的差别与其说是分工的**原因**,不如说是分工的**结果**……　如果人没有交易和交换的倾向,那么每个人就得亲自生产一切生活上必需的和提供方便的东西。一切人都将不得不做同样的**日常工作**,这样,唯一能够造成才能上巨大差别的**职业上的巨大差别**就不会存在……　正像这种交换倾向造成人们的才能差异一样,这同一种倾向也使这种差异成为有益的。——动物的许多种,尽管是同类,都具有天生不同的属性,就其禀赋来说,它们比在没有受过教育的人那里看到的要显著得多。就才能和智力来说,哲学家和搬运夫之间的差异生来就比家犬和灵猩猎犬之间、灵猩猎犬和长毛垂耳犬之间、长毛垂耳犬和牧羊犬之间的差异要小得多。可是动物的这些不同的种,尽管是同类,却几乎无法相互为用。家犬无法[XXXVI]利用灵猩猎犬的敏捷以补充自己力气大的优势,等等。由于缺乏交易和交换的能力或倾向,这些不同的才能和不同程度的智力的作用不能全汇集在一起,而且丝毫不能有助于**类的优势或共同的方便**……　每个动物都必须独立生活和保卫自己;自然界让同类动物在能力上有差异,动物却不能由此得到丝毫好处。相反,人的各种极不相同的才能则能相互为用,因为依靠交易和交换这种普遍倾向,可以说,他们的每个不同工业部门的**不同产品**汇集成共同的资源,每个人可以按照自己的需要从中购买别人的劳动产品的一部分。——因为**交换**这种倾向产生了**分工**,所以**这种分工的发展程度**总是受**交换能力大小**,或换句话说,受**市场大小**的限制。如果市场非常小,那就不会鼓励人们完全致力于某一种职业,因为他不能用他本身消费不了的自己劳动产品的剩余部分,换取自己想获得的他人劳动产品的剩余部分……"在**进步的**状态下,"每个人都靠 échanges〈靠交换〉来生活,并成为一种**商人**,而**社会本身**,严格说也成为**商业**社会。〈见德斯杜特·德·特拉西:社会是一系列的相互交换,**商业**就是社会的整个本质。[①]〉……　资本的积累随着分工的发展而增长,反之亦然。"

以上是**亚当·斯密**说的。[②]

"如果每个家庭都生产自己的全部消费品,那么社会即使在不实行任何交换的情况下也可以继续存在。——交换虽然**不是基本的东西**,但在我们的进步的社会状态下是不可缺少的。——分工是对人力的巧妙运用;分工可以

---

①　德斯杜特·德·特拉西《意识形态原理》1826 年巴黎版第 68、78 页。——编者注

②　亚·斯密《国民财富的性质和原因的研究》1802 年巴黎版第 1 卷第 29—37、46 页。——编者注

增加社会产品、社会威力和社会享受,但是它剥夺、降低每一单个人的能力。——没有交换就不可能有生产。"

以上是让·巴·**萨伊**说的。①

"人生来就有的力量:他的智力和他从事劳动的身体素质。而来源于社会状态的力量,则在于**分工的能力**和**在不同的人中间分配不同工作**的能力……在于交换**相互服务**和交换那些构成生活资料的产品的**能力**…… 一个人为什么向别人提供自己的服务,其动机是利己心——他要求得到为别人服务的报酬。——排他性的私有财产的权利是人们之间进行交换所不可缺少的。""交换和分工是相互制约的。"

以上是**斯卡尔培克**说的。②

穆勒把发达的交换即**商业**说成是**分工的结果**。

"人的活动可以归结为极简单的要素。实际上,人能做的不过是引起运动;他能移动物品,使它们相互[XXXVII]离开或相互接近;其余的事情则由物质的特性来完成。人们在使用劳力和机器时常常发现,把彼此妨碍的操作分开并把一切能以某种方式相辅相成的操作结合起来,通过这样巧妙的分配,就可以加强效果。鉴于人们一般地不能以习惯使他们练就的从事少数几项操作的能力即以相同的速度和技巧来从事多项不同的操作,因此,尽可能地限制每个人的操作项目,总是有利的。——为了最有利地进行分工以及分配人力和机器力,在多数情况下,必须进行大规模操作,换句话说,必须大批地生产财富。这种好处是促使大制造业产生的原因。少数在有利条件下建立起来的这种大制造业,有时不仅向一个国家,而且向几个国家,按照那里要求的数量,供应它们所生产的产品。"

---

① 让·巴·萨伊《论政治经济学》1817 年巴黎第 3 版第 1 卷第 76—77页。——编者注

② 弗·斯卡尔培克《社会财富的理论》1829 年巴黎版第 1 卷第 25—26、27、75 和 121 页。——编者注

以上是**穆勒**说的。①

但是,全部现代国民经济学一致同意:分工同生产的丰富,分工同资本的积累是相互制约的;只有**自由放任的**、自行其是的私有财产才能创造出最有利的和无所不包的分工。

亚当·斯密的论述可以归纳如下:分工给劳动以无限的生产能力。它起源于**交换**和**买卖的倾向**,这是人所特有的一种倾向,这种倾向很可能不是偶然的,而是通过应用理性和语言来决定的。进行交换的人们的动机不是**人性**而是**利己主义**。人的才能的差异与其说是分工即交换的原因,不如说是它的结果。也只有交换才使这种差异成为有用的。同类而不同种的动物的特殊属性生来就比人的禀赋和活动的差异显著得多。但是,因为动物不能从事**交换**,所以同类而不同种的动物具有的不同属性,对任何动物个体都没有用。动物不能把自己同类的不同属性汇集起来;它们丝毫无助于自己同类的**共同优势**和方便。人则不同,各种极不相同的才能和活动方式可以相互为用,**因为**人能够把各自的**不同产品汇集成共同的资源**,每个人都可以从中购买东西。因为分工是从**交换**的倾向产生的,所以分工依**交换的大小**、**市场的大小**而发展或受到限制。在进步的状态下,每个人都是**商人**,社会则是**商业社会**。

萨伊把**交换**看成偶然的、不是基本的东西。社会没有交换也可以存在。在进步的社会状态下,交换是不可缺少的。但是,**没有交换**就不可能有**生产**。分工对于社会财富来说是一个**方便的**、**有用的**手段,是对人力的巧妙运用,但是它降低**每一单个人的能力**。最后这个意见是萨伊的一个进步。

---

① 詹·穆勒《政治经济学原理》1823 年巴黎版第 7、11—12 页。——编者注

斯卡尔培克把个人的、人生来就有的力量即智力和从事劳动的身体素质,同来源于社会的力量即相互制约的交换和分工区别开来。但是,私有财产是交换的必要前提。在这里,斯卡尔培克用客观的形式表述了斯密、萨伊、李嘉图等人所说的东西,因为斯密等人把利己主义、私人利益称为交换的基础,或者把买卖称为交换的本质的和适合的形式。

穆勒把商业说成是分工的结果。他认为,人的活动可归结为机械的运动,分工和使用机器可以促进生产的丰富。委托给每个人的操作范围必须尽可能小。分工和使用机器也决定着财富的大量生产即产品的生产。这是大制造业产生的原因。——

[XXXVIII]对分工和交换的考察具有极为重要的意义,因为分工和交换是人的活动和本质力量——作为类的活动和本质力量——的明显外化的表现。

断言分工和交换以私有财产为基础,不外是断言劳动是私有财产的本质,国民经济学家不能证明这个论断而我们则愿意替他证明。分工和交换是私有财产的形式,这一情况恰恰包含着双重证明:一方面人的生命为了本身的实现曾经需要私有财产;另一方面人的生命现在需要消灭私有财产。

分工和交换是这样的两个现象,国民经济学家在考察它们时夸耀自己的科学的社会性,同时也无意中说出了他的科学所包含的矛盾,即依靠非社会的特殊利益来论证社会。

我们应当考察的各个因素:第一,交换的倾向——利己主义被认为是它的基础——被看做是分工的原因或分工的相互作用的因素。萨伊认为交换对于社会的本质来说不是基本的东西。用分工和交换来说明财富、生产。承认分工使个人活动贫乏和丧失。交换和分工被认为是产生**人的才能的**巨大**差异**的原因,这种差异又由于交换而成为**有用的**。斯卡尔培克把人的生产的本质力量或者说生产性的本质力量分为两部分:(1)个人的、他所固有的力量,即他的智力和从事一定劳动的特殊素质或能力;(2)**来源于**社会——不是**来源于**现实个人——的力量,即分工和交换。——其次:分工受**市场**的限制。——人的劳动是简单的**机械的运动**;最主要的事情由对象的物质特性去完成。——分配给每一个人的操作应当尽可能少。——劳动的划分和资本的积聚,个人生产的无效果和财富的大量生产。——自由的私有财产对于分工的意义。

[货　　币]

[XLI]如果人的**感觉**、激情等等不仅是[本来]意义上的人本学规定,而且是对本质(自然)的真正**本体论的**肯定;如果感觉、激情等等仅仅因为它们的**对象**对它们是**感性地**存在的而真正地得到肯定,那么不言而喻:(1)对它们的肯定方式决不是同样的,相反,不同的肯定方式构成它们的存在的、它们的生命的特殊性;对象对它们的存在方式,就是它们的**享受**的特有方式;(2)如果感性的肯定是对采取独立形式的对象的直接扬弃(吃、喝、对象的加工,等等),那么这就是对对象的肯定;(3)只要人是**合乎人性的**,因而他的感觉等等也是**合乎人性的**,那么对象为别人所肯定,这同样也就是他自己的享受;(4)只有通过发达的工业,也就是以私有财产为中介,人的激情的本体论本质才既在其总体上、又在其人性中存在;因此,关于人的科学本身是人在实践上的自我实现的产物;(5)私有财产的意义——撇开私有财产的异化——就在于**本质的对象**——既

作为享受的对象,又作为活动的对象——对人的**存在**。——

　　货币,因为它具有购买一切东西的**特性**,因为它具有占有一切对象的特性,所以是最突出的**对象**。货币的**特性**的普遍性是货币的本质的万能;因此,它被当成万能之物……　货币是需要和对象之间、人的生活和生活资料之间的**牵线人**。但是,在我和**我的生活**之间充当中介的**那个东西**,也在**我**和对我来说的他人的存在之间**充当中介**。对我来说**他**人就是这个意思。

> "见鬼! 脚和手,
> 还有屁股和头,当然都归你所有!
> 可我获得的一切实在的享受,
> 难道不同样也为我所拥有?
>
> 假如我能付钱买下六匹骏马,
> 我不就拥有了它们的力量?
> 我骑着骏马奔驰,我这堂堂男儿
> 真好像生就二十四只脚一样。"
> 　　**歌德《浮士德》**(靡菲斯特斐勒司的话)①

莎士比亚在《雅典的泰门》中说:

> "金子? 黄黄的、发光的、宝贵的金子?
> 不,天神们啊,
> 我不是无聊的拜金客。
> ……
> 这东西,只这一点点儿,
> 就可以使黑的变成白的,丑的变成美的;
> 错的变成对的,卑贱变成尊贵,

---

① 歌德《浮士德》第 1 部第 4 场《书斋》。——编者注

老人变成少年,懦夫变成勇士。

这东西会把……祭司和仆人从你们的身旁拉走,

把壮汉头颅底下的枕垫抽去;

这黄色的奴隶可以使异教联盟,同宗分裂;

它可以使受咒诅的人得福,

使害着灰白色的癫病的人为众人所敬爱;

它可以使窃贼得到高爵显位,和元老们分庭抗礼;

它可以使鸡皮黄脸的寡妇重做新娘,

即使她的尊容会使那身染恶疮的人见了呕吐,

有了这东西也会恢复三春的娇艳。

该死的土块①,你这人尽可夫的娼妇,

你惯会在乱七八糟的列国之间挑起纷争。"

并且下面又说:

"啊,你可爱的凶手,

帝王逃不过你的掌握,

亲生的父子会被你离间!

你灿烂的奸夫,

淫污了纯洁的婚床!

你勇敢的玛尔斯!

你永远年轻韶秀、永远被人爱恋的娇美的情郎,

你的羞颜可以融化黛安娜女神膝上的冰雪!

你有形的神明,

你会使冰炭化为胶漆,仇敌互相亲吻!

[XLII]为了不同的目的,

你会说任何的方言!

你这动人心坎的宝物啊!

你的奴隶,那些人类,要造反了,

---

① 马克思引用的是莎士比亚《雅典的泰门》德文版,此处为"Metall"(金属)。——编者注

快快运用你的法力,让他们互相砍杀,
留下这个世界来给兽类统治吧!"①

　　莎士比亚把**货币**的本质描绘得十分出色。为了理解他,我们首先从解释歌德那几行诗句开始。

　　依靠**货币**而对我存在的东西,我能为之付钱的东西,即货币能购买的东西,那**是我**——货币占有者本身。货币的力量多大,我的力量就多大。货币的特性就是我的——货币占有者的——特性和本质力量。因此,**我是**什么和我**能够**做什么,决不是由我的个人特征决定的。我**是丑**的,但我能给我买到**最美的**女人。可见,我并不**丑**,因为**丑**的作用,丑的吓人的力量,被货币化为乌有了。我——就我的个人特征而言——是个**跛子**,可是货币使我获得二十四只脚;可见,我并不是跛子。我是一个邪恶的、不诚实的、没有良心的、没有头脑的人,可是货币是受尊敬的,因此,它的占有者也受尊敬。货币是最高的善,因此,它的占有者也是善的。此外,货币使我不用费力就能进行欺诈,因为我事先就被认定是诚实的。我是**没有头脑的**,但货币是万物的**实际的头脑**,货币占有者又怎么会没有头脑呢?再说他可以给自己买到颇有头脑的人,而能够支配颇有头脑者的人,他不是比颇有头脑者更有头脑吗?既然我有能力凭借货币得到人心所渴望的**一切**,那我不是具有人的一切能力了吗?这样,我的货币不是就把我的种种无能变成它们的对立物了吗?

　　如果**货币**是把我同**人的**生活,同社会,同自然界和人联结起来的纽带,那么货币难道不是一切**纽带**的纽带吗?它难道不能够把

---

① 莎士比亚《雅典的泰门》第4幕第3场。——编者注

一切纽带解开和联结在一起吗？因此,它难道不也是通用的**分离剂**吗？它既是地地道道的**辅币**①,也是地地道道的**黏合剂**;它是社会的[……]②**化合力**。

莎士比亚特别强调了货币的两个特性:

(1)它是有形的神明,它使一切人的和自然的特性变成它们的对立物,使事物普遍混淆和颠倒;它能使冰炭化为胶漆。

(2)它是人尽可夫的娼妇,是人们和各民族的普遍牵线人。

使一切人的和自然的性质颠倒和混淆,使冰炭化为胶漆,货币的这种神力包含在它的**本质**中,即包含在人的异化的、外化的和外在化的**类本质**中。它是**人类的外化的能力**。

凡是我作为**人**所不能做到的,也就是我个人的一切本质力量所不能做到的,我凭借**货币**都能做到。因此,货币把这些本质力量的每一种都变成它本来不是的那个东西,即变成它的**对立物**。

当我渴望食物或者我因无力步行而想乘邮车的时候,货币就使我获得食物和乘上邮车,就是说,它把我的那些愿望从观念的东西,把那些愿望从它们的想象的、表象的、期望的存在改变成和转化成它们的**感性的**、**现实的**存在,从观念转化成生活,从想象的存在转化成现实的存在。作为这样的中介,货币是**真正的创造力**。

当然,没有货币的人也有**需求**,但他的需求是纯粹观念的东西,它对我、对第三者、对[其他人][XLIII]是不起任何作用的,是不存在的,因而对于我本人依然是**非现实的**,**无对象的**。以货币为基础的有效需求和以我的需要、我的激情、我的愿望等等为基础的

---

① "辅币"原文是 Scheidemünze,其构成与前一句中的 Scheidungsmittel(分离剂)一样,都同动词 scheiden(分离)相联系。——编者注

② 手稿此处缺损。——编者注

无效需求之间的差别,是**存在**和**思维**之间的差别,是只在我心中**存在的**观念和那作为**现实对象**在我之外对我而存在的观念之间的差别。

如果我没有供旅行用的货币,那么我也就没有旅行的**需要**,就是说,没有现实的和可以实现的旅行的需要。如果我有进行研究的**本领**,而没有进行研究的货币,那么我也就**没有**进行研究的本领,即没有进行研究的**有效的**、**真正的**本领。相反,如果我实际上**没有**进行研究的本领,但我有愿望**和**货币,那么我也就有进行研究的**有效的**本领。**货币**是一种外在的、并非从作为人的人和作为社会的人类社会产生的、能够把**观念**变成**现实**而把**现实**变成**纯观念**的普遍**手段**和**能力**,它把**人的和自然界的现实的本质力量**变成纯抽象的观念,并因而变成**不完善性**和充满痛苦的幻象;另一方面,同样地把**现实的不完善性和幻象**,个人的实际上无力的、只在个人想象中存在的本质力量,变成**现实的本质力量**和**能力**。因此,仅仅按照这个规定,货币就已经是**个性**的普遍颠倒:它把个性变成它们的对立物,赋予个性以与它们的特性相矛盾的特性。

其次,对于个人和对于那些以独立**本质**自居的、社会的和其他的联系,货币也是作为这种**起颠倒作用的**力量出现的。它把坚贞变成背叛,把爱变成恨,把恨变成爱,把德行变成恶行,把恶行变成德行,把奴隶变成主人,把主人变成奴隶,把愚蠢变成明智,把明智变成愚蠢。

因为货币作为现存的和起作用的价值概念把一切事物都混淆了、替换了,所以它是一切事物的普遍的**混淆**和**替换**,从而是颠倒的世界,是一切自然的品质和人的品质的混淆和替换。

谁能买到勇气,谁就是勇敢的,即使他是胆小鬼。因为货币所交换的不是特定的品质,不是特定的事物,不是人的本质力量,而是人的、自然的整个对象世界,所以,从货币占有者的观点看来,货币能把任何特性和任何对象同其他任何即使与它相矛盾的特性和对象相交换,货币能使冰炭化为胶漆,能迫使仇敌互相亲吻。

我们现在假定人就是**人**,而人对世界的关系是一种人的关系,那么你就只能用爱来交换爱,只能用信任来交换信任,等等。如果你想得到艺术的享受,那你就必须是一个有艺术修养的人。如果你想感化别人,那你就必须是一个实际上能鼓舞和推动别人前进的人。你对人和对自然界的一切关系,都必须是你的**现实的个人**生活的、与你的意志的对象相符合的**特定表现**。如果你在恋爱,但没有引起对方的爱,也就是说,如果你的爱作为爱没有使对方产生相应的爱,如果你作为恋爱者通过你的**生命表现**没有使你成为**被爱的人**,那么你的爱就是无力的,就是不幸。

卡·马克思大约写于 1844 年 5 月底 6 月初—8 月

第一次发表于《马克思恩格斯全集》1932 年历史考证版第 1 部分第 3 卷

原文是德文

选自《马克思恩格斯文集》第 1 卷第 109—248 页

附　　录

卡·马克思

*1844年经济学哲学手稿

（按照手稿写作顺序编排的文本）[75]

笔 记 本 I

[I]

工 资	资本的利润	地 租

[I]**工资**决定于资本家和工人之间的敌对的斗争。胜利必定属于资本家。资本家没有工人能比工人没有资本家活得长久。资本家的联合是常见的和有效的，工人的联合则遭到禁止并会给他们招来恶果。此外，土地所有者和资本家可以

[I]一、**资本**

（1）**资本**，即对他人劳动产品的私有权，是建立在什么基础上的呢？

"尽管资本本身不归结为盗窃或诈骗，可是为了使继承神圣化，仍然需要有立法的协助。"（萨伊，第1卷第136页①）

人怎样成为生产基金的所有者？

[I]**土地所有者的权利来源于掠夺。**（萨伊，第1卷第136页，注）土地所有者也像所有其他人一样，喜欢在他们未曾播种的地方有所收获，甚至对土地的自然产物也索取地租。（斯密，第1卷第99页②）

"也许有人认为，

---

① 让·巴·萨伊《论政治经济学》1817年巴黎第3版。——编者注
② 亚·斯密《国民财富的性质和原因的研究》1802年巴黎版。——编者注

工　资　　　　资本的利润　　　　地　租

把产业收益加进自己的收入，而工人除了劳动所得，既无地租也无资本利息。因此，工人之间的竞争是很激烈的。这样，资本、地产和劳动的分离，只有对工人来说才是必然的、本质的和有害的分离。资本和地产无须停留于这种分离，可是，工人的劳动则必须如此。

因此，资本、地租和劳动的分离对工人来说是致命的。

最低的和唯一必要的工资额就是工人在劳动期间的

他怎样成为用这些生产基金生产出来的产品的所有者？

根据实在法。（萨伊，第2卷第4页）

人们依靠资本，例如，依靠大宗财产的继承，可以得到什么？

"例如，继承了大宗财产的人并不因此直接得到政治权力。这种财富直接和径直提供给他的那种权力无非是**购买的权力**，这是对一切他人劳动或者说对当时市场上存在着的他人劳动的一切产品的控制权。"（斯密，第1卷第61页）

因此，资本是

地租不过是土地所有者用来改良土地的资本的利润……有时候，地租可能部分地是这样……但是，土地所有者（1）甚至对未经改良的土地也要求地租，而人们可能看做改良费用的利息或利润的东西，则往往是这种原始地租的附加额（追加费）①；（2）此外，这种改良并不总是用土地所有者的资金，而有时是用租地农场主的资金来进行的；虽然如此，在重订租约时，土地所有者通常要求提高地租，仿佛这种改良全是由他自己出资进行的；（3）而且，他有时甚至对那根本不能用人力来改良的东西也要求地租。"（斯密，第1卷第300、301页）

---

① 手稿中"追加费"写在"附加额"的上方。——编者注

工　资

生活费用,再加上使工人能够养家糊口并使工人种族不致死绝的费用。按照斯密的意见,通常的工资就是同"普通人"**11**即牲畜般的存在状态相适应的最低工资。

对人的需求必然调节人的生产,正如其他任何商品生产的情况一样。如果供给大大超过需求,那么一部分工人就要沦为乞丐或者饿死。因此,工人的存在被归结为其他任何商品的存在条件。工人成了商品,如果他能找到买主,那就是他的幸运了。工

资本的利润

对劳动及其产品的**支配权力**。资本家拥有这种权力并不是由于他的个人的特性或人的特性,而只是由于他是资本的**所有者**。他的权力就是他的资本的那种不可抗拒的**购买的权力**。

下面我们首先将看到,资本家怎样利用资本来行使他对劳动的支配权力,然后将看到资本的支配权力怎样支配着资本家本身。

什么是资本?

"一定量的积蓄的和储存的劳动。"(斯密,第2卷第312页)

地　租

为说明后一种情况,斯密举叉明草(Seekrapp, salicorne)为例,

"这是一种海洋植物,一经燃烧便产生碱性盐,可用于制造玻璃、肥皂等等。这种植物生长在英国各地,特别是苏格兰,但只生长在潮汐〈涨潮,marée〉可及的岩石上;这些岩石每日两次被海潮淹没,因此这些岩石上的产物决不能通过人的劳动而增多。然而,生长这种植物的土地的所有者也要求地租,就像对谷田要求地租一样。设得兰群岛附近海域盛产鱼类。该群岛很大一部分居民[II]都靠捕鱼为生。但是,要从海产品获利,就必须在近海地带有住所。这里的地

工 资　　资本的利润　　地 租

人的生活取决于需求，而需求取决于富人和资本家的兴致。

如果供给的量超过需求，那么价格构成部分——利润、地租、工资——之一就低于**价格**而支付，结果，这些价格构成的一部分就脱离这种使用，从而市场价格也就倾向于作为中心点的自然价格。但是，第一，在分工有很大发展的情况下，工人要把自己的劳动转用于其他方面是极为困难的；第

资本是**积蓄的劳动**。

（2）**基金**，资金，是土地产品和工业劳动产品的任何积累。资金只有当它给自己的所有者带来收入或利润的时候，才叫做**资本**。（斯密，第 2 卷第 191 页）①

二、资本的利润

"**资本的利润**或**赢利**与**工资**完全不同。二者的差别表现在两个方面。首先，资本的利润完全决定于所使用的资本的价值，尽管监督和管理的劳动在不同的资本那里可能是一样的。其次，在大工厂，这方

租不是同租地农场主可能从土地取得的东西成比例，而是同他可能从土地和海洋这两方面取得的东西的总和成比例。"（斯密，第 1 卷第 301、302 页）

"可以把地租看成土地所有者租给租地农场主使用的那些**自然力**的产物。这种产物的多少，取决于那些自然力的大小，换句话说，取决于土地的自然肥力或人工肥力的大小。地租是扣除或抵消一切可以看做人的劳动产物的东西之后所留下的自然产物。"（斯密，第 2 卷第 377、378 页）

"这样一来，被看成是为使用土地而支付的价格的**地租**，自然是一种**垄断价格**。

---

① 这是亚·斯密《国民财富的性质和原因的研究》1802 年巴黎版译者热·加尔涅写的脚注。——编者注

工 资　　　　资本的利润　　　　地 租

二,在工人对资本家处于从属关系的情况下,吃亏的首先是工人。

因此,当市场价格倾向于自然价格时,工人遭到的损失是最大的而且是绝对的。 正是资本家把自己的资本转用于其他方面的这种能力,才使得束缚于一定劳动部门的工人失去面包,或者不得不屈服于这个资本家的一切要求。

[II]市场价格的偶然的和突然的波动,对地租的影

面的全部劳动委托给一个主管人,这个主管人的薪金同由他监督如何使用的[II]资本并不保持一定的比例。尽管这里的资本所有者的劳动几乎等于零,他仍然要求利润同他的资本保持一定的比例。"(斯密,第1卷第97—99页)

为什么资本家要求利润和资本之间保持这种比例呢?

如果资本家从出卖工人生产的产品中,除了用于补偿他预付在工资上的基金所必需的数额以外,不指望再多得一些,他就不会有**兴趣**雇用这些工人了;如果他的利润同所使用的基

它根本不同土地所有者改良土地所支出的费用成比例,也不同土地所有者为了不亏损而必须取得的数额成比例,而是同租地农场主在不亏损的情况下所能提供的数额成比例。"(斯密,第1卷第302页)

"在这三个阶级①中,土地所有者是这样一个阶级,他们的收入既不用劳力也不用劳心,可说是自然而然地落到他们手中的,并且用不着任何洞察力和计划。"(斯密,第2卷第161页)

我们已经听说,地租的数量取决于**土地肥力**的程度。

决定地租数量的另一个因素是土

---

① 手稿中是"三个生产阶级"。在马克思对亚·斯密著作的摘要中,此处是"三个阶级",见《马克思恩格斯全集》历史考证版第4部分第2卷第356页。——编者注

工　资　　　　　资本的利润　　　　　地　租

响少于对分解为利润和工资的价格部分的影响；而对利润的影响又少于对工资的影响。大多数情况是这样：当某个地方工资提高时，别的地方工资保持**不变**，还有的地方工资在**降低**。

当资本家赢利时工人不一定有利可得，而当资本家亏损时工人就一定跟着吃亏。例如，当资本家由于制造业秘密或商业秘密，由于垄断或自己拥有的地段的位置有利而使市场价格保持在自然价格以上的时候，工人也无利可得。

金的量不成一定的比例，他就不会有**兴趣**使用较大的资本来代替较小的资本。（斯密，第1卷第97页）

因此，资本家赚得的利润首先同工资成比例，其次同预付的原料成比例。

利润和资本的比例是怎样的呢？

如果说确定一定地点和[一定]时间的通常的、平均的工资额已经很困难，那么确定资本的利润就更困难了。资本家所经营的那些商品的价格的变化，他的竞争者和顾客的运气好坏，商品在运输中或在仓库中可能遇到的许许多多意外事故，——这一切都造成利润天天有变动，简直是时

地的**位置**。

"不管土地的产品怎样，地租随着土地的**肥力**而变动；不管土地的肥力怎样，地租随着土地的位置而变动。"（斯密，第1卷第306页）

"如果土地、矿山或渔场的富饶程度相等，它们的产品就同用来耕作或开发的资本大小以及[III]对这种资本的恰当使用的程度成比例。如果资本额相等而且都同样得到恰当使用，它们的产品就同土地、渔场或矿山的自然富饶程度成比例。"（[斯密，]第2卷第210页）

斯密的这些论点之所以重要，是因为它们在生产费用和资本额相等的条件下把地租归结

工 资　　　　资本的利润　　　　地 租

其次,**劳动价格要比生活资料的价格远为稳定。**二者往往成反比。在物价腾贵的年代,工资因对劳动的需求下降而下降,因生活资料价格提高而提高。这样就互相抵消。无论如何,总有一定数量的工人没有饭吃。在物价便宜的年代,工资因对劳动的需求提高而提高,因生活资料价格下降而下降。这样也就互相抵消。

工人还有一个不利的方面:

不同行业的工人的劳动价格的差别,比不同投资部

刻有变动。(斯密,第1卷第179、180页)尽管精确地确定资本的利润是不可能的,但根据**货币利息**仍可大致有数。如果使用货币而得到的利润多,那么为使用货币而付出的利息就多;如果使用货币而得到的利润少,那么付出的利息也少。(斯密,第1卷第180、181页)通常的利息率和纯利润率之间应当保持的比例,必然随着利润的升降而变化。在英国,人们认为,双倍利息就是商人所称的**正当的、适度的、合理的利润**;这些说法无非是指**通常的和普通的利润**。(斯密,第1卷第198页)

什么是**最低的利润率**呢?什么是**最高的利润率**呢?

为土地富饶程度的大小。这就清楚地证明了国民经济学[3]颠倒概念,竟把土地富饶程度变成土地占有者的特性。

现在让我们来考察一下地租,看它在现实的关系中是如何形成的。

地租是通过**租地农场主和土地所有者之间的斗争**确定的。在国民经济学中,我们到处可以看到,各种利益的敌对性的对立、斗争、战争,被承认是社会组织的基础。

现在我们来看一看土地所有者和租地农场主之间的

工　资	资本的利润	地　租

门的利润的差别要大得多。 在劳动中，个人活动的全部自然的、精神的和社会的差别会表现出来，因而所得的报酬也各不相同，而死的资本总是迈着同样的步子，并且对**现实的**个人活动漠不关心。

总之，应当看到，工人和资本家同样苦恼，工人是为他的生存而苦恼，资本家则是为他的死钱财的赢利而苦恼。

工人不仅必须为物质的生活资料而斗争，而且必须为谋求工作，即为谋求实现自己的活

资本的**最低的**普通利润率，除了足以补偿资本在各种使用中遇到的意外损失，必须始终**有些剩余**。只有这种剩余才是纯利润或净利润。最低利息率的情况也是如此。（斯密，第 1 卷第 196 页）

[III]**最高的**普通**利润率**可能是这样的，它**吞没**大多数商品中**地租的全部**，并且使供应的商品中所包含的工资降到**最低价格**，即仅够工人在劳动期间糊口。在工人被雇用从事劳动时，人们总得设法养活他们；地租却可以完全不付。例如，在孟加拉的东印度贸易公司[17]的经理们。（斯密，第 1 卷第 197、198 页）

资本家除了在这种情况下可以**利用微小竞争的一切**

相互关系是怎样的。

"当决定租约条款时，土地所有者尽量使租地农场主所得的份额仅够补偿他用于置备种子，支付劳动报酬，购买、维持耕畜和其他生产工具的资本，此外，还使他取得该地区农场的普通利润。显然，这是租地农场主在不亏本的条件下所愿意接受的最低份额，而土地所有者是很少愿意多留一点给他的。产品或产品价格超过这一部分的余额，不论它有多大，土地所有者都力图把它作为地租攫为己有。这种地租就是租地农场主在土地现状下所能支付的最高额。[IV]这个余额始终可以看做自然地租，或看做大多数土地在出租时自然应该得到的地租。"（斯密，第 1 卷第 299、300 页）

工 资

动的可能性、手段而斗争。

我们列举社会可能处于的三种主要状态，并且考察工人在其中的地位。

（1）如果社会财富处于衰落状态，那么工人遭受的痛苦最大。因为，即使在社会的幸福状态中工人阶级也不可能取得像所有者阶级取得的那么多好处，**没有一个阶级像工人阶级那样因社会财富的衰落而遭受深重的苦难**。①

［Ⅲ］（2）现在

资本的利润

好处之外，还能用堂堂正正的方式把市场价格保持在自然价格之上。

首先，如果那些向市场供应商品的人离市场很远，就利用**商业秘密**；这就是说，对价格变动即价格高于自然价格保密。这种保密的效果就是使其他资本家不致把自己的资本投到这个部门来。

其次，利用**制造业秘密**；这种秘密使资本家可以用较少的生产费用，按照与自己的竞争者同样的价格甚至比他还低的价格供应商品，从而获得较多的利润。——（以保密来进行欺骗不是不道德吗？交易所

地 租

萨伊说："土地所有者对租地农场主实行某种垄断。对他们的商品即土地的需求可能不断增长；但是他们的商品数量只能扩展到某一点…… 土地所有者和租地农场主之间所达成的交易，总是对前者尽可能有利……除了本应得到的好处以外，他还从自己的地位、较大的财产、信誉、声望中得到好处；但是，仅仅前一种好处就足以使他能够总是**独享**他的土地的一切有利条件。运河或道路的开辟，地区人口的增长和富裕程度的提高，总是会提高地租…… 诚然，租地农场主本人也可能自己花钱来改良土壤；但是他只能在

---

① 亚·斯密《国民财富的性质和原因的研究》1802 年巴黎版第 2 卷第 162 页。——编者注

工　资	资本的利润	地　租

且以财富正在增长的社会来说。这是对工人唯一有利的状态。这里资本家之间展开竞争。对工人的需求超过了工人的供给。但是，

首先，工资的提高引起工人的**过度劳动**。他们越想多挣几个钱，他们就越不得不牺牲自己的时间，并且完全放弃一切自由，在挣钱欲望的驱使下从事奴隶劳动。这就缩短了工人的寿命。工人寿命的缩短对整个工人阶级是一个有利状况，因为这样就必然会不断产生对劳动的新需求。这个

的交易。）——**再次**，把生产限制在特定的地点（例如，名贵的葡萄酒），以致**有效的需求**永远不能得到满足。**最后**，利用个人的和公司的**垄断**。垄断价格是可能达到的最高价格。（斯密，第1卷第120—124页）

可能提高资本利润的另一些偶然的原因：

新领土的获得或新行业的出现甚至在富国也往往可以提高资本利润，因为它们可以从旧行业抽走一部分资本，缓和竞争，以较少的商品供应市场，从而促使这些商品的价格提高；在这种情况下，这些商品经营者就能够对贷款支付较高的利息。（斯密，第1卷第190页）

商品加工越多，

租期内从这笔投资中得到好处；租期一满，好处就转归土地所有者了；从这时起，土地所有者虽然没有预付什么，却获取利益，因为地租相应地增加了。"（萨伊，第2卷第142、143页）

"因此被看成是为使用土地而支付的价格的地租，自然是租地农场主在土地现状下所能支付的最高价格。"（斯密，第1卷第299页）

"因此，土地地面的地租大都……占总产品的三分之一，并且大都是一种固定的、[V]不受收成意外变动的影响的地租。"（斯密，第1卷第351页）"这种地租很少低于总产品的四分之一。"（同上，第2卷第378页）

不可能为一切

工 资

资本的利润

地 租

阶级始终不得不牺牲自己的一部分，以避免同归于尽。

其次，社会在什么时候才会处于财富日益增长的状态呢？那是在一个国家的资本和收入增加的时候。但是，这只有由于下述情况才可能：（α）大量劳动积累起来，因为资本是积累的劳动①；就是说，工人的劳动产品越来越多地从他手中被拿走，工人自己的劳动越来越作为别人的财产同他相对立，而他的生存资料和活动

商品越变成加工对象，商品价格中分解为工资和利润的部分就比分解为地租的部分增长得越大。随着对商品加工时手工劳动的增加，不仅利润的数目增大，而且每一后来的利润总比先前的利润大，因为产生利润的资本[Ⅳ]必然越来越大。雇用织工的资本必然总是大于雇用纺工的资本，因为前一种资本不仅要补偿后一种资本及其利润，而且还要支付织工的工资，而利润必定总是同资本保持一定的比例。（第1卷第102、103页）

由此可见，在对自然产品加工和再加工时人的劳动的增加，不是使工

商品都支付**地租**。例如，在一些地区，就不用为石头支付地租。

"通常人们只能把这样一部分土地产品送往市场，即这种产品的普通价格足够补偿把它们运往市场所需的资本，并能为这笔资本提供普通利润。如果普通价格超过此数，它的余额自然会归入地租。如果普通价格恰好是此数，商品虽然能够完全进入市场，但是不能给土地占有者提供地租。价格是否会超过此数呢？这取决于需求。"（斯密，第1卷第302、303页）

"地 租 以 与 工资、资本利润**不同的方式**加入**商品价格**的

---

① 参看本书第148页中栏；并参看第19页。——编者注

工　资　　　　资本的利润　　　　地　租

资料越来越多地积聚在资本家手中。(β)资本的积累扩大分工,而分工则增加工人的人数;反过来,工人人数的增加扩大分工,而分工又增加资本的积累。一方面随着分工的扩大,另一方面随着资本的积累,工人日益完全依赖于劳动,依赖于一定的、极其片面的、机器般的劳动。这样,随着工人在精神上和肉体上被贬低为机器,随着人变成抽象的活动和胃,工人也越来越依赖于

资增加,而是一方面使获利资本的数额增加,另一方面使每一笔后来的资本比先前的资本增大。

关于资本家从分工中获利,后面再讲。①

资本家是双重获利:第一,通过分工;第二,一般地通过对自然产品加工时人的劳动的增加。人加进商品的份额越大,死资本的利润就越大。

在同一社会,与不同工种的工资相比,资本的平均利润率十分接近于同一水

构成。**工资和利润的高低**是商品价格高低**的原因**,而地租的高低是这一价格的**结果**。"(斯密,第1卷第303、304页)

食物是始终提供**地租**的**产品**之一。

"因为像一切动物一样,人的繁殖自然同其生存资料相称,所以对食物总是有或大或小的需求。食物总是能够购买或多或少的[VI]劳动量,并且总是有人愿意为获得食物去做某种事情。诚然,由于有时要支付高工资,食物所能购买的劳动量,并不总是同食物被分配得最经济时所能维持的劳动量**相等**。但是,食物总是能够购买到它按照当

---

① 　见本书第185—187页右栏;并见第30—31页。——编者注

工 资

市场价格的一切波动,依赖于资本的使用和富人的兴致。同时,由于单靠[IV]劳动为生者阶级的人数增加,工人之间的竞争加剧了,因而他们的价格也降低了。在工厂制度下工人的这种状况达到了顶点。

（γ）在一个富裕程度日益提高的社会中,只有最富有的人才能靠货币利息生活。其余的人都不得不用自己的资本经营某种行业,或者把自己的资本投入商业。这样一来,资本家之间的竞争会加剧,

资本的利润

平。（第 1 卷第 228 页）各种不同用途的资本的普通利润率随着收回资本的可靠性的大小而不同。利润率随着风险增大而提高,尽管二者并不完全成比例。（第 1 卷第 226、227 页）

不言而喻,资本利润还由于流通手段（例如,纸币）的简便或低廉而增长。

三、资本对劳动的统治和资本家的动机

资本占有者决定把资本投入农业还是投入工业,投入批发商业的某一部门还是投入零售商业的某一部门,其唯一动机是对他自己的利润的考虑。至于资本的哪一种用途能推动多少**生**

地 租

地通常标准所能维持的那种劳动的劳动量。几乎在任何情况下,土地生产出的食物都超出为维持有助于使食物上市而必需的全部劳动所用的数量。这食物的超出部分又始终超过那个足够补偿推动这种劳动的资本并提供利润的数量。因此,这里始终有一些余额用来向土地所有者支付地租。"（斯密,第 1 卷第 305、306 页）"不仅食物是地租的原始源泉,而且,如果任何其他土地产品后来也提供地租,那么它的价值中的这个超出部分,则归因于:通过〈au moyen〉土地的耕种和改良,生产食物的劳动生产力有所提高。"（斯密,第 1 卷第 345 页）"可见,人的食物总是足够支付地租的。"（第 1 卷第 337

工　资	资本的利润	地　租

资本的积聚会加强,大资本家使小资本家陷于破产,一部分先前的资本家会沦为工人阶级,工人阶级则由于增加了人数,部分地又要经受工资降低之苦,同时更加依赖于少数大资本家。资本家由于人数减少,他们为争夺工人而进行的竞争几乎不再存在;而工人由于人数增加,彼此之间的竞争变得越来越激烈、反常和带有强制性。因此,工人等级中的一部分人必然沦为乞丐或陷于饿死的境地,正像一部分中等资

产劳动,[V]或者会使他的国家的土地和劳动的年产品增加多少价值,他是从来不会想到去计算的。(斯密,第2卷第400、401页)

对资本家来说,资本的最有利的使用,就是在同样可靠的条件下给他带来最大利润的使用。这种使用对社会来说并不总是最有利的。最有利的资本使用就是用于从自然生产力中取得好处。(萨伊,第2卷第130、131页)

最重要的劳动操作是按照投资者的规划和盘算来调节和指挥的。而投资者所有这些规划和操作的目的就是**利润**。就是说:利润率不像地租和工资那样,随社会的繁荣而上升,随社会的衰退而下降。相反,利润率很自然地在富国低,在穷国高,

页)"一国有多少人口,不是看这个国家的产品能够保证多少人穿衣住宿,而是看这个国家的产品能够保证多少人糊口度日。"(斯密,第1卷第342页)

"除了食物之外,衣服和住宅连同取暖设备,就是人类的两大需要。这些东西大都可以带来地租,但并非必定如此。"(同上,第1卷第338[—339]页)

工　资　　　　资本的利润　　　　地　租

本家必然沦为工人等级一样。

由此可见，即使在对工人最有利的社会状态中，工人的结局也必然是劳动过度和早死，沦为机器，沦为资本的奴隶（资本的积累危害着工人），发生新的竞争以及一部分工人饿死或行乞。

[Ⅴ]工资的提高在工人身上激起资本家那样的致富欲望，但是，工人只有牺牲自己的精神和肉体才能满足这种欲望。工资的提高以资本的积累为前提并且导致资本的积累，从而使劳动产品越来越作为

而在最迅速地走向没落的国家中最高。因此，这一阶级的利益不像其他两个阶级的利益那样与社会的普遍利益联系在一起……经营某一特殊商业部门或工业部门的人的特殊利益，在某一方面总是和公众利益不同，甚至常常同它相敌对。商人的利益始终在于扩大市场和限制卖者的竞争……这是这样一些人的阶级，他们的利益决不会同社会的利益完全一致，他们的利益一般在于欺骗和压迫公众。（斯密，第2卷第163—165页）

工　资	资本的利润	地　租

异己的东西与工人相对立。同样,分工使工人越来越片面化和越来越有依赖性;分工不仅导致人的竞争,而且导致机器的竞争。因为工人被贬低为机器,所以机器就能作为竞争者与他相对抗。最后,正像资本的积累增加工业的数量,从而增加了工人一样,由于这种积累,同一数量的工业生产出**更大数量的制品**;于是发生生产过剩,而结果不是有很大一部分工人失业,就是工人的工资下降到极其可怜的最低限度。

工　资	资本的利润	地　租

这就是对工人最有利的社会状态，即财富**正在增加、增长的**状态所产生的后果。

然而说到底，这种正在增加的状态终究有一天要达到自己的顶点。那时工人的处境会怎样呢？

（3）"在财富已经达到它可能达到的顶点的国家，工资和资本利息二者都会很低。工人之间为就业而进行的竞争如此激烈，以致工资会缩减到仅够维持现有工人人数的程度，而国家的人口这时已达到饱和，因此这个人数不可能再增加了。"①

---

① 亚·斯密《国民财富的性质和原因的研究》1802 年巴黎版第 1 卷第 193 页。——编者注

工　　资	资本的利润	地　　租

超过这个人数的部分注定会死亡。

因此，在社会的衰落状态中，工人的贫困日益加剧；在增长的状态中，贫困具有错综复杂的形式；在达到完满的状态中，贫困持续不变。

[Ⅵ]但是，既然按照斯密的意见，大多数人遭受痛苦的社会是不幸福的，社会的最富裕状态会造成大多数人遭受这种痛苦，而且国民经济学[3]（总之，私人利益的社会）是要导致这种最富裕状态，那么国民经济学的目的也就是社

工　资	资本的利润	地　租

会的**不幸**。

关于工人和资本家之间的关系还应指出,工资的提高对资本家来说,可以由劳动时间量的减少而绰绰有余地得到补偿;工资的提高和资本利息的提高会像单利和复利那样影响商品的价格。

现在让我们完全站在国民经济学家的立场上,并且仿效他把工人的理论要求和实践要求比较一下。

国民经济学家对我们说,本来,依照概念来说,劳动的**全部产品**是属于劳动者的。但是,

工　资	资本的利润	地　租

他同时又对我们说，实际上工人得到的是产品中最小的、万万不能缺少的部分，也就是说，只得到他不是作为人而是作为工人维持生存所必要的那一部分，只得到不是为繁衍人类而是为繁衍工人这个奴隶阶级所必要的那一部分。

国民经济学家对我们说，一切东西都可用劳动来购买，而资本无非是积累的劳动；但是，他同时又对我们说，工人不但远不能购买一切东西，而且不得不出卖自己和自己的人性。

工 资	资本的利润	地 租

懒惰的土地占有者的地租大都占土地产品的三分之一,忙碌的资本家的利润甚至两倍于货币利息,而剩余的那一部分,即工人在最好的情况下所挣得的部分就只有这么多:如果他有四个孩子,其中两个必定要饿死。

[VII] 按照国民经济学家的意见,劳动是人用来增加自然产品的价值的唯一东西,劳动是人的能动的财产;而根据同一国民经济学,土地所有者和资本家——他们作为土地所有者和资本家不过是

工 资	资本的利润	地 租

享有特权的、闲散
的神仙——处处高
踞于工人之上，并
对工人发号施令。

　　按照国民经济
学家的意见，劳动
是唯一不变的物
价；可是，再没有什
么比劳动价格更具
有偶然性、更容易发
生剧烈波动的了。

　　分工提高劳动
的生产力，增加社
会的财富，促使社
会精美完善，同时
却使工人陷于贫困
直到变为机器。劳
动促进资本的积
累，从而也促进社
会富裕程度的提
高，同时却使工人
越来越依附于资本
家，引起工人间更

工　资	资本的利润	地　租

剧烈的竞争，使工人卷入生产过剩的追猎活动；跟随生产过剩而来的是同样急剧的生产衰落。

按照国民经济学家的意见，工人的利益从来不同社会的利益相对立，社会却总是而且必然地同工人的利益相对立。

按照国民经济学家的意见，工人的利益从来不同社会的利益相对立，（1）因为工资的提高可以由劳动时间量的减少和上述其他后果而绰绰有余地得到补偿；（2）因为对社会来说全部总产品就是纯产

工　资	资本的利润	地　租

品,而区分纯产品
只对私人来说才有
意义。

　　劳动本身,不
仅在目前的条件
下,而且就其一般
目的仅仅在于增加
财富而言,在我看
来是有害的、招致
灾难的,这是从国
民经济学家的阐发
中得出的,尽管他
并不知道这一点。

　　依照概念来说,地租和资本利润是工资受到的**扣除**。但是,在现实中,工资是土地和资本让工人得到的一种扣除,是从劳动产品中让给工人、让给劳动的东西。

　　在社会的衰落状态中,工人遭受的痛苦最深重。他遭受的压迫特别沉重是由于自己所处的工人地位,但他遭受的一般压迫则是由于社会状况。

　　而在社会的增长状态中,工人的毁灭和贫困化是他的劳动的产物和他生产的财富的产物。就是说,贫困从现代劳动本身的**本质**中产生出来。

工　资	资本的利润	地　租

社会的最富裕状态,这个大致还是可以实现并且至少是国民经济学和市民社会**12**的目的的理想,对工人来说却是**持续不变的贫困**。

不言而喻,国民经济学把**无产者**即既无资本又无地租,全靠劳动而且是靠片面的、抽象的劳动为生的人,仅仅当做**工人**来考察。因此,它可以提出这样一个论点:工人完全像每一匹马一样,只应得到维持劳动所必需的东西。国民经济学不考察不劳动时的工人,不把工人作为人来考察,却把这种考察交给刑事司法、医生、宗教、统计表、政治和乞丐管理人去做。

现在让我们超出国民经济学的水平,试从前面几乎是用国民经济学家的原话所作的论述出发,来回答以下两个问题:

(1)把人类的最大部分归结为抽象劳动,这在人类发展中具有什么意义?

(2)主张细小改革的人不是希望**提高**工资并以此来改善工人阶级的状况,就是(像蒲鲁东那样)把工资的**平等**看做社会革命的目标**13**,他们究竟犯了什么错误?

劳动在国民经济学中仅仅以**谋生活动**的形式出现。

[II]

资本的利润	地　租

四、资本的积累和资本家　　　　[VIII]现在让我们来看看

资本的利润

之间的竞争

资本的增加使工资提高,但由于资本家之间的**竞争**又有使资本家利润减少的趋向。(斯密,第 1 卷第 179 页)

"例如,一个城市的食品杂货业所需的资本如果分归两个不同的食品杂货商经营,那么他们之间的竞争会使双方都把售价降到比一个人独力经营时便宜;如果分归 20 个[VI]杂货商经营,那么他们之间的竞争会更剧烈,而他们彼此达成一致意见来抬高他们的商品价格的可能性也变得更小。"(斯密,第 2 卷第 372、373 页)

既然我们已经知道,垄断价格是尽可能高的价格;既然资本家的利益甚至按照一般国民经济学的观点看来是同社会相敌对的;既然资本利润的提高像复利一样影响商品的价格(斯密,第 1 卷第 201 页),——那么,**竞争**就是抵制资本家的唯一手段;根据国民经济学的论述,竞争既对工资的提高产

地　　租

土地所有者如何榨取社会的一切利益。

(1)"地租随着人口的增长而增加。"[21](斯密,第 1 卷第 335 页)

(2)我们已经从萨伊那里听说,地租如何随着铁路等等的修建,随着交通工具的改善、日益安全和多样化而增加。

(3)"社会状况的任何改善,都有**直接**或**间接**地提高地租、扩大土地所有者的实际财富即扩大土地所有者购买他人劳动或他人劳动产品的权力的趋势……　土壤改良和耕作上的进步可以直接造成这种结果。土地所有者在产品中得到的那个份额,必然随着产品的增加而增加……　这种原料实际价格的提高,例如家畜价格的提高,也可以直接地并以更大的比例提高地租。随着产品的这种实际价值的增长,不仅土地所有者所得份额的实际价值,即这一份额所赋予他的支配他人劳动的实际权力必然增长,而且土地所有者得到的份额在总产品中所占的比重也随着这种价值增长。

资本的利润

生好影响,也对商品价格的下降产生有利于消费公众的好影响。**18**

但是,只有当资本增加而且分散在许多人手中的时候,竞争才有可能。只有通过多方面的积累才可能形成许多资本,因为资本一般只有通过积累才形成,而多方面的积累必然转化为单方面的积累。资本之间的竞争扩大各种资本的积累。在私有制的统治下,积累就是资本在少数人手中的**积聚**,只要听任资本的自然趋向,积累一般说来是一种必然的结果;而资本的这种自然使命恰恰是通过竞争来为自己开辟自由的道路的。

我们已经听说,资本的利润同资本的量成正比。因此,即使一开始就把蓄谋的竞争完全撇开不谈,大资本也会按其量的大小相应地比小资本积累

地 租

这种产品的实际价格提高以后,提供这种产品和补偿所使用的资本及其普通利润,并不需要更多的劳动。因此,现在剩下的属于土地所有者的那部分产品在总产品中的比例,将比过去大得多。"(斯密,第 2 卷第157—159 页)

[IX]对原产品的较大需求以及由此而产生的原产品价值的提高,可能部分地是人口及其需要增长的结果。但是,每一项新的发明,工业对于过去从未利用或很少利用的原料的每一次新的采用,都提高地租。例如,随着铁路、轮船等等的出现,煤矿的地租大大提高了。

除了土地所有者从工业、各种发现和劳动中获取的这种利益以外,我们现在还会看到另一种利益。

(4)"提高劳动生产力的各种方法既能直接降低工业品的实际价格,也能间接提高实际地租。土地所有者用超过他个人消费的这部分

资本的利润

得快。

[VIII] 由此可见,完全撇开竞争不谈,大资本的积累比小资本的积累快得多。不过,我们要进一步探讨这个过程。

随着资本的增长,资本利润由于竞争而减少。因此,受害的首先是小资本家。

资本增长为大量的资本,是以一国财富的日益增长为前提的。

"在财富达到极高程度的国家,普通利润率非常低,从而这个利润能够支付的利息太低,以致除了最富有的人以外任何人都不能靠货币利息生活。因此,所有中等有产者都不得不自己使用自己的资本,经营一种实业,或参与某种商业部门。"(斯密,第1卷第196、197页)

这种状态是国民经济学最喜爱的状态。

"资本总额和收入总额之间的比例无论在什么地方都决定着勤劳和懒惰的比例:资本占优势的地方,

地　租

原料或这部分原料的价格来交换工业品。凡是降低工业品实际价格的措施,都能提高农产品的实际价格。这时,同量原产品将相当于较多的工业品,而土地所有者就能得到数量较多的享乐品、装饰品和奢侈品。"(斯密,第2卷第159页)

但是,斯密从土地所有者榨取社会的一切利益这一事实得出[X]结论说(第2卷第161页),土地所有者的利益始终同社会的利益一致,这就荒谬了。根据国民经济学,在私有制的统治下,个人从社会得到的利益同社会从个人得到的利益正好成反比,正像高利贷者靠挥霍者得到的利益决不同挥霍者的利益相一致一样。

我们现在只是顺便提一下土地所有者针对外国地产的垄断欲,例如,谷物法[22]就来源于这种垄断欲。同样,我们在这里不谈中世纪的农奴制、殖民地的奴隶制、英国的农民(农

资本的利润

普遍勤劳;收入占优势的地方,普遍懒惰。"(斯密,第2卷第325页)

在这种日益扩大的竞争中,资本使用的情况如何呢?

"随着资本的增加,生息信贷基金的数量也必然不断增长。随着这种基金的增加,货币利息会日益降低,(1)因为一切物品的市场价格随着物品数量的增加而降低;(2)因为**随着一国资本的增加**,新资本要找到有利可图的用途**越来越困难**。不同资本之间就产生了竞争,一个资本的占有者千方百计夺取其他资本所占领的位置(营业)①。但是,如果他不提出更优惠的条件做交易,那么他多半不能指望把其他资本挤出所占的位置。他不仅要廉价销售物品,而且往往为了寻找销售的机会,还不得不高价收购物品。指定用来维持生产劳动的基金越多,对劳动的需求也就越大:工人容易找到工作,[IX]而资本家却难以找到工人。资本家的竞争使工资提高,利润下降。"(斯密,第2卷第358、359页)

地　　租

业短工)②的贫困。让我们继续谈论国民经济学本身的原理吧。

(1)按照国民经济学的原理,土地所有者与社会的繁荣有利害关系;他与人口、工业生产的增长,与社会需要的增长,一句话,与社会财富的增长有利害关系,正如我们上面所考察的,这种增长与贫困和奴役的增长是一致的。房租上涨和贫困增长之间的关系,就是土地所有者与社会有利害关系的一个例子,因为随着房租的上涨,地租,即房基地的租金也增长。

(2)根据国民经济学家自己的看法,土地所有者的利益同租地农场主从而同社会的相当大一部分人的利益是敌对的。**23**

---

① 手稿中"营业"写在"位置"的上方。——编者注
② 手稿中"农业短工"写在"农民"的上方。——编者注

资本的利润

因此,小资本家必须作出选择:(1)由于已经不能靠利息生活而把自己的资本吃光,从而不再做资本家;或者(2)亲自经营实业,自己的货品要比更富有的资本家贱卖贵买,并且支付较高的工资;因为市场价格由于所设想的激烈竞争已经降得很低,所以小资本家就得陷于破产。相反,大资本家要挤掉小资本家,却拥有对小资本家的一切优势,这些优势是资本家作为资本家对工人所拥有的。对大资本家来说,较少的利润可以由他的较大量的资本来补偿;他甚至可以承受暂时的亏损,直至小资本家破产,直至他摆脱小资本家的竞争。他就是这样把小资本家的利润积累在自己手里。

其次,大资本家总是比小资本家买得便宜,因为他的进货量比较大。因此,他可以贱

地 租

[XI](3)因为租地农场主支付的工资越少,土地所有者向租地农场主能够索取的地租就越高,因为土地所有者向租地农场主索取的地租越高,租地农场主就把工资压得越低,所以土地所有者的利益同雇农的利益是敌对的,正如工厂主的利益同他的工人的利益是敌对的一样。土地所有者的利益也要求把工资压到最低限度。

(4)因为工业品价格的实际降低可以提高地租,所以土地占有者与工业工人工资的降低、资本家之间的竞争、生产过剩以及工业发展所造成的一切灾难有直接的利害关系。

(5)由此看来,如果说土地所有者的利益同社会的利益完全不一致,并且同租地农场主、雇农、工业工人和资本家的利益相敌对,那么,一个土地所有者的利益,由于竞争,也决不

资本的利润

卖而不亏损。

但是,如果说货币利息下降会使中等资本家由食利者变为企业家,那么反过来,企业资本的增加以及因此引起的利润的减少,会造成货币利息下降。

"随着使用资本所能取得的利润减少,为使用这笔资本所能支付的价格也必然降低。"(斯密,第 2 卷第 359 页)

"财富、工业、人口越增长,货币利息,从而资本家的利润就越降低。利润尽管减少,资本本身却不但继续增加,而且比以前增加得更迅速。大资本利润虽低,但一般说来要远比利润高的小资本增长得迅速,俗语说得好:钱能生钱。"([斯密,]第 1 卷第 189 页)

如果像在所设想的那种激烈竞争状态下发生的那样,利润低的小资本同这个大资本相对立,那么大资本会把它们完全压垮。

在这种竞争中,商品质量

地　　租

会同另一个土地所有者的利益一致。我们现在就来考察一下这种竞争。

资本的利润 　　　　　　地　租

普遍低劣,伪造、假冒,无毒不有,正如在大城市中看到的,这是必然的结果。

[X]此外,**固定资本**和**流动资本**之间的比例,也是大资本和小资本的竞争中的一个重要情况。

"**流动资本**是用于食品生产、制造业或商业的资本。只要它仍然为自己的主人所占有或者继续保持原状,它就不会给自己的主人带来收入或利润。它不断以一种形式用出去,再以另一种形式收回来,而且只有借助于这种流通,或者说借助于这种连续的转化和交换,才带来利润。**固定资本**是用于改良土地,购置机器、工具、手工业器具之类物品的资本。"(斯密,第2卷第197、198页)

"固定资本维持费的任何节约都意味着纯利润的增长。任何企业家的总资本必然分成固定资本和流动资本。只要资本总额不变,其中一部分越小,另一部分就越大。流动资本供他购买原料、支付工资和推动工业运转。因此,固定资本的任何节约,只要不是减少劳动生产力,都会增加[推动工业运转的]基

资本的利润   地 　 租

金。"(斯密,第2卷第226页)

从一开头就可以看出,固定资本和流动资本的比例,对大资本家要比对小资本家有利得多。最大的银行家需要的固定资本只比最小的银行家略多一点。二者的固定资本都只限于银行办公的费用。大土地占有者的生产工具决不会与他的土地面积成比例地增加。同样,大资本家所享有的比小资本家高的信用,就是固定资本即一笔必须经常准备着的货币的更大节约。最后,不言而喻,凡是工业劳动高度发展的地方,也就是几乎所有手工劳动都变成工厂劳动的地方,小资本家仅仅为了拥有必要的固定资本,哪怕把他的全部资本都投入也不够。大家知道,大规模耕作所用的劳动,通常只占用不多的劳动人手。

资本的利润

与较小的资本家相比，在大资本积累时，一般还发生固定资本的相应的积聚和简化。大资本家为自己［XI］采用某种对劳动工具的组织方法。

地　租

［III］

工　资

［VIII］"可以肯定地说，那些要求特殊才能或较长时间先期训练的职业，总的来说，已变得比较能挣钱；而任何人都可以很快并很容易学会的那种机械而单调的活动的相应工资，则随着竞争的加剧而降低并且不得不降低。正是**这**类劳动在劳动组织的现状下仍然为数最多。因此，如果说第一类工人现在所挣得的是50年前的七倍，而第二类工人所挣得的和50年前一样，那么二者所挣得的**平均起来**当然是以前的四倍。但是，如果在一个国家里，从事第一类劳动的只有1 000人，而从事第二类劳动的有100万人，那么就有999 000人并不比50年前生活

资本的利润

［XI］"同样，在工业领域，每个工场和工厂都已经是相当大一批物质财富为**共同的**生产目的而同多种多样的智力和技能实行的广泛结合……　凡是立法维护大地产的地方，日益增长的人口的过剩部分就涌向工商业，结果，正如在英国那样，大批无产者主要聚集在工业领域。而凡是立法容许土地不断分割的地方，正如在法国那样，小的和负债的所有者的数目就增加，他们由于土地进一步分割而沦为穷人和不满者的阶级。最后，当这种分割和过重的负债达到更高程度时，大地产就重新吞掉小地产，正像大工业吃掉小工业一样；而且因为较大的

工 资

得好,如果生活必需品的价格同时上涨,那么他们会比以前生活得**更坏**。而人们却想用这种肤浅的**平均计算**,在关系到居民中人数最多的阶级的问题上欺骗自己。此外,**工人的工资**多少只是估计**工人的收入**的因素之一,因为对衡量工人的收入来说更重要的是要把他们获得收入的有保障的**持续性**估计进去。但是,在波动和停滞不断出现的所谓自由竞争的无政府状态下,是根本谈不到这种持续性的。最后,还应注意过去和现在的通常劳动**时间**。最近 25 年来,也正是从棉纺织业采用节省劳动的机器以来,这个部门的英国工人的劳动时间已由于企业主追逐暴利[Ⅸ]而增加到每日12—16 小时,而在到处还存在着富人无限制地剥削穷人这种公认权利的情况下,一国和一个工业部门的劳动时间的延长必然也或多或少地影响到其他地方。"(舒尔茨《生产运动》**14**第 65 页)

"然而,即使所谓社会**一切阶级**的平均收入都增长这种不真实的情况属实,收入的区别和**相对的**差距仍然可能扩大,从而贫富间的对立也可能更加尖锐。因为正是**由于生产总量的增长**,并且随着生产总量

资本的利润

地产重新形成,大批不再为土地耕作所绝对需要的一无所有的工人就又涌向工业。"(舒尔茨《生产运动》第 58、59 页)

"同一种商品的性质由于生产方法改变,特别是由于采用机器而发生变化。只是由于排除了人力,才有可能用一磅价值 3 先令 8 便士的棉花,纺出 350 束总长 167 英里或 36 德里、商业价值为 25 基尼的纱。"(同上,第 62 页)

"45 年来英国的棉纺织品价格平均降低$\frac{11}{12}$,并且据马歇尔计算,相同数量的制品,在 1814 年需要付 16先令,而现在只用交 1 先令 10 便士。工业产品的大落价既扩大了国内消费,也扩大了国外市场;因此,英国棉纺织工业的工人人数在采用机器以后不仅没有减少,反而从 4万上升到 150 万。[Ⅻ]至于工业企业家和工人的收入,那么由于厂主之间的竞争加剧,厂主的利润同他们供应的产品量相比必然减少。在 1820—1833 年期间,曼彻斯特的工厂主在每匹印花布上所得的总利润由 4 先令 1$\frac{1}{3}$ 便士减少到 1 先令9 便士。但是,为了补偿这个损失,生产量更加增大。结果,在个别工业部门部分地出现生产过剩;破产

工　资

的增长,需要、欲望和要求也提高了,于是**绝对的**贫困减少,而**相对的**贫困可能增加。吃海豹油和发臭的鱼的萨莫耶德人并不穷,因为在他们那种封闭的社会里一切人都有同样的需要。但是,在一个**前进着的国家**,生产总量在大约十年内与社会①相比增加了三分之一,而工人挣得的工资仍和十年前一样多,他们不但不能保持过去的收入水平,而且比过去穷三分之一。"(同上,第65、66 页)

但是,国民经济学把工人只当做劳动的动物,当做仅仅有最必要的肉体需要的牲畜。

"一个民族要想在精神方面更自由地发展,就不应该再当自己的肉体需要的奴隶,不应该再当自己的肉体的奴仆。因此,他们首先必须有**能够**进行精神创造和精神享受的**时间**。劳动组织方面的进步会赢得这种时间。的确,今天由于有了新的动力和改进了的机器,棉纺织厂的一个工人往往可以完成早先100 甚至 250—350 个工人的工作。

资本的利润

频繁发生,在资本家和雇主的阶级**内部**造成财产的变化不定的波动和动荡,这种波动和动荡把一部分经济破产的人抛入无产阶级队伍;同时经常的和突然的停工或缩减工作成为必然,这种不利情况总是使雇佣劳动者阶级痛感其害。"(同上,第63 页)

"出租自己的劳动就是开始自己的奴隶生活;而出租劳动材料就是确立自己的自由……　劳动是人,而劳动材料则根本不包括人。"(贝魁尔《社会[经济和政治经济的新]理论》[15]第 411、412 页)

"材料要素如果没有别的要素即**劳动**,根本不能创造财富;材料要素获得对他们[这种材料要素的所有者]富有成果的魔力,好像他们是自己加进了这种不可缺少的要素。"(同上,第 412 页)

"假定一个工人的日常劳动每年给他平均带来 400 法郎,而这个数目足够一个成年人维持最起码的生活,那么,这等于说,一个每年拥有2 000 法郎利息、地租、房租等等收入的所有者在间接地迫使 5 个人为他劳动;10 万法郎的收入表示 250

---

① 威·舒尔茨原著中写的是"人口"。——编者注

工 资

在一切生产部门中都有类似的结果，因为外部自然力日益被强行用于[X]人类劳动。如果说为了满足一定量的物质需要所需耗费的时间和人力现在比过去减少了一半，那么，与此同时，在不损害物质生活舒适的情况下，给精神创造和精神享受提供的余暇也就增加一倍……但是，甚至在我们从老克伦纳士自己领域中夺得的房获物的分配方面，起决定作用的也仍然是像掷骰子游戏那样的盲目的、不公正的偶然性。在法国有人计算过，在目前的生产状况下，每个有劳动能力的人平均劳动时间为每日五小时，就足以满足社会的一切物质利益……尽管因机器改进而节省了时间，工厂中奴隶劳动的持续时间对众多居民来说却有增无已。"（同上，第67、68页）

"从复合的手工劳动向下一阶段过渡，首先要将这种手工劳动分解为若干简单的操作。但是，最初只有**一部分**单调的重复的操作由机器来承担，而另一部分由人来承担。根据事物的本性和一致的经验，这种连续不断的单调的活动无论对于

资本的利润

人的劳动，而100万法郎则表示2 500人的劳动。"（因而，3亿法郎（路易-菲力浦）表示75万工人的劳动。）①（同上，第412、413页）

"人们制定的法律赋予所有者以使用和滥用即随心所欲地处置任何劳动材料的权利…… 法律并不责成所有者始终及时地给那些一无所有的人提供工作，而且还付给他们总是够用的工资，等等。"（同上，第413页）"对生产的性质、数量、质量和适宜性的确定，对财富的使用和消费以及对一切劳动材料的支配，都是完全自由的。每个人都可以只考虑他自己的个人利益，随意地自由交换自己的物品。"（同上，第413页）

"竞争不过是任意交换的表现，而任意交换又是使用和滥用任何生产工具的个人权利的直接和合乎逻辑的结果。实际上构成一个统一整体的这三个经济因素——使用和滥用的权利，交换的自由和无限制的竞争——引起如下的后果：每个人都可以按照他乐意的方式，在他乐意的时间和地点，生产他乐意生产

---

① 马克思在他收藏的康·贝魁尔这本著作第413页下边的空白处作了这一计算。——编者注

工　资

精神还是对于肉体都同样有害。因此,在机器同较大量人手之间进行的简单分工相**结合**的状况下,这种分工的一切弊病也必然要显露出来。工厂工人的死亡率较高尤其表明了这种分工的[XI]弊病……　人们**借助**于机器来劳动和人们**作为**机器来劳动,这两者之间的巨大差别并没有……受到人们的注意。"(同上,第69页)

"但是,在各国人民未来的生活中,通过机器起作用的盲目的自然力,将成为我们的奴隶和奴仆。"(同上,第74页)

"在英国的纺纱厂中就业的只有158 818个男工,却有196 818个女工。兰开斯特郡的棉纺织厂每有100个男工就有103个女工,而在苏格兰甚至达到209个。在英国利兹的麻纺厂中每有100个男工就有147个女工;在邓迪和苏格兰东海岸甚至达到280个。在英国的丝织厂中有很多女工;在需要较强劳力的毛纺织厂中男工较多。1833年在北美的棉纺织厂中就业的,除了18 593个男工以外,至少有38 927个女工。可见,由于劳动组织的改变,女性有了较大的就业范围……妇女在经济上有了比较独立的地

资本的利润

的东西;他可以生产得好或坏、过多或过少、过迟或过早、过贵或过贱;没有人知道,他能否卖出去、卖给谁、如何卖、何时卖、在何处卖。买进的情况也是如此。[XIII]生产者既不知道需用的东西也不知道原料来源,既不知道需求也不知道供给。他在他愿意卖和能够卖的时候,在他乐意的地点,按照他乐意的价格,卖给他乐意卖的人。他买进的情况也是如此。他在这一切方面总是偶然情况的玩物,是强者、不受折磨者、富有者所强加的法律的奴隶……　一个地方是财富的不足,而另一个地方是财富的过剩和浪费。一个生产者卖得很多或者卖得很贵并且利润丰厚,而另一个生产者卖不出去或者亏本……　供给不知道需求,需求不知道供给。你们根据消费者中出现的爱好和时兴进行生产;可是,当你们准备好提供这种商品的时候,他们的兴趣已经消逝,并转到另一种产品上去了……　这一切情况的必然结果就是:连续不断的和日益扩大的破产;失算,突如其来的破落和出乎意料的致富;商业危机,停业,周期性商品滞销或脱销;工资和利润的不稳定和下降;财富、时间和精力在激烈竞争的舞台

工 资

位……男性和女性在社会关系方面互相接近了。"（同上，第71、72页）

"1835年，在拥有蒸汽动力和水力动力的英国纺纱厂中劳动的有8—12岁的儿童20 558人，12—13岁的儿童35 867人，13—18岁的儿童108 208人…… 当然，机械的进一步改进——因为它使人手日益摆脱一切单调的工作——促使这种弊病逐渐[XII]消除。但是，资本家能够以最容易和最便宜的方式占有下层阶级以至儿童的气力，以便使用和消耗这种气力来**代替**机械手段，正是这种情况妨碍机械的迅速进步。"（舒尔茨《生产运动》第70、71页）

"布鲁姆勋爵向工人大声疾呼：'做资本家吧。'……不幸的是，千百万人只有通过那种伤害身体、使道德和智力畸形发展的紧张劳动，才能挣钱勉强养活自己，而且他们甚至不得不把找到**这样一种**工作的不幸看做是一种幸运。"（同上，第60页）

"于是，为了生活，一无所有者

资本的利润

上的损失或惊人的浪费。"（同上，第414—416页）

李嘉图在他的书①（地租）中说：各国只是生产的工场；人是消费和生产的机器；人的生命就是资本；经济规律盲目地支配着世界。在李嘉图看来，人是微不足道的，而产品则是一切。在法译本第二十六章中说：

"对于一个拥有2万法郎资本，每年获得利润2 000法郎的人来说，不管他的资本是雇100个工人还是雇1 000个工人，都是无关紧要的…… 一个国家的实际利益不也是这样吗？只要这个国家的实际纯收入、它的地租和利润不变，这个国家的人口有1 000万还是有1 200万，它是不会关心的。"②"德·西斯

---

① 指大·李嘉图《政治经济学和赋税原理》1835年巴黎第2版第2卷。——编者注

② 大·李嘉图《政治经济学和赋税原理》1835年巴黎第2版第2卷第194—195页，引自欧·比雷《论英法工人阶级的贫困》1840年巴黎版第1卷第6—7页。——编者注

工　资

不得不直接地或间接地替所有者**效劳**，也就是说，依赖于他们。"（贝魁尔《社会经济[和政治经济]的新理论》**15**第 409 页）

佣人——工钱；工人——工资；职员——薪金或报酬。

（同上，第 409、410 页）

"出租自己的劳动"，"出借自己的劳动换取利息"，"代替别人劳动"。

"出租劳动材料"，"出借劳动材料换取利息"，"让别人代替自己劳动"。（同上[，第 411 页]）

[XIII]"这种经济制度注定人们从事如此低贱的工作，处于如此悲惨和痛苦的境地，相比之下，野蛮状态也犹如王公的生活了。"（同上，第 417、418 页）

"一无所有者以各种各样的形式卖淫。"（同上，第 421 页及下一页）捡破烂者。

查·劳顿在《人口等问题的解决办法》（1842 年巴黎

资本的利润

蒙第先生说（第 2 卷第 331 页）：真的，只盼望国王孤零零地住在自己的岛上，不断地转动手柄〈Kurbel〉，通过自动机来完成英国的全部工作了。"①

"雇主用只够满足工人最迫切需要的低价格来购买工人的劳动，对于工资不足或劳动时间过长，他不负任何责任，因为他自己也要服从他强加给别人的法律……　贫困的根源与其说在于人，不如说在于物的力量。"（[比雷，]同上，第 82 页）

"英国许多地方的居民缺少资本来充分耕种他们的土地。苏格兰南部各郡的羊毛，因为缺少就地加工的资本，大部分不得不通过很糟糕的道路，长途运送到约克郡去加工。英国有许多小工业城市，那里的居民缺少足够的资本把他们的工业产品运往可以找到需求和消费者的遥远市场。这里的商人[XIV]只不过是住在某些大商业城市中的比较富有的商人的代理人。"（斯密，第 2 卷第 382 页）"要增加土地和劳动的年产品的价值，就只有增加**生产**

---

①　指德·西斯蒙第《政治经济学新原理》1827 年巴黎第 2 版第 2 卷第 331 页，引自欧·比雷《论英法工人阶级的贫困》1840 年巴黎版第 1 卷第 7 页。——编者注

工　资

版)[16]一书中估计英国卖淫者的数目有 6 万—7 万人。贞操可疑的妇女也有那么大的数目。（第 228 页）

"这些不幸的马路天使的平均寿命，从她们走上淫荡的生活道路算起，大约是 6—7 年。因此，要使卖淫者保持 6 万—7 万这个数目，在联合王国每年至少要有 8 000 — 9 000 名妇女为这种淫秽的职业献身，或者说，每天大约要有 24 名新的牺牲者——每小时平均要有一名；如果这同一比例适用于全球，那么这类不幸妇女势必经常有 150 万人。"（同上，第 229 页）

"贫困的人口随着他们贫困的增长而增长；处于极端贫困状态下的人数不胜数，争夺着受苦受难的权利……　1821 年爱尔兰的人口是 6 801 827 人。1831 年增加到 7 764 010 人，就是说，在十年中间增加了 14%。在最富裕的伦斯特省，人口只增加 8%，而在最贫困的康诺特省，人口却增加 21%（《在英格兰公布的关于爱尔兰的调查摘要》1840 年维也纳版）。"（比雷《论贫困》①

资本的利润

工人的人数，或者提高已被雇用的工人的劳动生产率……　无论哪一种情况几乎总是必须增加资本。"（斯密，第 2 卷第 338 页）

"因为按照事物的本性，资本的积累是分工的必要的先导，只有资本的积聚越来越多，分工才会越来越细。分工越细，同样数目的人所能加工的材料数量也就增加得越多；因为每个工人的任务在更大程度上逐渐简化，减轻和缩减这些任务的新机器才大量发明出来。因此，随着分工的发展，为了经常雇用同样数目的工人，就必须预先积聚和从前同样多的生活资料，以及比从前分工不大发达时更多的材料、工具和手工业器具。在任何劳动部门，工人人数总是随着这一部门分工的发展而增长，更正确地说，正是工人人数的这种增长才使工人可能实现这种分类和细密分工。"（斯密，第 2 卷第 193、194 页）

"劳动生产力的大大提高，非有预先的资本积累不可，同样，资本的积累也自然会引起劳动生产力的大大提高。资本家希望利用自己的资本来生产数量尽可能多的产品，因

---

① 即欧·比雷《论英法工人阶级的贫困》1840 年巴黎版。——编者注

工 资

第 1 卷第 36、37 页)

国民经济学抽象地把劳动看做物;劳动是商品;价格高,意味着对商品的需求很大;价格低,就意味着商品的供给很多;劳动作为商品,其价格必然日益降低;这种情况之所以必然发生,一部分是由于资本家和工人之间的竞争,一部分是由于工人之间的竞争……

"出卖劳动的工人人口,不得不满足于产品的最微小的一份…… 关于劳动是商品的理论,难道不是披着伪装的奴隶制的理论吗?"(同上,第 43 页)"为什么人们把劳动只看成交换价值呢?"(同上,第 44 页)大工场宁可购买妇女和儿童的劳动,因为这种劳动比男子的劳动便宜。(同上)"工人在雇用他的人面前不是处于自由的卖者地位。……资本家总是自由雇用劳动,而工人总是被迫出卖劳动。如果劳动不是每时都在出卖,那么它的价值就会完全消失。与真正的[商品]不同,劳动既不能积累,也不能储蓄。[XIV]

资本的利润

此他力求在自己的工人中间实行最恰当的分工,并把尽可能好的机器供给工人使用。他为在这两方面获得成功而采取的办法,[XV]就看他有多少资本,或者说,要看这个资本能够雇用多少工人。因此,在一个国家里,不仅工业的数量随着推动劳动的**资本的扩大**而增加,而且,同一数量的工业所生产的产品数量,也由于资本的扩大而大大增加。"(斯密,同上,第 194、195 页)

由此出现了**生产过剩**。

"由于在更大规模的企业中实行更大数量和更多种类的人力和自然力的结合,在工业和商业中……生产力更广泛地联合起来。有些地方,主要的生产部门彼此之间已经更密切地结合起来。例如,大工厂主也力图购置大地产,以便他们的工业企业所需要的原料至少有一部分不必从他人手中得到;或者他们结合自己的工业企业开办商业,不仅为了销售他们自己的产品,而且也为了购买其他种类的产品并把这些产品卖给他们的工人。在英国,单个的工厂主有时拥有 10 000 — 12 000 个工人……不同生产部门在**一个有才智者的领导之下的这种结**

工 资

劳动就是生命,而生命如果不是每天用食物进行新陈代谢,就会衰弱并很快死亡。为了使人的生命成为商品,也就必须容许奴隶制。"(同上,第49、50页)

可见,如果劳动是商品,那么它就是一种具有最不幸的特性的商品。然而,甚至按照国民经济学的基本原理,劳动也不是商品,因为它不是**自由交易的自由结果**。[同上,第50页]现在的经济制度

"同时降低了劳动的价格和劳动的报酬;它造就了工人,却贬低了人"。(同上,第52、53页)"工业成了战争,而商业成了赌博。"(同上,第62页)

单是加工棉花的机器(在英国)就相当于8 400万手工劳动者。[同上,第193页,脚注]

工业直到现在还处于掠夺战争的状态:

"它像大征服者那样冷酷无情地浪费那些构成其军队的人的生

资本的利润

合,这种所谓国家中的小国家或国家中的管辖地区,已经屡见不鲜。例如,伯明翰的矿主近来已把制铁的**全部**过程掌握起来,而过去这一过程是分散在许多企业家和占有者手里的。见 1838 年《德意志季刊》**19**第 3 期《伯明翰的矿区》一文。最后,我们在目前已如此之多的大股份企业中,还看到**许多**股东的财力同另一些担任实际工作的人的科技知识和才能的广泛结合。这样一来,资本家就有可能以更纷繁多样的方式来利用自己的积蓄,甚至还可以把积蓄同时用于农业、工业和商业。因此他们的利益也就是多方面的了,[XVI]而农业、工业和商业的利益之间的截然对立也缓和下来并趋于消失。然而,这种用不同方式便于资本得利的可能性本身,必定会加深有产者阶级和无产者阶级之间的对立。"(舒尔茨,同上,第40、41 页)

房东从贫困中取得巨额利润。房租和工业贫困成反比。

还从堕落的无产者的恶习中抽取利息。(卖淫,酗酒,抵押放债人)

工　资

命。它的目的是占有财富,而不是人的幸福。"(比雷,同上,第 20 页)"这些利益〈即经济利益〉如果听之任之……就必然要互相冲突;它们除了战争再无其他仲裁者,战争的判决是使一些人失败和死亡,使另一些人获得胜利。……科学在对抗力量的这种冲突中寻求秩序和平衡:按照科学的意见,连绵不断的战争是获得和平的唯一手段;这种战争就叫做竞争。"(同上,第 23 页)

工业战争为了能卓有成效地进行下去,需要有人数众多的、能由它调集到一个地点并承受巨大牺牲的军队。这种军队的士兵之所以能忍受强加在他们身上的重担,既不是出于忠诚,也不是由于义务,而只不过为了逃避那严酷的饥饿命运。他们对自己的长官既不爱戴,也不感恩。长官对自己的部下也毫无亲善可言。在他们眼中,这些部下不是人,仅仅是以尽可能少的花费带来尽可能多的收入的生产工具。这些日益密集的工人大众甚至没把握会经常受雇于人;把他们集合起来的工业只是在它需要他们的时候才让他们活下去;而一旦能够摆脱他们,它就毫不踌躇地抛弃他们;于是工人不得不按照人家同意的价格出卖

资本的利润

当资本和地产掌握在同一个人手中,并且资本由于数额庞大而能够把各种生产部门联合起来的时候,资本的积累日益增长,而资本间的竞争日益减少。

对人的漠不关心。斯密的二十张彩票。[20]

萨伊的纯收入和总收入。

工 资	资本的利润

自己的人身和力气。加在他们身上的劳动,时间越长,越使他们痛苦和厌恶,他们所得的报酬也就越少;可以看到有些工人每天连续紧张劳动16小时,才勉强买到不致饿死的权利。(同上,第68、69页)

[XV]"我们确信……那些负责对手工织布工状况进行调查的专员们也会相信,大工业城市如果不是时时刻刻都有健康人、新鲜的血液不断从邻近农村流入,就会在短期内失去自己的劳动人口。"(同上,第362页)

[IV]

地 租

[XI]大地产和小地产之间的相互关系一般是与大资本和小资本之间的相互关系一样的。但是,还有一些特殊情况必然引起大地产的积累和大地产对小地产的吞并。

[XII](1)工人和劳动工具的相对数量,在任何地方都不像在地产中那样随着资金规模的增大而减少得那么多。同样,全面利用的可能性,生产费用的节约和巧妙的分工,在任何地方都不像在地产中那样随着资金规模的增大而提高得那么多。不管地块多么小,耕种这块土地所必需的劳动工具如犁、锯等等的数量少到一定

地　租

限度便不能再减,而地产的面积则可以缩小,完全不受此限。

(2)大地产把租地农场主用来改良土地的那笔资本的利息用于自己的积累。小地产则不得不把自己的资本投入这方面。因此,对小地产来说,就没有这全部利润了。

(3)每一项社会改良都对大地产有利而对小地产有害,因为这种改良总是需要小地产付出越来越多的现金。

(4)还要考察一下关于这种竞争的两个重要规律:

(α)生产人们食物的耕地的地租,调节其他大部分耕地的地租。(斯密,第1卷第331页)

归根结底,只有大地产才能生产家畜之类的食物。因此,大地产调节其他土地的地租,并能把它降低到最低限度。

在这种情况下,自耕的小土地所有者和大土地所有者的关系,正像拥有**自己的**工具的手工业者和工厂主的关系一样。小地产简直成了劳动工具。[XVI]对小土地占有者来说,地租完全消失了,留给他的至多只是他的资本的利息和他的工资;因为通过竞争,地租可能降低到刚好相当于并非土地占有者本人所投入的那笔资本的利息。

(β)此外,我们已经听说,如果土地、矿山或渔场的富饶程度相等和开发程度相等,那么产品就同资本的大小成比例。因此,大土地所有者取得胜利。同样,如果资本相等,那么产品就同土地的富饶程度成比例。因此,在资本相等的条件下,拥有较富饶土地的土地所有者取得胜利。

地 租

（γ）"一般说来,一个矿山是富饶还是贫瘠,要看用一定量的劳动从这个矿山所取得的矿物量是多于还是少于用同量劳动从其他大多数同类矿山所取得的矿物量。"（斯密,第 1 卷第 345、346 页）"最富饶的煤矿的产品价格也调节邻近其他一切煤矿的煤的价格。土地所有者和企业主二者都发现,如果他们的产品的卖价比邻矿低一些,土地所有者就能得到更多的地租,企业主就能得到更多的利润。这时,邻矿也不得不按同一价格出卖自己的产品,虽然他们不大有可能这样做,虽然这种价格会越来越降低,有时还会使他们失去全部地租和全部利润。结果,一些煤矿就得完全放弃开采,另外一些煤矿提供不了地租,以后只能由土地所有者本人开采。"（斯密,第 1 卷第 350页）"秘鲁银矿被发现以后,欧洲的银矿大都被废弃…… 波托西银矿被发现以后,古巴和圣多明各的银矿,甚至秘鲁的老矿,也都发生同样的情况。"（第1 卷第 353 页）

斯密在这里关于矿山所讲的这些话,或多或少也适用于一般的地产。

（δ）"应该指出,土地的市场价格始终取决于市场利息率……如果地租大大低于货币利息,那么谁也不愿购买土地,这又会使土地的市场价格很快下跌。反之,如果地租的收益抵补货币利息而绰绰有余,那么,所有的人都愿争购土地,这同样又会使土地的市场价格很快回升。"（[斯密,]第 2 卷第367、368 页）

从地租对货币利息的这种关系可以得出结论说,地租必然越来越降低,以致最后只有最富有的人才能靠地租过活。因而不出租土地的土地所有者之间的竞争便不断加剧。一部分土地所有者破产。大地产进一步集中。

[XVII]这种竞争的结果还会使一大部分地产落入资本家手中,资本家同时也成为土地所有者,正如较小的土地所有者一般说

地　租

来现在已经仅仅是资本家一样。同样,一部分大土地所有者同时也成为工业家。

因此,最终的结果是资本家和土地所有者之间的差别消失,以致在居民中大体上只剩下两个阶级:工人阶级和资本家阶级。地产买卖,地产转化为商品,意味着旧贵族的彻底没落和金钱贵族的最后形成。

(1)浪漫主义者为此流下的感伤的眼泪,我们可没有。他们总是把**土地的买卖**中的卑鄙行为同土地**私有权的买卖**中包含的那些完全合理的、在私有制范围内必然的和值得期待的后果混为一谈。首先,封建地产按其本质来说已是买卖了的土地,已是同人相异化因而以少数大领主的形态与人相对立的土地。

封建的土地占有已经包含土地作为某种异己力量对人们的统治。农奴是土地的附属物。同样,长子继承权享有者,即长子,也属于土地。土地继承了他。私有财产的统治一般是从土地占有开始的;土地占有是私有财产的基础。但是,在封建的土地占有制下,领主至少**在表面上**是领地的君王。同样,在封建的土地占有制下,占有者和土地之间还存在着比单纯**实物**财富的关系更为密切的关系的外观。地块随它的领主而个性化,有它的爵位,随它的领主而有男爵或伯爵的封号;有它的特权、它的审判权、它的政治地位等等。土地仿佛是它的领主的无机的身体。因此,俗语说:**没有无主的土地**。这句话表明领主的权势是同土地占有结合在一起的。同样,地产的统治在这里并不直接表现为单纯的资本的统治。属于这块地产的人们对待这块地产毋宁说就像对待自己的祖国一

地　租

样。这是一种狭隘的民族性。

[XVIII]正像一个王国给它的国王以称号一样,封建地产也给它的领主以称号。领主的家庭史,他的家族史等等——对他来说这一切都使他的地产个性化,使地产名正言顺地归属于他的家族,使地产人格化。同样,那些耕种他的土地的人并不处于**短工**的地位,而是一部分像农奴一样本身就是他的财产,另一部分则对他保持着尊敬、忠顺和纳贡的关系。因此,领主对他们的态度具有直接的政治性,同时又有其**温情的**一面。风尚、性格等等因地块而各不相同,并且仿佛同自己所属的小块土地是一体的,但是后来把人和地块连结在一起的便不再是人的性格、人的个性,而仅仅是人的钱袋了。最后,封建领主并不力求从自己的领地取得最大可能的收益。相反,他消费那里的东西,并且心安理得地让农奴和租地农场主设法为他提供各种消费品。这就是**贵族**对领地的关系,这种关系给领主罩上浪漫主义的灵光。

这种外观必将消失,地产这个私有财产的根源必然完全卷入私有财产的运动而成为商品;所有者的统治必然要失去一切政治色彩而表现为私有财产的、资本的单纯统治;所有者和劳动者之间的关系必然归结为剥削者和被剥削者的国民经济关系;所有者和他的财产之间的一切人格的关系必然终止,而这个财产必然成为纯**实物的**、物质的财富;与土地的荣誉联姻必然被利益的联姻所代替,而土地也像人一样必然降到交易价值的水平。地产的根源,即卑鄙的自私自利,也必然以其无耻的形式表现出来。稳定的垄断必然变成动荡的、不稳定的垄断,变成竞争,而对他人血汗成果的

地　租

坐享其成必然变为以他人血汗成果来进行的忙碌交易。最后,在这种竞争中,地产必然以资本的形式既表现为对工人阶级的统治,也表现为对那些因资本运动的规律而破产或兴起的所有者本身的统治。从而,中世纪的俗语"没有无领主的土地"被现代俗语"金钱没有主人"所代替。后一俗语清楚地表明了死的物质对人的完全统治。

[XIX](2)关于地产的分割或不分割的争论[24],应该指出下面一点。

地产的分割否定地产的**大垄断**,扬弃它,但只通过下述办法——使这种垄断**普遍化**。地产的分割并不消灭垄断的基础——私有制。它只触及垄断的存在形式,而不触及垄断的本质。结果,地产的分割成了私有制规律的牺牲品。因为地产的分割是适应工业领域的竞争运动的。除了工具分开和劳动相互分离(显然,应当同分工区别开来:这里不是一件工作由许多人来分担,而是大家各自从事同样的劳动,这就是无数次地重复同样的劳动)这种经济上的不利之外,这种分割也和上述的竞争一样,必然重新转化为积累。

因此,凡是进行地产分割的地方,就只能或者回到具有更加丑恶形态的垄断,或者否定(扬弃)①地产分割本身。但是,这不是回到封建的土地占有制,而是扬弃整个土地私有制。对垄断的最初扬弃总是使垄断普遍化,也就是使它的存在范围扩大。扬弃了具有最广泛的、无所不包的存在形式的垄断,才算完全消灭了垄断。

---

① 手稿中"扬弃"写在"否定"的上方。——编者注

地　租

联合一旦应用于土地,就享有大地产在国民经济上的好处,并第一次实现分割的原有倾向即平等。同样,联合也通过合理的方式,而不再采用以农奴制度、领主统治和有关所有权的荒谬的神秘主义为中介的方式来恢复人与土地的温情的关系,因为土地不再是牟利的对象,而是通过自由的劳动和自由的享受,重新成为人的真正的个人财产。地产分割的一大优点是,一大批人不再听命于农奴制,他们将以不同于工业的方式因财产而没落下去。

至于说到大地产,它的维护者总是用诡辩的方式把大农业在国民经济上的好处同大地产混为一谈,仿佛这种好处,恰恰不是通过这种财产的废除,才能一方面获得[XX]最充分发挥,另一方面第一次成为社会的利益。同样,这些维护者还攻击小地产的牟利精神,仿佛大地产甚至在它的封建形式下也没有潜藏着牟利行为,更不用说现代英国的地产形式了,在那里,地主的封建主义是同租地农场主的以产业形式牟利的行为结合在一起的。

地产分割指责大地产实行垄断,大地产可以把这种责难回敬给地产分割,因为地产分割也是以私有财产的垄断为基础的;同样,地产分割可以把说它分割的责难回敬给大地产,因为在大地产那里也是分割占统治地位,只不过采取不动的、冻结的形式罢了。总之,私有财产是以分割为基础的。

此外,正如地产分割要重新导致作为资本财富的大地产一样,封建的地产,不管它怎样设法挣脱,也必然要遭到分割,或者至少要落到资本家手中。

这是因为大地产,像在英国那样,把绝大多数居民推入工业的

地　租

怀抱,并把它自己的工人压榨到赤贫的程度。因此,大地产把国内的贫民和全部活动都推到敌对方面,从而促使自己敌人的势力即资本、工业的势力产生和壮大。大地产把国内的大多数居民变成工业人口,从而使他们成为大地产的敌人。如果工业获得雄厚的实力,像现在英国那样,那么工业就会逐步地迫使大地产把它的垄断针对外国①,并让它投入同外国地产的竞争。因为,在工业的统治下,地产只有通过针对外国的垄断才能确保自己的封建威严,从而不受与它的封建本质相矛盾的一般商业规律支配。地产一旦卷入竞争,就要像其他任何受竞争支配的商品一样,遵循竞争的规律。它同样会动荡不定,时而缩减,时而增加,从一个人手中转入另一个人手中,任何法律都无法使它再保持在少数注定的人手中。[XXI]直接的结果就是地产分散到许多人手中,并且无论如何要服从于工业资本的权力。

最后,那种就这样靠强力维持下来并在自己身旁产生了巨大工业的大地产,要比地产分割更快地导致危机,因为在地产分割条件下工业的权力总是处于次要地位。

正如我们在英国看到的,大地产就它力求赚到尽可能多的货币而言,已经失去自己的封建性质,而具有工业的性质。它给所有者带来尽可能多的地租,而给租地农场主带来尽可能多的资本利润。结果,农业工人的工资被降到最低限度,而租地农场主阶级在

---

① 手稿中原来写的是"针对外国的垄断",后来马克思把"的垄断"删去。——编者注

地　租

地产范围内代表着工业和资本的权力。由于同外国竞争,地租在大多数情况下不再能形成一种独立的收入了。很大一部分土地所有者不得不取代租地农场主的地位,而租地农场主就有一部分以这种方式沦为无产阶级。另一方面,有许多租地农场主也会把地产掌握在自己手中;这是因为有优裕收入的大土地所有者大都沉湎于挥霍,并且大多数都不适宜于领导大规模的农业,他们往往既无资本又无能力来开发土地。因此,他们中间也有一部分人完全破产。最后,为了经受住新的竞争,已经降到最低限度的工资不得不进一步降低。而这就必然导致革命。

工业必然以垄断的形式和竞争的形式走向破产,以便学会信任人,同样,地产必然以这两种方式中的任何一种方式发展起来,以便以这两种方式走向必不可免的灭亡。

［V］

工　资　　　　　资本的利润　　　　　地　租

［XXII］我们是从国民经济学的各个前提出发的。我们采用了它的语言和它的规律。我们把私有财产,把劳动、资本、土地的互相分离,工资、资本利润、地租的互相分离以及分工、竞争、交换价值概念等等当做前提。我们从国民经济学本身出发,用它自己的话指出,工人降低为商品,而且降低为最贱的商品;工人的贫困同他的生产的影响和规模成反比;竞争的必然结果是资本在少数

工 资　　　　资本的利润　　　　地 租

人手中积累起来,也就是垄断的更惊人的恢复;最后,资本家和地租所得者之间、农民和工人之间的区别消失了,而整个社会必然分化为两个阶级,即**有产者**阶级和没有财产的**工人阶级**。

国民经济学从私有财产的事实出发。它没有给我们说明这个事实[25]。它把私有财产在现实中所经历的**物质**过程,放进一般的、抽象的公式,然后把这些公式当做**规律**。它不**理解**这些规律,就是说,它没有指明这些规律是怎样从私有财产的本质中产生出来的。国民经济学没有向我们说明劳动和资本分离以及资本和土地分离的原因。例如,当它确定工资和资本利润之间的关系时,它把资本家的利益当做最终原因;就是说,它把应当加以阐明的东西当做前提。同样,竞争到处出现,对此它则用外部情况来说明。至于这种似乎偶然的外部情况在多大程度上仅仅是一种必然的发展过程的表现,国民经济学根本没有向我们讲明。我们已经看到,交换本身在它看来是偶然的事实。**贪欲**以及**贪欲者之间的战争即竞争**,是国民经济学家所推动的仅有的车轮。①

正因为国民经济学不理解运动的联系,所以才把例如竞争的学说同垄断的学说,经营自由的学说同同业公会的学说,地产分割的学说同大地产的学说重新对立起来。因为竞争、经营自由、地产分割仅仅被阐述和理解为垄断、同业公会和封建所有制的偶然的、蓄意的、强制的结果,而不是必然的、不可避免的、自然的结果。

----

① 手稿中这段话下面删去一句话:"我们现在必须回顾上述财产的**物质**运动的本质。"——编者注

工 资　　　　　资本的利润　　　　　地　租

因此,我们现在必须弄清楚私有制、贪欲以及劳动、资本、地产三者的分离之间,交换和竞争之间、人的价值和人的贬值之间、垄断和竞争等等之间以及这全部异化和**货币**制度之间的本质联系。

我们不要像国民经济学家那样,当他想说明什么的时候,总是置身于一种虚构的原始状态。这样的原始状态什么问题也说明不了。[26] 国民经济学家只是使问题堕入五里雾中。他把应当加以推论的东西即两个事物之间的例如分工和交换之间的必然关系,假定为事实、事件。神学家也是这样用原罪来说明恶的起源,就是说,他把他应当加以说明的东西假定为一种具有历史形式的事实。

我们且从**当前的**国民经济的事实出发。

工人生产的财富越多,他的生产的影响和规模越大,他就越贫穷。[27] 工人创造的商品越多,他就越变成廉价的商品。物的世界的**增值**同人的世界的**贬值**成正比。劳动生产的不仅是商品,它还生产作为**商品**的劳动自身和工人,而且是按它一般生产商品的比例生产的。

这一事实无非是表明:劳动所生产的对象,即劳动的产品,作为一种**异己的存在物**,作为**不依赖于**生产者的**力量**,同劳动相对立。劳动的产品是固定在某个对象中的、物化的劳动,这就是劳动的**对象化**。劳动的现实化就是劳动的对象化。在国民经济的实际状况中,劳动的这种现实化表现为工人的**非现实化**[28],对象化表现为**对象的丧失和被对象奴役**,占有表现为**异化、外化**[29]。

劳动的现实化竟如此表现为非现实化,以致工人非现实化到饿死的地步。对象化竟如此表现为对象的丧失,以致工人被剥夺

工　资　　　　　　资本的利润　　　　　地　租

了最必要的对象——不仅是生活的必要对象,而且是劳动的必要对象。甚至连劳动本身也成为工人只有通过最大的努力和极不规则的间歇才能加以占有的对象。对对象的占有竟如此表现为异化,以致工人生产的对象越多,他能够占有的对象就越少,而且越受自己的产品即资本的统治。

这一切后果包含在这样一个规定中:工人对**自己的劳动的产品**的关系就是对一个**异己的**对象的关系。因为根据这个前提,很明显,工人在劳动中耗费的力量越多,他亲手创造出来反对自身的、异己的对象世界的力量就越强大,他自身、他的内部世界就越贫乏,归他所有的东西就越少。宗教方面的情况也是如此。人奉献给上帝的越多,他留给自身的就越少。[30]工人把自己的生命投入对象;但现在这个生命已不再属于他而属于对象了。因此,这种活动越多,工人就越丧失对象。凡是成为他的劳动的产品的东西,就不再是他自身的东西。因此,这个产品越多,他自身的东西就越少。工人在他的产品中的**外化**,不仅意味着他的劳动成为对象,成为**外部的**存在,而且意味着他的劳动作为一种与他相异的东西不依赖于他而**在他之外**存在,并成为同他对立的独立力量;意味着他给予对象的生命是作为敌对的和相异的东西同他相对立。

[XXIII]现在让我们来更详细地考察一下**对象化**,即工人的生产,以及对象即工人的产品在对象化中的**异化**、**丧失**。

没有**自然界**,没有**感性的外部世界**,工人什么也不能创造。自然界是工人的劳动得以实现、工人的劳动在其中活动、工人的劳动从中生产出和借以生产出自己的产品的材料。

工　资　　　　　　资本的利润　　　　地　租

但是,自然界一方面在这样的意义上给劳动提供**生活资料**,即没有劳动加工的对象,劳动就不能**存在**,另一方面,也在更狭隘的意义上提供**生活资料**,即维持**工人**本身的肉体生存的手段。

因此,工人越是通过自己的劳动**占有**外部世界、感性自然界,他就越是在两个方面失去**生活资料**:第一,感性的外部世界越来越不成为属于他的劳动的对象,不成为他的劳动的**生活资料**;第二,感性的外部世界越来越不给他提供直接意义的**生活资料**,即维持工人的肉体生存的手段。

因此,工人在这两方面成为自己的对象的奴隶:首先,他得到**劳动的对象**,也就是得到**工作**;其次,他得到**生存资料**。因此,他首先是作为**工人**,其次是作为**肉体的主体**,才能够生存。这种奴隶状态的顶点就是:他只有作为**工人**才能维持自己作为**肉体的主体**,并且只有作为**肉体的主体**才能是工人。

(按照国民经济学的规律,工人在他的对象中的异化表现在:工人生产得越多,他能够消费的越少;他创造的价值越多,他自己越没有价值、越低贱;工人的产品越完美,工人自己越畸形;工人创造的对象越文明,工人自己越野蛮;劳动越有力量,工人越无力;劳动越机巧,工人越愚笨,越成为自然界的奴隶。)

国民经济学由于不考察工人(劳动)**同产品的直接关系而掩盖劳动本质的异化**。当然,劳动为富人生产了奇迹般的东西,但是为工人生产了赤贫。劳动生产了宫殿,但是给工人生产了棚舍。劳动生产了美,但是使工人变成畸形。劳动用机器代替了手工劳动,但是使一部分工人回到野蛮的劳动,并使另一部分工人变成机

工　资　　　　　资本的利润　　　　　地　租

器。劳动生产了智慧,但是给工人生产了愚钝和痴呆。

劳动对它的产品的直接关系,是工人对他的生产的对象的关系。有产者对生产对象和生产本身的关系,不过是这前一种关系的**结果**,而且证实了这一点。对问题的这另一个方面我们将在后面加以考察。因此,当我们问劳动的本质关系是什么的时候,我们问的是**工人**对生产的关系。

以上我们只是从一个方面,就是从工人**对他的劳动产品的关系**这个方面,考察了工人的异化、外化。但是,异化不仅表现在结果上,而且表现在**生产行为**中,表现在**生产活动**本身中。如果工人不是在生产行为本身中使自身异化,那么工人活动的产品怎么会作为相异的东西同工人对立呢? 产品不过是活动、生产的总结。因此,如果劳动的产品是外化,那么生产本身必然是能动的外化,活动的外化,外化的活动。在劳动对象的异化中不过总结了劳动活动本身的异化、外化。

那么,劳动的外化表现在什么地方呢?

首先,劳动对工人来说是**外在的东西**,也就是说,不属于他的本质;因此,他在自己的劳动中不是肯定自己,而是否定自己,不是感到幸福,而是感到不幸,不是自由地发挥自己的体力和智力,而是使自己的肉体受折磨、精神遭摧残。因此,工人只有在劳动之外才感到自在,而在劳动中则感到不自在,他在不劳动时觉得舒畅,而在劳动时就觉得不舒畅。因此,他的劳动不是自愿的劳动,而是被迫的**强制劳动**。因此,这种劳动不是满足一种需要,而只是满足劳动以外的那些需要的一种**手段**。劳动的异己性完全表现在:只

工　资　　　　　　　资本的利润　　　　　　地　租

要肉体的强制或其他强制一停止,人们就会像逃避瘟疫那样逃避劳动。外在的劳动,人在其中使自己外化的劳动,是一种自我牺牲、自我折磨的劳动。最后,对工人来说,劳动的外在性表现在:这种劳动不是他自己的,而是别人的;劳动不属于他;他在劳动中也不属于他自己,而是属于别人。在宗教中,人的幻想、人的头脑和人的心灵的自主活动对个人发生作用不取决于他个人,就是说,是作为某种异己的活动,神灵的或魔鬼的活动发生作用,同样,工人的活动也不是他的自主活动。[31]他的活动属于别人,这种活动是他自身的丧失。

因此,结果是,人(工人)只有在运用自己的动物机能——吃、喝、生殖,至多还有居住、修饰等等——的时候,才觉得自己在自由活动,而在运用人的机能时,觉得自己只不过是动物。动物的东西成为人的东西,而人的东西成为动物的东西。

吃、喝、生殖等等,固然也是真正的人的机能。但是,如果加以抽象,使这些机能脱离人的其他活动领域并成为最后的和唯一的终极目的,那它们就是动物的机能。

我们从两个方面考察了实践的人的活动即劳动的异化行为。第一,工人对**劳动产品**这个异己的、统治着他的对象的关系。这种关系同时也是工人对感性的外部世界、对自然对象——异己的与他敌对的世界——的关系。第二,在**劳动**过程中劳动对**生产行为**的关系。这种关系是工人对他自己的活动——一种异己的、不属于他的活动——的关系。在这里,活动是受动;力量是无力;生殖是去势;工人**自己的**体力和智力,他个人的生命——因为,生命如

工　资　　　　　　资本的利润　　　　　　地　租

果不是活动,又是什么呢? ——是不依赖于他、不属于他、转过来反对他自身的活动。这是**自我异化**,而上面所谈的是**物**的异化。

[XXIV]我们现在还要根据在此以前考察的**异化劳动**的两个规定推出它的第三个规定。

人是类存在物,不仅因为人在实践上和理论上都把类——他自身的类以及其他物的类——当做自己的对象;而且因为——这只是同一种事物的另一种说法——人把自身当做现有的、有生命的类来对待,因为人把自身当做**普遍的**因而也是自由的存在物来对待。**32**

无论是在人那里还是在动物那里,类生活从肉体方面来说就在于人(和动物一样)靠无机界生活,而人和动物相比越有普遍性,人赖以生活的无机界的范围就越广阔。从理论领域来说,植物、动物、石头、空气、光等等,一方面作为自然科学的对象,一方面作为艺术的对象,都是人的意识的一部分,是人的精神的无机界,是人必须事先进行加工以便享用和消化的精神食粮;同样,从实践领域来说,这些东西也是人的生活和人的活动的一部分。人在肉体上只有靠这些自然产品才能生活,不管这些产品是以食物、燃料、衣着的形式还是以住房等等的形式表现出来。在实践上,人的普遍性正是表现为这样的普遍性,它把整个自然界——首先作为人的直接的生活资料,其次作为人的生命活动的对象(材料)①和工具——变成人的**无机的**身体。自然界,就它自身不是人的身体

---

① 手稿中"材料"写在"对象"的上方。——编者注

工　资　　　　　　资本的利润　　　　　　地　租

而言,是人的**无机的身体**。人靠自然界**生活**。这就是说,自然界是
人为了不致死亡而必须与之处于持续不断的交互作用过程的、人
的**身体**。所谓人的肉体生活和精神生活同自然界相联系,不外是
说自然界同自身相联系,因为人是自然界的一部分。

异化劳动,由于(1)使自然界同人相异化,(2)使人本身,使他
自己的活动机能,使他的生命活动同人相异化,因此,异化劳动也
就使**类**同人相异化;对人来说,异化劳动把**类生活**变成维持个人生
活的手段。第一,它使类生活和个人生活异化;第二,它把抽象形
式的个人生活变成同样是抽象形式和异化形式的类生活的
目的。**33**

因为,首先,劳动这种**生命活动**、这种**生产生活**本身对人来说
不过是满足一种需要即维持肉体生存的需要的一种**手段**。而生产
生活就是类生活。这是产生生命的生活。一个种的整体特性、种
的类特性就在于生命活动的性质,而自由的有意识的活动恰恰就
是人的类特性。生活本身仅仅表现为**生活的手段**。

动物和自己的生命活动是直接同一的。动物不把自己同自己
的生命活动区别开来。它就是**自己的生命活动**。人则使自己的生
命活动本身变成自己意志的和自己意识的对象。他具有有意识的
生命活动。这不是人与之直接融为一体的那种规定性。有意识的
生命活动把人同动物的生命活动直接区别开来。正是由于这一
点,人才是类存在物。或者说,正因为人是类存在物,他才是有意
识的存在物,就是说,他自己的生活对他来说是对象。仅仅由于这
一点,他的活动才是自由的活动。异化劳动把这种关系颠倒过来,

工　资　　　　　资本的利润　　　　　　地　租

以致人正因为是有意识的存在物,才把自己的生命活动,自己的**本质**变成仅仅维持自己**生存**的手段。

通过实践创造**对象世界**,**改造**无机界,人证明自己是有意识的类存在物,就是说是这样一种存在物,它把类看做自己的本质,或者说把自身看做类存在物。诚然,动物也生产。动物为自己营造巢穴或住所,如蜜蜂、海狸、蚂蚁等。但是,动物只生产它自己或它的幼仔所直接需要的东西;动物的生产是片面的,而人的生产是全面的;动物只是在直接的肉体需要的支配下生产,而人甚至不受肉体需要的影响也进行生产,并且只有不受这种需要的影响才进行真正的生产;动物只生产自身,而人再生产整个自然界;动物的产品直接属于它的肉体,而人则自由地面对自己的产品。动物只是按照它所属的那个种的尺度和需要来构造,而人却懂得按照任何一个种的尺度来进行生产,并且懂得处处都把固有的尺度运用于对象;因此,人也按照美的规律来构造。

因此,正是在改造对象世界的过程中,人才真正地证明自己是**类存在物**。这种生产是人的能动的类生活。通过这种生产,自然界才表现为**他的**作品和他的现实。因此,劳动的对象是**人的类生活的对象化**:人不仅像在意识中那样在精神上使自己二重化,而且能动地、现实地使自己二重化,从而在他所创造的世界中直观自身。因此,异化劳动从人那里夺去了他的生产的对象,也就从人那里夺去了他的**类生活**,即他的现实的类对象性,把人对动物所具有的优点变成缺点,因为人的无机的身体即自然界被夺走了。

同样,异化劳动把自主活动、自由活动贬低为手段,也就把人

·206·

工　资　　　　　资本的利润　　　　　地　租

的类生活变成维持人的肉体生存的手段。

因此,人具有的关于自己的类的意识,由于异化而改变,以致类生活对他来说竟成了手段。

这样一来,异化劳动导致:

(3)**人的类本质**,无论是自然界,还是人的精神的类能力,都变成了对人来说是**异己的**本质,变成了维持他的**个人生存的手段**。异化劳动使人自己的身体同人相异化,同样也使在人之外的自然界同人相异化,使他的精神本质、他的**人的**本质同人相异化。

(4)人同自己的劳动产品、自己的生命活动、自己的类本质相异化的直接结果就是**人同人相异化**。当人同自身相对立的时候,他也同**他**人相对立。凡是适用于人对自己的劳动、对自己的劳动产品和对自身的关系的东西,也都适用于人对他人、对他人的劳动和劳动对象的关系。

总之,人的类本质同人相异化这一命题,说的是一个人同他人相异化,以及他们中的每个人都同人的本质相异化。

人的异化,一般地说,人对自身的任何关系,只有通过人对他人的关系才得到实现和表现。

因此,在异化劳动的条件下,每个人都按照他自己作为工人所具有的那种尺度和关系来观察他人。

[XXV]我们的出发点是国民经济事实即工人及其生产的异化。我们表述了这一事实的概念:**异化的**、**外化的**劳动。我们分析了这一概念,因而我们只是分析了一个国民经济事实。

现在让我们看一看,应该怎样在现实中去说明和表述异化

工　资　　　　　　资本的利润　　　　　地　租

的、外化的劳动这一概念。

如果劳动产品对我来说是异己的,是作为异己的力量面对着我,那么它到底属于谁呢?

如果我自己的活动不属于我,而是一种异己的活动、一种被迫的活动,那么它到底属于谁呢?

属于**另一个**有别于我的存在物。

这个存在物是谁呢?

是**神**吗? 确实,起初主要的生产活动,如埃及、印度、墨西哥建造神庙的活动等等,不仅是为供奉神而进行的,而且产品本身也是属于神的。但是,神从来不是劳动的唯一主宰。**自然界**也不是。况且,在人通过自己的劳动使自然界日益受自己支配的情况下,在工业奇迹使神的奇迹日益变得多余的情况下,如果人竟然为讨好这些力量而放弃生产的乐趣和对产品的享受,那岂不是十分矛盾的事情。

劳动和劳动产品所归属的那个**异己的**存在物,劳动为之服务和劳动产品供其享受的那个存在物,只能是**人**自身。

如果劳动产品不是属于工人,而是作为一种异己的力量同工人相对立,那么这只能是由于产品属于**工人之外的他人**。如果工人的活动对他本身来说是一种痛苦,那么这种活动就必然给他人带来**享受**和生活乐趣。不是神也不是自然界,只有人自身才能成为统治人的异己力量。

还必须注意上面提到的这个命题:人对自身的关系只有通过他对他人的关系,才成为对他来说是**对象性的、现实的**关系。因

工　资　　　　　　资本的利润　　　　　地　租

此,如果人对自己的劳动产品的关系、对对象化劳动的关系,就是对一个**异己的**、敌对的、强有力的、不依赖于他的对象的关系,那么他对这一对象所以发生这种关系就在于有另一个异己的、敌对的、强有力的、不依赖于他的人是这一对象的主宰。如果人把他自己的活动看做一种不自由的活动,那么他是把这种活动看做替他人服务的、受他人支配的、处于他人的强迫和压制之下的活动。

人同自身以及同自然界的任何自我异化,都表现在他使自身、使自然界跟另一些与他不同的人所发生的关系上。因此,宗教的自我异化也必然表现在世俗人对僧侣或者世俗人对耶稣基督——因为这里涉及精神世界——等等的关系上。在实践的、现实的世界中,自我异化只有通过对他人的实践的、现实的关系才能表现出来。异化借以实现的手段本身就是**实践的**。因此,通过异化劳动,人不仅生产出他对作为异己的、敌对的力量的生产对象和生产行为的关系,而且还生产出他人对他的生产和他的产品的关系,以及他对这些他人的关系。正像他把他自己的生产变成自己的非现实化,变成对自己的惩罚一样,正像他丧失掉自己的产品并使它变成不属于他的产品一样,他也生产出不生产的人对生产和产品的支配。正像他使他自己的活动同自身相异化一样,他也使与他相异的人占有非自身的活动。

到目前为止,我们只是从工人方面考察了这一关系;下面我们还要从非工人方面来加以考察。

总之,通过**异化的、外化的劳动**,工人生产出一个同劳动疏远的、站在劳动之外的人对这个劳动的关系。工人对劳动的关系,生

工　资　　　　　资本的利润　　　　　地　租

产出资本家——或者不管人们给劳动的主宰起个什么别的名字——对这个劳动的关系。

因此,**私有财产**是**外化劳动**即工人对自然界和对自身的外在关系的产物、结果和必然后果。

因此,我们通过分析,从**外化劳动**这一概念,即从**外化的人**、异化劳动、异化的生命、**异化的人**这一概念得出**私有财产**这一概念。

诚然,我们从国民经济学得到作为**私有财产运动**之结果的**外化劳动**(**外化的生命**)这一概念。但是,对这一概念的分析表明,尽管私有财产表现为外化劳动的根据和原因,但确切地说,它是外化劳动的后果,正像神**原先**不是人类理智迷误的原因,而是人类理智迷误的结果一样。后来,这种关系就变成相互作用的关系。

私有财产只有发展到最后的、最高的阶段,它的这个秘密才重新暴露出来,就是说,私有财产一方面是外化劳动的**产物**,另一方面又是劳动借以外化的**手段**,是**这一外化的实现**。

这些论述使至今没有解决的各种矛盾立刻得到阐明。

(1)国民经济学虽然从劳动是生产的真正灵魂这一点出发,但是它没有给劳动提供任何东西,而是给私有财产提供了一切。蒲鲁东从这个矛盾得出了有利于劳动而不利于私有财产的结论。[34]然而,我们看到,这个表面的矛盾是**异化劳动**同自身的矛盾,而国民经济学只不过表述了异化劳动的规律罢了。

因此,我们也看到,**工资**和**私有财产**是同一的,因为用劳动产品、劳动对象来偿付劳动本身的工资,不过是劳动异化的必然后果,因为在工资中,劳动并不表现为目的本身,而表现为工资的奴

工　资　　　　　　　地　租　　　　　　资本的利润

仆。下面我们要详细说明这个问题,现在还只是作出几点[XXVI]结论。**35**

强制提高工资(且不谈其他一切困难,不谈强制提高工资这种反常情况也只有靠强制才能维持),无非是**给奴隶以较多工资**,而且既不会使工人也不会使劳动获得人的身份和尊严。

甚至蒲鲁东所要求的**工资平等**,也只能使今天的工人对自己的劳动的关系变成一切人对劳动的关系。这时社会就被理解为抽象的资本家。**36**

工资是异化劳动的直接结果,而异化劳动是私有财产的直接原因。因此,随着一方衰亡,另一方也必然衰亡。

(2)从异化劳动对私有财产的关系可以进一步得出这样的结论:社会从私有财产等等解放出来、从奴役制解放出来,是通过**工人解放**这种**政治**形式来表现的,这并不是因为这里涉及的仅仅是工人的解放,而是因为工人的解放还包含普遍的人的解放;其所以如此,是因为整个的人类奴役制就包含在工人对生产的关系中,而一切奴役关系只不过是这种关系的变形和后果罢了。

正如我们通过**分析**从**异化的、外化的劳动**的概念得出**私有财产**的概念一样,我们也可以借助这两个因素来阐明国民经济学的一切**范畴**,而且我们将重新发现,每一个范畴,例如买卖、竞争、资本、货币,不过是这两个基本因素的**特定的、展开了的表现**而已。

但是,在考察这些范畴的形成以前,我们还打算解决两个任务:

(1)从**私有财产**对**真正人的**和**社会的财产**的关系来规定作为

工　资　　　　　　地　租　　　　　资本的利润

异化劳动的结果的**私有财产**的普遍**本质**。

（2）我们已经承认**劳动的异化**、劳动的**外化**这个事实，并对这一事实进行了分析。现在要问，人是怎样使自己的**劳动外化**、异化的？这种异化又是怎样由人的发展的本质引起的？我们把**私有财产的起源**问题**变为外化劳动**对人类发展进程的关系问题，就已经为解决这一任务得到了许多东西。因为人们谈到**私有财产**时，总以为是涉及人之外的东西。而人们谈到劳动时，则认为是直接关系到人本身。问题的这种新的提法本身就已包含问题的解决。

补入（1）　私有财产的普遍本质以及私有财产对真正人的财产的关系。

在这里外化劳动分解为两个组成部分，它们互相制约，或者说，它们只是同一种关系的不同表现，占有表现为**异化**、**外化**，而**外化**表现为**占有**，**异化**表现为真正**得到公民权**。

我们已经考察了一个方面，考察了**外化劳动**对**工人本身**的关系，也就是说，考察了**外化劳动对自身的关系**。我们发现，这一关系的产物或必然结果是非工人对**工人和劳动的财产关系**。私有财产作为外化劳动的物质的、概括的表现，包含着这两种关系：**工人对劳动**、**对自己的劳动产品**和**对非工人的关系**，以及非工人对**工人和工人的劳动产品**的关系。

我们已经看到，对于通过劳动而**占有**自然界的工人来说，占有表现为异化，自主活动表现为替他人活动和表现为他人的活动，生命的活跃表现为生命的牺牲，对象的生产表现为对象的丧失，即对象转归异己力量、**异己的**人所有。现在我们就来考察一下这个同

工　资　　　　　　　资本的利润　　　　　　地　租

劳动和工人**疏远的**人对工人、劳动和劳动对象的关系。

首先必须指出，凡是在工人那里表现为**外化的**、**异化的活动**的东西，在非工人那里都表现为**外化的**、**异化的状态**。

其次，工人在生产中的**现实的**、实践的**态度**，以及他对产品的态度（作为一种内心状态），在同他相对立的非工人那里表现为**理论的态度**。

［XXVII］**第三**，凡是工人做的对自身不利的事，非工人都对工人做了，但是，非工人做的对工人不利的事，他对自身却不做。

我们来进一步考察这三种关系。

［笔 记 本 Ⅱ］

［……］［XL］构成他的资本的利息。因此,在工人身上主观地存在着这样一个事实,即资本是完全失去自身的人;同样,在资本身上也客观地存在着这样一个事实,即劳动是失去自身的人。但是,**工人**不幸而成为一种**活的**、因而是**贫困的**资本,这种资本只要一瞬间不劳动便失去自己的利息,从而也失去自己的生存条件。作为资本,工人的**价值**按照需求和供给而增长,而且,**从肉体上来说**,他的**存在**、他的**生命**,也同其他任何商品一样,过去和现在都被看成是**商品**的供给。工人生产资本,资本生产工人,因而工人生产自身,而且作为**工人**、作为**商品**的人就是这整个运动的产物。对于仅仅充当工人而别无其他身份的人来说,他作为工人之所以还保留着人的种种特性,只是因为这些特性是为**异己的**资本而存在的。但是,因为资本和工人彼此是异己的,从而处于漠不关心的、外部的和偶然的相互关系中,所以这种异己性也必定**现实地**表现出来。因此,资本一旦想到——不管是必然地还是任意地想到——不再对工人存在,工人自己对自己来说便不再存在:他**没有**工作,因而也**没有**工资,并且因为他不是**作为人**,而是**作为工人**才得以存在,所以他就会被埋葬,会饿死,等等。工人只有当他**对自己**作为资本存在的时候,才作为工人存在;而只有当某种**资本对他**存在的时

候,他才作为资本存在。资本的存在是**他的**存在、他的**生活**,资本的存在以一种对他来说无所谓的方式规定他的生活的内容。因此,国民经济学[3]不知道有失业的工人,即处于这种劳动关系之外的劳动人。小偷、骗子、乞丐,失业的、快饿死的、贫穷的和犯罪的劳动人,都是些**在国民经济学看来**并不存在,而只在其他人眼中,在医生、法官、掘墓者、乞丐管理人等等的眼中才存在的**人物**;他们是一些在国民经济学领域之外的幽灵。因此,在国民经济学看来,工人的需要不过是维持**工人在劳动期间的**生活的**需要**,而且只限于保持**工人后代**不致死绝。因此,工资就与其他任何生产工具的**保养**和**维修**,与资本连同利息的再生产所需要的一般**资本的消费**,与为了保持车轮运转而加的润滑油,具有完全相同的意义。可见,工资是资本和资本家的必要**费用**之一,并且不得超出这个必要的需要。因此,英国工厂主在实行 1834 年的济贫法[37]以前,把工人靠济贫税得到的社会救济金从他的工资中扣除,并且把这种救济金看做工资的一个组成部分,这种做法是完全合乎逻辑的。——

生产不仅把人当做**商品**、当做**商品人**、当做具有**商品**的规定的人生产出来;它依照这个规定把人当做既**在精神上**又在肉体上**非人化的**存在物生产出来。——工人和资本家的不道德、退化、愚钝。这种生产的产品是**具有自我意识的**和**能够自主活动的商品……商品人……** 李嘉图、穆勒等人比斯密和萨伊进了一大步,他们把人的**存在**——人这种商品的或高或低的生产率——说成是**无关紧要的**,甚至是**有害的**。在他们看来,生产的真正目的不是一笔资本养活多少工人,而是它带来多少利息,每年总共**积攒**多少钱。同样,现代[XLI]英国国民经济学[38]也合乎逻辑地进了一大步,它把**劳动**提升为国民经济学的**唯一**原则,同时十分清楚地阐释了工资和资本利息之间的**反**比例关系,指出资本家通常**只有**通过降低工资才能增加收益,反之则降低收益。它还指出,不是对消费者诈取,而是资本家和工人相互诈取,才是**正常的**关系。——

私有财产的关系潜在地包含着作为**劳动**的私有财产的关系和作为**资本**的私有财产的关系,以及这两种表现的相互**关系**。一方面是作为**劳动**的人的活动的生产,即作为对自身、对人和自然界,因而也对意识和生命表现来说完全异己的活动的生产,是人作为单纯的**劳动人**的**抽象**存在,因而这种劳动人每天都可能由他的充实的无沦为绝对的无,沦为他的社会的从而也是现实的非存在。另一方面是作为**资本**的人的活动对象的生产,在这里,对象的一切自然的和社会的规定性都**消失了**,在这里,私有财产丧失了自己的自然的和社会的特质(因而丧失了一切政治的和社会的幻象,而且没有任何**表面上的**人的关系混合在一起),在这里,**同一个**资本在各种极不相同的自然的和社会的存在中始终是**同一**的,而完全不管它的**现实**内容如何。劳动和资本的这种对立一达到极端,就必然是整个关系的顶点、最高阶段和灭亡。因此,现代英国国民经济学的又一重大成就是:它指明了地租是最坏耕地的利息和最好耕地的利息之间的差额,揭示了土地所有者的浪漫主义臆想——他的所谓社会重要性和他的利益同社会利益的一致性,而这一点是**亚当·斯密**早就继重农学派[39]之后主张过的①;它预料到并且准备了这样一个现实的运动:使土地所有者变成极其普通的、平庸的资本家,从而使对立简化和尖锐化,并加速这种对立的消除。这

---

① 见本书第 170—172 页右栏;并见第 36—37 页。——编者注

样一来,作为**土地**的**土地**,作为**地租**的**地租**,就失去了自己的**等级的差别**,变成了毫无内涵的**资本**和**利息**,或者毋宁说,变成了只有货币内涵的**资本**和**利息**。——

　　资本和土地的**差别**,利润和地租的**差别**,这二者和工资的**差别**,**工业**和**农业**之间、私有的**不动产**和私有的**动产**之间的**差别**,仍然是**历史**的差别,而不是基于事物本质的差别。这种差别是资本和劳动之间的对立形成和产生的一个**固定**环节。同不动的地产相反,在工业等等中只表现出工业产生的方式以及工业在其中得到发展的那个同农业的对立。这种差别只要在下述情况下就作为**特殊种类的劳动**,作为一个**本质的**、**重要的**、**包括全部生活的**差别而存在:同地产(贵族生活(封建生活)①)**相对立**,工业(城市生活)形成了,而且工业本身在垄断、公会、行会和同业公会等形式中还带有自己对立面的封建性质;而在这些形式的规定内,劳动还具有**表面上的社会**意义,**现实的**共同体的意义,还没有达到对自己的内容**漠不关心**和完全自为地存在的地步,就是说,还没有从其他一切存在中抽象出来,从而也还没有成为**获得自由的**资本。[XLII]但是,获得自由的、本身自为地构成的**工业**和**获得自由的资本**,是劳动的必然**发展**。工业对它的对立面的支配立即表现在作为一种真正工业的**农业**的产生上,而过去农业是把主要工作交给土地和耕种这块土地的**奴隶**去做的。随着奴隶转化为**自由工人**即**雇佣工人**,地主本身便实际上转化为工厂主、资本家,而这种转化最初是通过**租地农场主**这个中间环节实现的。但是,**租地农场主**是土地所有者的代表,是土地所有者的公开的**秘密**;只有依靠租地农场

---

① 手稿中"封建生活"写在"贵族生活"的上方。——编者注

主,土地所有者才有**他的国民经济上的**存在,才有他的作为私有者的存在,——因为他的土地的地租只有依靠租地农场主的竞争才能获得。因此,地主以**租地农场主**的身份出现,本质上已**变成普通的资本家**。而这种情况也必然在现实中发生:经营农业的资本家——租地农场主——必然要成为地主,反过来也一样。租地农场主的**以产业形式牟利**就是**土地所有者**的以产业形式牟利,因为前者的存在设定后者的存在。——

但是,当土地所有者和资本家回想起自己的对立面的产生,回想起自己的来历时,土地所有者才知道资本家是自己的目空一切的、获得自由的、发了财的昔日奴隶,并且看出他对自己这个**资本家**的威胁;而资本家则知道土地所有者是自己的坐享其成的、残酷无情的(自私自利的)①昔日主人;他知道土地所有者使他这个资本家受损害,虽然土地所有者今天的整个社会地位、财产和享受都应归功于工业;资本家把土地所有者看成**自由**工业和不依赖于任何自然规定的**自由**资本的对立面。他们之间的这种对立极其激烈,而且各自说出对方的真相。只要看一看不动产对动产的攻击,并且反过来看一看动产对不动产的攻击,对双方的卑鄙性就会有一个明确的概念。土地所有者炫耀他的财产的贵族渊源,夸示封建时代留下的纪念物(怀旧)②,标榜他的回忆的诗意、他的耽于幻想的气质、他的政治上的重要性等等,而如果他用国民经济学的语言来表达,那么他就会说:**只有**农业才是生产的。同时,他把自己的对手描绘为狡黠诡诈的,兜售叫卖的,吹毛求疵的,坑蒙拐骗的,

---

① 手稿中"自私自利的"写在"残酷无情的"上方。——编者注
② 手稿中"怀旧"写在"封建时代留下的纪念物"的上方。——编者注

贪婪成性的,见钱眼开的,图谋不轨的,没有心肝和丧尽天良的,背离社会和出卖社会利益的,放高利贷的,牵线撮合的,奴颜婢膝的,阿谀奉承的,圆滑世故的,招摇撞骗的,冷漠生硬的,制造、助长和纵容竞争、赤贫和犯罪的,破坏一切社会纽带的,没有廉耻、没有原则、没有诗意、没有实体、心灵空虚的**贪财恶棍**。(见重农学派**贝尔加斯**的著作,对他,卡米耶·德穆兰在自己的杂志《法国革命和布拉班特革命》**40**中曾经予以抨击;见芬克、兰齐措勒、哈勒、莱奥、科泽加滕的著作;**41**见爱好夸张的老年黑格尔派神学家**丰克**的著作,他满眼含泪,按照莱奥先生的说法讲述了在废除农奴制时一个奴隶如何拒绝不再充当**贵族的财产**。还可参看**尤斯图斯·默泽的《爱国主义的幻想》,42** 这些幻想的特色是它们一刻也没有离开庸人的那种一本正经的、小市民的、"凡俗的"、**平庸**的狭隘眼界;虽然如此,它们仍然不失为**纯粹的**幻想。这个矛盾也使这些幻想如此投合德国人的口味。并见**西斯蒙第的**著作,以及其他各种文献。)

动产也显示工业和运动的奇迹,它是现代之子,现代的合法的嫡子;它很遗憾自己的对手是一个对自己的本质**懵然无知的**(这个评价完全正确),想用粗野的、不道德的暴力和农奴制来代替合乎道德的资本和自由的劳动的蠢人;动产把这个对手描绘成一个貌似**率直坦诚**、**一本正经**、**热心公益**、**始终不渝**,而实际上缺乏活动能力、一味贪求享乐、只顾自己、牟求私利、居心不良的唐·吉诃德。它宣布自己的对手是诡计多端的**垄断者**;它回顾历史,以辛辣嘲讽的口气历数这个对手在浪漫的城堡里干的下流、残忍、挥霍无度、荒淫无耻、卑鄙龌龊、无法无天和大逆不道的勾当,以此来给对手的怀旧之情、诗意和幻想大泼冷水。[XLIII]动产宣称自己给人间带来了政治自由，解除了束缚市民社会的桎梏，把各领域彼此连成一体，创造了博爱的商业、纯洁的道德、令人愉悦的文化教养；它使人民摒弃低俗的需要，代之以文明的需要，并提供了满足这种需要的手段；而土地所有者——无所事事的、只会碍事的粮食投机商——则抬高人民最必需的生活资料的价格，从而迫使资本家提高工资而不能提高生产力；因此，土地所有者妨碍国民年收入的增长，阻碍资本的积累，从而减少人民就业和国家增加财富的可能性；最终使这种可能性完全消失，引起普遍的衰退，并且像高利贷一样剥削现代文明的**一切**利益，而没有对现代文明作丝毫贡献，甚至不放弃自己的封建偏见。最后，动产认为应当让土地所有者看一看自己的**租地农场主**——对土地所有者来说，农业和土地本身仅仅作为赐给他的财源而存在，——并且让土地所有者说说，他是不是这样一个**一本正经的、耽于幻想的、狡猾的**无赖：不管他曾怎样反对工业和商业，也不管他曾怎样絮絮叨叨地讲述历史的回忆以及伦理的和政治的目的，他其实早已在心里并且在实际上属于**自由的**工业和**可爱的**商业了。动产认为，土地所有者实际上提出的为自己申辩的一切，只有用在**耕作者**（资本家和雇农）身上才是符合事实的，而确切地说，**土地所有者**是耕作者的**敌人**；因此，土地所有者作了不利于自身的论证。动产认为，**没有**资本，地产就是死的、无价值的物质；资本的文明的胜利恰恰在于，资本发现并促使人的劳动代替死的物而成为财富的源泉。（见保尔·路易·库利埃、圣西门、加尼耳、李嘉图、穆勒、麦克库洛赫、德斯杜特·德·特拉西和米歇尔·舍伐利埃的著作。）——

　　由**现实的**发展进程（这里插一句）产生的结果，是**资本家**必然战胜**土地所有者**，也就是说，发达的私有财产必然战胜不发达的、不完全的私有财产,正如一般说来动必然战胜不动,公开的、自觉的卑鄙行为必然战胜隐蔽的、**不自觉的**卑鄙行为,**贪财欲**必然战胜**享受欲**,直认不讳的、老于世故的、孜孜不息的、精明机敏的**开明利己主义**必然战胜眼界狭隘的、一本正经的、懒散懈怠的、耽于幻想的**迷信利己主义**,**货币**必然战胜其他形式的私有财产一样。——

那些对完成的自由工业、完成的纯洁道德和完成的博爱商业的危险多少有点预感的国家,企图阻止地产资本化,却完全白费力气。——

与资本不同,**地产**是还带有**地域的**和政治的偏见的私有财产、资本,是还没有完全摆脱同周围世界的纠结而达到自身的资本,即还**没有完成的**资本。它必然要在它的**世界发展**过程中达到它的抽象的即**纯粹的**表现。——

私有财产的关系是劳动、资本以及二者的关系。这个关系中的这些成分必定经历的运动是:

第一:二者直接的或间接的统一。

起初,资本和劳动还是统一的;后来,它们虽然分离和异化,却作为**积极的**条件而互相促进和互相推动。

[**第二:**]**二者的对立。**它们互相排斥;工人知道资本家是自己的非存在,反过来也是这样;每一方都力图剥夺另一方的存在。

[**第三:**]**二者各自同自身对立。**资本=积累的劳动=劳动。作为这样的东西,资本分解为**自身**和自己的**利息**,而利息又分解为**利息和利润**。资本家彻底牺牲。他沦为工人阶级,正像工人——但只是例外地——成为资本家一样。劳动是资本的要素,是资本

的**费用**。因而,工资是资本的牺牲。

　　劳动分解为**自身**和**工资**。工人本身是资本、商品。

　　敌对性的相互对立。

[笔 记 本 Ⅲ]

[Ⅰ]

[Ⅰ]补入第**XXXVI**页。私有财产的**主体本质**,**私有财产**作为自为地存在着的活动、作为**主体**、作为**人**,就是**劳动**。因此,十分明显,只有把**劳动**视为自己的原则——**亚当·斯密**——,也就是说,不再认为私有财产仅仅是人之外的一种**状态**的国民经济学,只有这种国民经济学才应该被看成私有财产的现实**能量**和现实**运动**的产物(这种国民经济学是私有财产的在意识中自为地形成的独立运动,是现代工业本身),现代**工业**的产物;而另一方面,正是这种国民经济学促进并赞美了这种**工业**的能量和发展,使之变成**意识**的力量。因此,按照这种在私有制范围内揭示出财富的**主体本质**的启蒙国民经济学[43]的看法,那些认为私有财产对人来说**仅仅是对象性的**本质的货币主义体系和重商主义体系[44]的拥护者,是**拜物教徒、天主教徒**。因此,**恩格斯**有理由把**亚当·斯密**称做国民经济学的路德①。正像路德把**信仰**看成是**宗教**的外部**世界**的本质,因而起来反对天主教异教一样,正像他把宗教笃诚变成人的**内在**本质,从而扬弃了**外在的**宗教笃诚一样,正像他把僧侣移入世俗人心中,因而否定了在世俗人之外存在的僧侣一样,由于私有财产体

————————————

① 参看《马克思恩格斯选集》第 3 版第 1 卷第 22 页。——编者注

现在人本身中,人本身被认为是私有财产的本质,从而人本身被设定为私有财产的规定,就像在路德那里被设定为宗教的规定一样,因此在人之外存在的并且不依赖于人的——也就是只应以外在方式来保存和维护的——财富被扬弃了,换言之,财富的这种**外在的、无思想的对象性**就被扬弃了。① 由此可见,以劳动为原则的国民经济学表面上承认人,其实是彻底实现对人的否定,因为人本身已不再同私有财产的外在本质处于外部的紧张关系中,而是人本身成了私有财产的这种紧张的本质。以前是**自身之外的存在**——人的真正外化——的东西,现在仅仅变成了外化的行为,变成了外在化。因此,如果上述国民经济学是从表面上承认人、人的独立性、自主活动等等开始,并由于把私有财产移入人自身的本质中而能够不再受制于作为**存在于人之外的本质的私有财产的那些**地域性的、民族的等等的**规定**,从而发挥一种**世界主义的**、普遍的、摧毁一切界限和束缚的能量,以便自己作为**唯一的**政策、普遍性、界限和束缚取代这些规定,——那么国民经济学在它往后的发展过程中必定抛弃这种**伪善性**,而表现出自己的**十足的昔尼克主义**[45]。它也正是这样做的——它不在乎这种学说使它陷入的那一切表面上的矛盾——,它十分**片面地**,因而也**更加明确**和**彻底地**发挥了关于**劳动**是**财富**的唯一**本质**的论点,然而它表明,这个学说的结论与上述原来的观点相反,实际上是**敌视人的**;最后,它还致命地打击了私有财产和财富源泉的最后的**个别的**、**自然的**、不依赖于劳动运动的存在形式即**地租**,打击了这种已经完全成了国民经济学的东西因而对国民经济学无法反抗的封建所有制的表现。(**李嘉图学**

① 见《马克思恩格斯选集》第 3 版第 1 卷第 10—11 页。——编者注

派[46]。)从斯密经过萨伊到李嘉图、穆勒等等,国民经济学的**昔尼克主义**不仅相对地增长了——因为**工业**所造成的后果在后面这些人面前以更发达和更充满矛盾的形式表现出来——,而且肯定地说,他们总是自觉地在排斥人这方面比他们的先驱者走得更远,但是,这**只是**因为他们的科学发展得更加彻底、更加真实罢了。因为他们使具有活动形式的私有财产成为主体,就是说,既使人成为本质,同时又使作为某种非存在物[Unwesen]的人成为本质,所以现实中的矛盾就完全符合他们视为原则的那个充满矛盾的本质。支离破碎的[Ⅱ]**工业现实**不仅没有推翻,相反,却证实了他们的**自身支离破碎的**原则。他们的原则本来就是这种支离破碎状态的原则。——

魁奈医生的重农主义学说是从重商主义体系到亚当·斯密的过渡。**重农学派**[39]直接是封建所有制**在国民经济学上的**解体,但正因为如此,它同样直接是封建所有制**在国民经济学上的变革**、恢复,不过它的语言这时不再是封建的,而是经济学的了。全部财富被归结为**土地**和耕作(农业)。土地还不是**资本**,它还是资本的一种**特殊的**存在形式,这种存在形式应当在它的自然特殊性中并且**由于**它的这种自然特殊性而起作用。但是,土地毕竟是一种普遍的自然**要素**,而重商主义体系只知道**贵金属**是财富的存在。因此,财富的**对象**、财富的材料立即获得了**自然界范围之内的最高普遍性**,因为它们作为**自然界**仍然是直接对象性的财富。而土地只有通过劳动、耕种才对**人**存在。因而财富的主体本质已经移入劳动中。但是,农业同时是**唯一的生产的**劳动。因此,劳动还不是从它的普遍性和抽象性上被理解的,它还是同一种**作为它的材料的特殊自然**要素结合在一起,因而,它也还是仅仅在一种**特殊的**、**自然**

规定的存在形式中被认识的。因此,劳动不过是人的一种**特定的、特殊的**外化,正像劳动产品还被理解为一种特定的财富——与其说来源于劳动本身,不如说来源于自然界的财富。在这里,土地还被看做不依赖于人的自然存在,还没有被看做资本,就是说,还没有被看做劳动本身的因素。相反,劳动却表现为**土地**的因素。但是,因为这里把过去的外在的仅仅作为对象存在的财富的拜物教归结为一种极其简单的自然要素,而且已经承认——虽然只是部分地、以一种特殊的方式承认——财富的本质就在于财富的主体存在,所以,认出财富的**普遍本质**,并因此把具有完全绝对性即抽象性的**劳动**提高为**原则**,是一个必要的进步。人们向重农学派证明,从经济学观点即唯一合理的观点来看,**农业**同任何其他一切生产部门毫无区别,因此,财富的**本质**不是某种**特定的**劳动,不是与某种特殊要素结合在一起的、某种特殊的劳动表现,而是**一般劳动**。

重农学派既然把劳动宣布为财富的**本质**,也就否定了**特殊的、外在的、仅仅是对象性的**财富。但是,在重农学派看来,劳动首先只是地产的**主体本质**(重农学派是以那种在历史上占统治地位并得到公认的财产为出发点的);他们认为,只有地产才成为**外化的人**。他们既然把**生产**(农业)宣布为地产的**本质**,也就消除了地产的封建性质;但是,由于他们宣布**农业是唯一的**生产,他们就对工业世界持否定态度,并且承认封建制度。

十分明显,那种与地产相对立的、即作为工业而确立下来的工业的**主体本质**一旦被理解,那么这种本质同时也包含着自己的那个对立面。因为正像工业包含着已被扬弃了的地产一样,工业的**主体**本质也同时包含着**地产**的主体本质。

地产是私有财产的第一个形式,而工业在历史上最初仅仅作为财产的一个特殊种类与地产相对立——或者不如说它是地产的获得自由的奴隶——,同样,在科学地理解私有财产的**主体**本质,理解**劳动**时,这一过程也在重演。而劳动起初只作为**农业劳动**出现,后来才作为一般**劳动**得到承认。[III]一切财富都成了**工业的财富**,成了劳动的**财富**,而**工业**是完成了的劳动,正像**工厂制度**是**工业**的即劳动的发达的本质,而**工业资本**是私有财产的完成了的客观形式一样。——我们看到,只有这时私有财产才能完成它对人的统治,并以最普遍的形式成为世界历史性的力量。——

[II]

×**补入第 XXXIX 页**。但是,**无产**和**有产**的对立,只要还没有把它理解为**劳动**和**资本**的对立,它还是一种无关紧要的对立,一种没有从它的**能动关系**上、它的**内在**关系上来理解的对立,还没有作为**矛盾**来理解的对立。[47]这种对立即使没有私有财产的前进运动也能以**最初的**形式表现出来,如在古罗马、土耳其等。因此,它还**不表现为**由私有财产本身设定的对立。但是,作为对财产的排除的劳动,即私有财产的主体本质,和作为对劳动的排除的资本,即客体化的劳动,——这就是作为发展了的矛盾关系、因而也就是作为促使矛盾得到解决的能动关系的**私有财产**。

[III]

××**补入同一页**。自我异化的扬弃同自我异化走的是同一条道路。最初,对**私有财产**只是从它的客体方面来考察,——但是劳动仍然被看成它的本质。因此,它的存在形式就是"本身"应被消灭的**资本**。(蒲鲁东。)或者,劳动的**特殊方式**,即划一的、分散的因而是不自由的劳动,被理解为私有财产的**有害性**的根源,理解为私有财产同人相异化的存在的根源——**傅立叶**,他和重农学派一样,也把**农业劳动**看成至少是**最好的**劳动,[48]而圣西门则相反,他把**工业劳动**本身说成本质,因此他渴望工业家**独占统治**,渴望改善工人状况。[1] 最后,**共产主义**是被扬弃了的私有财产的**积极**表现;起先它是作为**普遍的**私有财产出现的。由于这种共产主义是从私有财产的**普遍性**来看私有财产关系的,所以共产主义

(1)在它的最初的形态中不过是私有财产关系的**普遍化**和**完成**。[49]而作为这种关系的普遍化和完成,共产主义是以双重的形态表现出来的:首先,**实物**财产的统治在这种共产主义面前显得如此强大,以致它想把不能被所有的人作为**私有财产**占有的**一切**都消灭;它想用**强制的**方法把才能等等抛弃。在这种共产主义看来,物质的直接的**占有**是生活和存在的唯一目的;**工人**这个规定并没有被取消,而是被推广到一切人身上;私有财产关系仍然是共同体同物的世界的关系;最后,这个用普遍的私有财产来反对私有财产的运动是以一种动物的形式表现出来的:用**公妻制**——也就是把妇女变为**公有的**和**共有的**财产——来反对**婚姻**(它确实是一种**排他性的**私有财产的形式)。人们可以说,公

---

① 昂·圣西门的这些论点,见他的《实业家问答》1823 — 1824 年巴黎版。——编者注

妻制这种思想是这个还相当粗陋的和毫无思想的共产主义的**昭然若揭的秘密**。[50]正像妇女从婚姻转向普遍卖淫一样,财富——也就是人的对象性的本质——的整个世界,也从它同私有者的排他性的婚姻的关系转向它同共同体的普遍卖淫关系。这种共产主义——由于它到处否定人的**个性**——只不过是私有财产的彻底表现,私有财产就是这种否定。普遍的和作为权力而形成的**忌妒**,是贪欲所采取的并且只是用**另一种**方式使自己得到满足的隐蔽形式。任何私有财产本身所产生的思想,**至少**对于比自己**更富足的**私有财产都含有忌妒和平均主义欲望,这种忌妒和平均主义欲望甚至构成竞争的本质。粗陋的共产主义者不过是充分体现了这种忌妒和这种从**想象的**最低限度出发的平均主义。他具有一个**特定的**、**有限制的**尺度。对整个文化和文明的世界的抽象否定,向**贫穷的**、需求不高的人——他不仅没有超越私有财产的水平,甚至从来没有达到私有财产的水平——的**非自然的**[Ⅳ]简单状态的倒退,恰恰证明对私有财产的这种扬弃决不是真正的占有。[51]

共同性只是**劳动**的共同性以及由共同的资本——作为普遍的资本家的**共同体**——所支付的**工资**的平等的共同性。相互关系的两个方面被提高到**想象的**普遍性:**劳动**是为每个人设定的天职,而**资本**是共同体的公认的普遍性和力量。

把**妇女**当做共同淫欲的**虏获物**和婢女来对待,这表现了人在对待自身方面的无限的退化,因为这种关系的秘密在**男人**对**妇女**的关系上,以及在对**直接的**、**自然的**类关系的理解方式上,都**毫不含糊地**、确凿无疑地、**明显地**、露骨地表现出来。人对人的直接的、自然的、必然的关系是**男人**对**妇女**的关系。在这种**自**

然的类关系中,人对自然的关系直接就是人对人的关系,正像人对人的关系直接就是人对自然的关系,就是他自己的**自然的**规定。因此,这种关系通过**感性的**形式,作为一种显而易见的**事实**,**表现出**人的本质在何种程度上对人来说成为自然,或者自然在何种程度上成为人具有的人的本质。因此,从这种关系就可以判断人的整个文化教养程度。从这种关系的性质就可以看出,**人**在何种程度上对自己来说成为并把自身理解为**类存在物**、人。男人对妇女的关系是人对人**最自然的**关系。因此,这种关系表明人的**自然的**行为在何种程度上是**合乎人性的**,或者,**人的**本质在何种程度上对人来说成为**自然的**本质,他的**人的本性**在何种程度上对他来说成为**自然**。这种关系还表明,人的**需要**在何种程度上成为**合乎人性的**需要,就是说,**别**人作为人在何种程度上对他来说成为需要,他作为最具有个体性的存在在何种程度上同时又是社会存在物。

由此可见,对私有财产的最初的积极的扬弃,即**粗陋的**共产主义,不过是私有财产的卑鄙性的一种**表现形式**,这种私有财产力图把自己设定为**积极的共同体**。

(2)共产主义(α)还具有政治性质,是民主的或专制的;(β)是废除国家的,但同时是尚未完成的,并且仍然处于私有财产即人的异化的影响下。这两种形式的共产主义都已经认识到自己是人向自身的还原或复归,是人的自我异化的扬弃;但是,因为它还没有理解私有财产的积极的本质,也还不了解需要所具有的**人的**本性,所以它还受私有财产的束缚和感染。它虽然已经理解私有财产这一概念,但是还不理解它的本质。

(3)**共产主义**是对**私有财产即人的自我异化**的积极的扬弃,

因而是通过人并且为了人而对**人的**本质的真正**占有**;因此,它是人向自身、也就是向**社会的**即合乎人性的人的复归,这种复归是完全的复归,是自觉实现并在以往发展的全部财富的范围内实现的复归。这种共产主义,作为完成了的自然主义,等于人道主义,而作为完成了的人道主义,等于自然主义,它是人和自然界之间、人和人之间的矛盾的**真正解决**,是存在和本质、对象化和自我确证、自由和必然、个体和类之间的斗争的真正解决。它是历史之谜的解答,而且知道自己就是这种解答。**52**

[V]因此,历史的全部运动,既是这种共产主义的**现实的**产生活动,即它的经验存在的诞生活动,同时,对它的思维着的意识来说,又是它的**被理解和被认识到的生成**运动;而上述尚未完成的共产主义则从个别的与私有财产相对立的历史形态中为自己寻找**历史的**证明,在现存的事物中寻找证明,它从运动中抽出个别环节(卡贝、维尔加德尔等人尤其喜欢卖弄这一套),把它们作为自己是历史的纯种的证明固定下来;但是,它这样做恰好说明:历史运动的绝大部分是同它的论断相矛盾的,如果它曾经存在过,那么它的这种**过去的**存在恰恰反驳了对**本质**的奢求。

不难看到,整个革命运动必然在**私有财产**的运动中,即在经济的运动中,为自己既找到经验的基础,也找到理论的基础。

这种**物质的**、直接**感性的**私有财产,是**异化了的人**的生命的物质的、感性的表现。私有财产的运动——生产和消费——是迄今为止全部生产的运动的**感性**展现,就是说,是人的实现或人的现实。宗教、家庭、国家、法、道德、科学、艺术等等,都不过是生产的一些**特殊的**方式,并且受生产的普遍规律的支配。因此,对**私有财产**的积极的扬弃,作为对**人的**生命的占有,是对一切异化的积极的扬弃,从而是人从宗教、家庭、国家等等向自己的**合乎人性的**存在即**社会的**存在的复归。宗教的异化本身只是发生在**意识**领域、人的内心领域,而经济的异化是**现实生活**的异化,——因此对异化的扬弃包括两个方面。不言而喻,在不同的民族那里,运动从哪个**领域开始**,这要看一个民族的真正的、**公认的**生活主要是在意识领域还是在外部世界进行,这种生活更多地是观念的生活还是现实的生活。共产主义是径直从无神论开始的(**欧文**)[53],而**无神论**最初还根本不是**共产主义**;那种无神论主要还是一个抽象。——因此,无神论的博爱最初还只是**哲学的**、抽象的博爱,而共产主义的博爱则径直是**现实的**和直接追求**实效的**。——

我们已经看到,在被积极扬弃的私有财产的前提下,人如何生产人——他自己和别人;直接体现他的个性的对象如何是他自己为别人的存在,同时是这个别人的存在,而且也是这个别人为他的存在。但是,同样,无论是劳动的材料还是作为主体的人,都既是运动的结果,又是运动的出发点(并且二者必须是这个**出发点**,私有财产的历史**必然性**就在于此)。因此,**社会**性质是整个运动的普遍性质;**正像**社会本身生产作为**人**的人一样,社会也是由人**生产**的。活动和享受,无论就其内容或就其**存在方式**来说,都是**社会的**活动和**社会的**享受。自然界的**人的**本质只有对**社会的**人来说才是存在的;因为只有在社会中,自然界对人来说才是人与**人联系的纽带**,才是他为别人的存在和别人为他的存在,只有在社会中,自然界才是人自己的**合乎人性的**存在的**基础**,才是人的现实的生活要素。只有在社会中,人的**自然的**存在对他来说才是人的**合乎人性的**存在,并且自然界对他来说才成为人。因此,**社会**是人同自然界的完成了的本质的统一,是自然界的真正复活,是人的实现了的自然主义和自然界的实现了的人道主义。①

[Ⅵ]社会的活动和社会的享受决不**仅仅**存在于**直接**共同的活动和直接共同的享受这种形式中,虽然**共同的**活动和共同的享受,即直接通过同别人的**实际交往**表现出来和得到确证的那种活动和享受,在社会性的上述**直接**表现以这种活动的内容的本质为根据并且符合这种享受的本性的地方都会出现。

甚至当我从事**科学**之类的活动,即从事一种我只在很少情况下才能同别人进行直接联系的活动的时候,我也是**社会的**,因为我是作为**人**活动的。不仅我的活动所需的材料——甚至思想家用来进行活动的语言——是作为社会的产品给予我的,而且我**本身的**存在**就是**社会的活动;因此,我从自身所做出的东西,是我从自身为社会做出的,并且意识到我自己是社会存在物。

我的**普遍**意识不过是以**现实**共同体、社会存在物为**生动**形态的那个东西的**理论**形态,而在今天,**普遍**意识是现实生活的抽象,并且作为这样的抽象是与现实生活相敌对的。因此,我的普遍意识的**活动**——作为一种活动——也是我作为社会存在物的**理论**存在。

首先应当避免重新把"社会"当做抽象的东西同个体对立起来。个体是社会存在物。因此,他的生命表现,即使不采取共同的、同他人一起完成的生命表现这种直接形式,也是社会生活的表现和确证。人的个体生活和类生活不是**各不相同的**,尽管个体生

---

① 马克思在这一页结尾标示的通栏线下面写了一句话:"卖淫不过是**工人普遍**卖淫的一个**特殊**表现,因为卖淫是一种关系,这种关系不仅包括卖淫者,而且包括逼人卖淫者——后者的下流无耻尤为严重——,因此,资本家等等也包括在卖淫这一范畴中。"——编者注

活的存在方式是——必然是——类生活的较为**特殊的**或者较为**普遍的**方式,而类生活是较为**特殊的**或者较为**普遍的**个体生活。

作为**类意识**,人确证自己的现实的**社会生活**,并且只是在思维中复现自己的现实存在;反之,类存在则在类意识中确证自己,并且在自己的普遍性中作为思维着的存在物自为地存在着。

因此,人是**特殊的**个体,并且正是人的特殊性使人成为个体,成为现实的、**单个的**社会存在物,同样,人也是**总体**,是观念的总体,是被思考和被感知的社会的自为的主体存在,正如人在现实中既作为对社会存在的直观和现实享受而存在,又作为人的生命表现的总体而存在一样。

可见,思维和存在虽有**区别**,但同时彼此又处于**统一**中。

死似乎是类对**特定的**个体的冷酷的胜利,并且似乎是同类的统一相矛盾的;但是,特定的个体不过是一个**特定的类存在物**,而作为这样的存在物是迟早要死的。

//(4)**私有财产**不过是下述情况的感性表现:人变成对自己来说是**对象性的**,同时,确切地说,变成异己的和非人的对象;他的生命表现就是他的生命的外化,他的现实化就是他的非现实化,就是**异己的**现实。同样,对私有财产的积极的扬弃,就是说,为了人并且通过人对人的本质和人的生命、对象性的人和人的**产品**的**感性的**占有,不应当仅仅被理解为**直接的**、片面的**享受**,不应当仅仅被理解为**占有**、**拥有**。人以一种全面的方式,就是说,作为一个完整的人,占有自己的全面的本质。人对世界的任何一种**人的**关系——视觉、听觉、嗅觉、味觉、触觉、思维、直观、情感、愿望、活动、爱,——总之,他的个体的一切器官,正像在形式上直接是社会的器官的那些器官一样,[VII]是通过自己的**对象性**关系,即通过自己**同对象的关系**而对对象的占有,对**人的现实**的占有;这些器官同对象的关系,是**人的现实的实现**(因此,正像人的**本质规定**和**活动**是多种多样的一样,人的现实也是多种多样的),是人的**能动**和人的**受动**,因为按人的方式来理解的受动,是人的一种自我享受。//

//私有制使我们变得如此愚蠢而片面,以致一个对象,只有当它为我们所拥有的时候,就是说,当它对我们来说作为资本而存在,或者它被我们直接占有,被我们吃、喝、穿、住等等的时候,简言之,在它被我们**使用**的时候,才是**我们的**。尽管私有制本身也把占有的这一切直接实现仅仅看做**生活手段**,而它们作为手段为之服务的那种生活,是**私有制的生活**——劳动和资本化。//

//因此,**一切肉体的和精神的感觉都被这一切**感觉的单纯异化即**拥有**的感觉所代替。人的本质只能被归结为这种绝对的贫困,这样它才能够从自身产生出它的内在丰富性。(关于**拥有**这个范畴,见《二十一印张》文集中**赫斯**的论文。[54])//

//因此,对私有财产的扬弃,是人的一切感觉和特性的彻底**解放**;但这种扬弃之所以是这种解放,正是因为这些感觉和特性无论在主体上还是在客体上都成为**人的**。眼睛成为**人的**眼睛,正像眼睛的**对象**成为社会的、**人的**、由人并为了人创造出来的对象一样。因此,**感觉**在自己的实践中直接成为**理论家**。感觉为了物而同**物**发生关系,但物本身是对自身和对人的一种**对象性的、人的**关系,反过来也是这样。// //当物按人的方式同人发生关系时,我才能在实践上按人的方式同物发生关系。因此,需要和享受失去了自己的**利己主义**性质,而自然界失去了自己的纯粹的**有用性**,因为效用成了**人的**效用。

同样,别人的感觉和精神也为我**自己**所占有。因此,除了这些直接的器官以外,还以社会的**形式**形成**社会的**器官。例如,同他人直接交往的活动等等,成为我的**生命表现**的器官和对**人的**生命的一种占有方式。

不言而喻,**人的**眼睛与野性的、非人的眼睛得到的享受不同,人的**耳朵**与野性的耳朵得到的享受不同,如此等等。

我们知道,只有当对象对人来说成为**人的**对象或者说成为对象性的人的时候,人才不致在自己的对象中丧失自身。只有当对象对人来说成为**社会的**对象,人本身对自己来说成为社会的存在物,而社会在这个对象中对人来说成为本质的时候,这种情况才是可能的。//

//因此,一方面,随着对象性的现实在社会中对人来说到处成为人的本质力量的现实,成为人的现实,因而成为人**自己的**本质力量的现实,一切**对象**对他来说也就成为他自身的**对象化**,成为确证和实现他的个性的对象,成为**他的**对象,这就是说,对象成为**他自身**。对象**如何**对他来说成为他的对象,这取决于**对象的性质**以及与之相适应的**本质力量**的性质;因为正是这种关系的**规定性**形成一种特殊的、**现实的**肯定方式。**眼睛**对对象的感觉不同于**耳朵**,眼睛的对象**是**不同于**耳朵**的对象的。每一种本质力量的独特性,恰好就是这种本质力量的**独特的本质**,因而也是它的对象化的独特方式,是它的**对象性的**、**现实的**、活生生的**存在**的独特方式。因此,人不仅通过思维,[VIII]而且以**全部**感觉在对象世界中肯定自己。

另一方面,即从主体方面来看:只有音乐才激起人的音乐感;对于没有音乐感的耳朵来说,最美的音乐也**毫无**意义,**不是**对象,因为我的对象只能是我的一种本质力量的确证,就是说,它只能像我的本质力量作为一种主体能力自为地存在着那样才对我而存在,因为任何一个对象对我的意义(它只是对那个与它相适应的感觉来说才有意义)恰好都以**我的**感觉所及的程度为限。因此,社会的人的**感觉不同于**非社会的人的感觉。只是由于人的本质客观地展开的丰富性,主体的、**人的**感性的丰富性,如有音乐感的耳朵、能感受形式美的眼睛,总之,那些能成为人的享受的感觉,即确证自己是**人的**本质力量的**感觉**,才一部分发展起来,一部分产生出来。因为,不仅五官感觉,而且连所谓精神感觉、实践感觉(意志、爱等等),一句话,**人的**感觉、感觉的人性,都是由于**它的**对象的存在,由于**人化的**自然界,才产生出来的。

五官感觉的**形成**是迄今为止全部世界历史的产物。囿于粗陋的实际需要的**感觉**,也只具有**有限的**意义。//对于一个忍饥挨饿的人来说并不存在人的食物形式,而只有作为食物的抽象存在;食物同样也可能具有最粗糙的形式,而且不能说,这种进食活动与**动物的**进食活动有什么不同。忧心忡忡的、贫穷的人对最美丽的景色都没有什么**感觉**;经营矿物的商人只看到矿物的商业价值,而看不到矿物的美和独特性;他没有矿物学的感觉。因此,一方面为了使人的**感觉**成为**人的**,另一方面为了创造同人的本质和自然界的本质的全部丰富性相适应的**人的感觉**,无论从理论方面还是从实践方面来说,人的本质的对象化都是必要的。

通过**私有财产**及其富有和贫困——或物质的和精神的富有和贫困——的运动,正在生成的社会发现这种**形成**所需的全部材料;//**同样,已经生成的**社会创造着具有人的本质的这种全部丰富性的人,创造着**具有丰富的、全面而深刻的感觉**的人作为这个社会的恒久的现实。——//

我们看到,主观主义和客观主义,唯灵主义和唯物主义,活动和受动,只是在社会状态中才失去它们彼此间的对立,从而失去它们作为这样的对立面的存在;我们看到,//**理论的**对立本身的解决,**只有**通过**实践**方式,只有借助于人的实践力量,才是可能的;因此,这种对立的解决绝对不只是认识的任务,而是**现实**生活的任务,而**哲学**未能解决这个任务,正是因为哲学把这**仅仅**看做理论的任务。——//

//我们看到,**工业**的历史和工业的已经生成的**对象性的**存在,是一本**打开了的**关于人的**本质力量**的书,是感性地摆在我们面前的人的**心理学**;对这种心理学人们至今还没有从它同人的**本质**的联系,而总是仅仅从外在的有用性这种关系来理解,因为在异化范围内活动的人们仅仅把人的普遍存在,宗教,或者具有抽象普遍本质的历史,如政治、艺术和文学等等,[Ⅸ]理解为人的本质力量的现实性和**人的类活动**。在**通常的**、**物质的工业**中(人们可以把这种工业理解为上述普遍运动的一部分,正像可以把这个运动本身理解为工业的一个**特殊**部分一样,因为全部人的活动迄今为止都是劳动,也就是工业,就是同自身相异化的活动),人的**对象化的本质力量**以**感性的**、**异己的**、**有用的对象**的形式,以异化的形式呈现在我们面前。如果**心理学**还没有打开这本书即历史的这个恰恰最容易感知的、最容易理解的部分,那么这种心理学就不能成为内容确实丰富的和**真正的**科学。//如果科学从人的活动的如此广泛的丰富性中只知道那种可以用"**需要**"、"**一般需要!**"的话来表达的东西,那么人们对于这种**高傲地**撇开人的劳动的这一巨大部分而不感觉自身不足的科学究竟应该怎样想呢?——

自然科学展开了大规模的活动并且占有了不断增多的材料。

而哲学对自然科学始终是疏远的,正像自然科学对哲学也始终是疏远的一样。过去把它们暂时结合起来,不过是**离奇的幻想**。存在着结合的意志,但缺少结合的能力。甚至历史编纂学也只是顺便地考虑到自然科学,仅仅把它看做是启蒙、有用性和某些伟大发现的因素。然而,自然科学却通过工业日益**在实践上进入人的生活**,改造人的生活,并为人的解放作准备,尽管它不得不直接地使非人化充分发展。**工业**是自然界对人,因而也是自然科学对人的**现实的**历史关系。因此,如果把工业看成人的**本质力量**的**公开的**展示,那么自然界的**人的**本质,或者人的**自然的**本质,也就可以理解了;因此,自然科学将抛弃它的抽象物质的方向,或者更确切地说,是抛弃唯心主义方向,从而成为**人的**科学的基础,正像它现在已经——尽管以异化的形式——成了真正人的生活的基础一样;说生活还有**别的**什么基础,**科学**还有别的什么基础——这根本就是谎言。//在人类历史中即在人类社会的形成过程中生成的自然界,是人的**现实的**自然界;因此,通过工业——尽管以**异化**的形式——形成的自然界,是真正的、**人本学的**自然界。——//

感性(见费尔巴哈)必须是一切科学的基础。科学只有从**感性**意识和**感性**需要这两种形式的感性出发,因而,科学只有从自然界出发,才是**现实的**科学。① 可见,全部历史是为了使"**人**"成为**感性**意识的对象和使"人作为人"的需要成为需要而作准备的历史(发展的历史)②。历史本身是**自然史**的一个**现实**部分,即自然界

① 路·费尔巴哈《关于哲学改革的临时纲要》(《德国现代哲学和政论界轶文集》1843 年苏黎世—温特图尔版第 2 卷第 84—85 页)以及《未来哲学原理》1843 年苏黎世—温特图尔版第 58—70 页。——编者注
② 手稿中"发展的历史"写在"作准备的历史"的上方。——编者注

生成为人这一过程的一个**现实**部分。自然科学往后将包括关于人的科学,正像关于人的科学包括自然科学一样:这将是**一门科学**。[Ⅹ]人是自然科学的直接对象;因为直接的**感性自然界**,对人来说直接是**人的感性**(这是同一个说法),直接是**另一个**对他来说感性地存在着的人;因为他自己的感性,只有通过**别人**,才对他本身来说是人的感性。但是,**自然界**是**关于人的科学**的直接对象。人的第一个对象——人——就是自然界、感性;而那些特殊的、人的、感性的本质力量,正如它们只有在**自然**对象中才能得到客观的实现一样,只有在关于自然本质的科学中才能获得它们的自我认识。思维本身的要素,思想的生命表现的要素,即**语言**,具有感性的性质。自然界的**社会的**现实和**人的**自然科学或**关于人的自然科学**,是同一个说法。——

//我们看到,**富有的人和人的**丰富的需要代替了国民经济学上的**富有**和**贫困**。**富有的人**同时就是**需要**有人的生命表现的完整性的人,在这样的人的身上,他自己的实现作为内在的必然性、作为**需要**而存在。不仅人的**富有**,而且人的**贫困**,——在社会主义的前提下——同样具有**人的**因而是社会的意义。贫困是被动的纽带,它使人感觉到自己需要的最大财富是**他人**。因此,对象性的本质在我身上的统治,我的本质活动的感性爆发,是**激情**,从而激情在这里就成了我的本质的**活动**。——//

(5)任何一个**存在物**只有当它用自己的双脚站立的时候,才认为自己是独立的,而且只有当它依靠自己而**存在**的时候,它才是用自己的双脚站立的。靠别人恩典为生的人,把自己看成一个从属的存在物。但是,如果我不仅靠别人维持我的生活,而且别人还**创造了我的生活**,别人还是我的生活的**泉源**,那么我就完全靠别人的恩典为生;如果我的生活不是我自己的创造,那么我的生活就必定在我自身之外有这样一个根源。因此,**创造**[*Schöpfung*]是一个很难从人民意识中排除的观念。自然界的和人的通过自身的存在,对人民意识来说是**不能理解的**,因为这种存在是同实际生活的一切**明显的事实**相矛盾的。

大地创造说,受到了**地球构造学**[55]即说明地球的形成、生成是一个过程、一种自我产生的科学的致命打击。自然发生说[56]是对创世说[Schöpfungstheorie]的唯一实际的驳斥。

现在对单个人讲讲亚里士多德已经说过的下面这句话,当然是容易的:你是你父亲和你母亲所生;这就是说,两个人的交媾即人的类行为生产了你这个人。① 这样,你看到,人的肉体的存在也要归功于人。因此,你应该不是仅仅注意**一个**方面即**无限的**过程,由于这个过程你会进一步发问:谁生出了我的父亲? 谁生出了他的祖父? 等等。你还应该紧紧盯住这个无限过程中的那个可以通过感觉直观的**循环运动**,由于这个运动,人通过生儿育女使自身重复出现,因而人始终是主体。

但是,你会回答说:我向你承认这个循环运动,那么你也要向我承认那个无限的过程,那个过程驱使我不断追问,直到我提出问题:谁生出了第一个人和整个自然界?

我只能对你作如下的回答:你的问题本身就是抽象的产物。请你问一下自己,你是怎样想到这个问题的;请你问一下自己,你的问题是不是来自一个因为荒谬而使我无法回答的观点。请你问

---

① 参看亚里士多德《形而上学》第 8 卷第 4 章。有关论述还可参看黑格尔《自然哲学讲演录》1842 年柏林版第 2 部分第 646—647 页。——编者注

一下自己,那个无限的过程本身对理性的思维来说是否存在。既然你提出自然界和人的创造问题,你也就把人和自然界抽象掉了。你设定它们是**不存在的**,你却希望我向你证明它们是**存在的**。那我就对你说:放弃你的抽象,你也就会放弃你的问题,或者,你想坚持自己的抽象,你就要贯彻到底,如果你设想人和自然界是**不存在的**,[XI]那么你就要设想你自己也是不存在的,因为你自己也是自然界和人。不要那样想,也不要那样向我提问,因为一旦你那样想,那样提问,你就会把自然界的存在和人的存在**抽象掉**,这是没有任何意义的。也许你是个设定一切都不存在,而自己却想存在的利己主义者吧?

你可能反驳我:我并不想设定自然界等等不存在;我是问你自然界的**形成过程**,正像我问解剖学家骨骼如何形成等等一样。

但是,因为对社会主义的人来说,**整个所谓世界历史**不外是人通过人的劳动而诞生的过程,是自然界对人来说的生成过程,所以关于他通过自身而**诞生**、关于他的**形成过程**,他有直观的、无可辩驳的证明。因为人和自然界的**实在性**,即人对人来说作为自然界的存在以及自然界对人来说作为人的存在,已经成为实际的、可以通过感觉直观的,所以关于某种**异己的**存在物、关于凌驾于自然界和人之上的存在物的问题,即包含着对自然界的和人的非实在性的承认的问题,实际上已经成为不可能的了。**无神论**,作为对这种非实在性的否定,已不再有任何意义,因为无神论是**对神的否定**,并且正是通过这种否定而设定**人的存在**;但是,社会主义作为社会主义已经不再需要这样的中介;它是从把人和自然界看做**本质**这种**理论上和实践上的感性意识**开始的。社会主义是人的不再以宗教的扬弃为中介的**积极的自我意识**,正像**现实生活**是人的不再以私有财产的扬弃即**共产主义**为中介的积极的现实一样。共产主义是作为否定的否定的肯定,因此,它是人的解放和复原的一个**现实的**、对下一段历史发展来说是必然的环节。**共产主义**是最近将来的必然的形态和有效的原则,但是,这样的共产主义并不是人类发展的目标,并不是人类社会的形态。——

(6)在这一部分,为了便于理解和论证,对黑格尔的整个辩证法,特别是《现象学》和《逻辑学》**9**中有关辩证法的叙述,以及最后对现代批判运动同黑格尔的关系略作说明,也许是适当的。——

现代德国的批判着意研究旧世界的内容,而且批判的发展完全拘泥于所批判的材料,以致对批判的方法采取完全非批判的态度,同时,对于我们如何对待黑格尔的**辩证法**这一**表面上看来是形式的**问题,而实际上是**本质的**问题,则完全缺乏认识。对于现代的批判同黑格尔的整个哲学,特别是同辩证法的关系问题是如此缺乏认识,以致像**施特劳斯**①和**布鲁诺·鲍威尔**这样的批判家仍然受到黑格尔逻辑学的束缚;前者是完全被束缚,后者在自己的《符类福音作者》中(与施特劳斯相反,他在这里用抽象的人的"自我意识"代替了"抽象的自然界"的实体)②,甚至在《基督教真相》中,至少是有可能完全地被束缚。例如,《基督教真相》一书中说:

---

① 大·施特劳斯《耶稣传》1835—1836 年蒂宾根版第 1—2 卷;《为我的著作〈耶稣传〉辩护和关于评述现代神学特性的论争文集》1837 年蒂宾根版第 1—3 册;《评述和批判。神学、人类学和美学方面的轶文集》1839 年莱比锡版;《基督教教理的历史发展及其同现代科学的斗争》1840—1841 年蒂宾根—斯图加特版第 1—2 卷。——编者注
② 布·鲍威尔《符类福音作者的福音故事考证》1841 年莱比锡版第 1 卷第 Ⅵ—ⅩⅤ 页。——编者注

"自我意识设定世界、设定差别,并且在它所创造的东西中创造自身,因为它重新扬弃了它的创造物同它自身的差别,因为它只是在创造活动中和运动中才是自己本身,——这个自我意识在这个运动中似乎就没有自己的目的了",等等。或者说:"他们〈法国唯物主义者〉还未能看到,宇宙的运动只有作为自我意识的运动,才能实际上成为自为的运动,从而达到同自身的统一。"①

这些说法甚至在语言上都同黑格尔的观点毫无区别,实际上,这是在逐字逐句重述黑格尔的观点。

[XII]鲍威尔在他的《自由的正义事业》一书中对格鲁培先生提出的"那么逻辑学的情况如何呢?"这一唐突的问题避而不答,却让他去问未来的批判家。57这表明,鲍威尔在进行批判活动(鲍威尔《符类福音作者》)时对于同黑格尔辩证法的关系是多么缺乏认识,而且在物质的批判活动之后也还缺乏这种认识。

但是,即使现在,在费尔巴哈不仅在收入《轶文集》的《纲要》中,而且更详细地在《未来哲学》中从根本上推翻了旧的辩证法和哲学之后;在无法完成这一事业的上述批判反而认为这一事业已经完成,并且宣称自己是"纯粹的、坚决的、绝对的、洞察一切的批判"之后;在批判以唯灵论的狂妄自大态度把整个历史运动归结为世界的其他部分——它把这部分世界与它自身对立起来而归入"群众"这一范畴——和它自身之间的关系,并且把一切独断的对立消融于它本身的聪明和世界的愚蠢之间、批判的基督和作为"群氓"的人类之间的**一个**独断的对立中之后;在批判每日每时以群众的愚钝无知来证明它本身的超群出众之后;在批判终于宣称

---

① 布·鲍威尔《基督教真相》1843年苏黎世—温特图尔版第113—115页。——编者注

这样一天——那时整个正在堕落的人类将聚集在批判面前,由批判加以分类,而每一类人都将得到一份赤贫证明书——即将来临,即以这种形式宣告批判的**末日审判**①之后;在批判于报刊上宣布它既对人的感觉又对它自己独标一格地雄踞其上的世界具有优越性,而且只是不时从它那尖酸刻薄的口中发出奥林波斯山众神的哄笑声②之后,——在以批判的形式消逝着的唯心主义(青年黑格尔主义)做出这一切滑稽可笑的动作之后,这种唯心主义甚至一点也没想到现在已经到了同自己的母亲即黑格尔辩证法批判地划清界限的时候,甚至一点也没表明它对费尔巴哈辩证法的批判态度。这是对自身持完全非批判的态度。

费尔巴哈是唯一对黑格尔辩证法采取**严肃的**、**批判的**态度的人;只有他在这个领域内作出了真正的发现,总之,他真正克服了旧哲学。费尔巴哈成就的伟大以及他把这种成就贡献给世界时所表现的那种谦虚纯朴,同批判所持的相反的态度形成惊人的对照。

费尔巴哈的伟大功绩在于:(1)证明了哲学不过是变成思想的并且通过思维加以阐明的宗教,不过是人的本质的异化的另一种形式和存在方式;因此哲学同样应当受到谴责;③

(2)创立了**真正的唯物主义**和**实在的科学**,因为费尔巴哈使

---

① 见梅·希策尔《苏黎世通讯》(1844年《文学总汇报》第5期第12、15页)。并见马克思和恩格斯《神圣家族》第7章第1节《批判的群众》,第9章《批判的末日的审判》(《马克思恩格斯全集》中文第1版第2卷)。——编者注
② 见布·鲍威尔《本省通讯》(1844年《文学总汇报》第6期第30—32页)。并见《马克思恩格斯文集》第1卷第348—355页。——编者注
③ 路·费尔巴哈《未来哲学原理》1843年苏黎世—温特图尔版第1—33页。——编者注

社会关系即"人与人之间的"关系也同样成为理论的基本原则;①

(3)他把基于自身并且积极地以自身为根据的肯定的东西同自称是绝对肯定的东西的那个否定的否定对立起来。②

费尔巴哈这样解释了黑格尔的辩证法(从而论证了要从肯定的东西即从感觉确定的东西出发):

黑格尔从异化出发(在逻辑上就是从无限的东西、抽象的普遍的东西出发),从实体出发,从绝对的和不变的抽象出发,就是说,说得更通俗些,他从宗教和神学出发。

第二,他扬弃了无限的东西,设定了现实的、感性的、实在的、有限的、特殊的东西。(哲学,对宗教和神学的扬弃。)

第三,他重新扬弃了肯定的东西,重新恢复了抽象、无限的东西。宗教和神学的恢复。③

由此可见,费尔巴哈把否定的否定**仅仅**看做哲学同自身的矛盾,看做在否定神学(超验性等等)之后又肯定神学的哲学,即同自身相对立而肯定神学的哲学。

否定的否定所包含的肯定或自我肯定和自我确证,被认为是对自身还不能确信因而自身还受对立面影响的、对自身怀疑因而需要证明的肯定,即被认为是没有用自己的存在证明自身的、没有被承认的[XIII]肯定;因此,感觉确定的、以自身为根据的肯定是同这种肯定直接地而非间接地对立着的。

费尔巴哈还把否定的否定、具体概念看做在思维中超越自身

---

① 路·费尔巴哈《未来哲学原理》1843 年苏黎世—温特图尔版第 77—84 页。——编者注

② 同上,第 62—70 页。——编者注

③ 同上,第 33—58 页。——编者注

的和作为思维而想直接成为直观、自然界、现实的思维。**58**

但是,因为黑格尔根据否定的否定所包含的肯定方面把否定的否定看成真正的和唯一的肯定的东西,而根据它所包含的否定方面把它看成一切存在的唯一真正的活动和自我实现的活动,所以他只是为历史的运动找到**抽象的**、**逻辑的**、**思辨的**表达,这种历史还不是作为既定的主体的人的**现实**历史,而只是人的**产生的活动**、人的**形成的历史**。——我们既要说明这一运动在黑格尔那里所采取的抽象形式,也要说明这一运动在黑格尔那里同现代的批判即同费尔巴哈的《基督教的本质》一书所描述的同一过程①的区别;或者更正确些说,要说明这一在黑格尔那里还是非批判的运动所具有的**批判的**形式。——

现在看一看黑格尔的体系。必须从黑格尔的《**现象学**》**9**即从黑格尔哲学的真正诞生地和秘密开始。

现象学。

(A)**自我意识**。

I. **意识**。(α)感觉确定性或"这一个"和**意谓**。(β)**知觉**,或具有特性的事物和**幻觉**。(γ)力和知性,现象和超感觉世界。

II. **自我意识**。自身确定性的真理性。(a)自我意识的独立性和非独立性,主人和奴隶。(b)自我意识的自由。斯多亚主义**59**,怀疑主义**60**,苦恼的意识。

III. **理性**。理性的确定性和真理性。(a)观察的理性;对自然界和自我意识的观察。(b)理性的自我意识通过自身来实现。快

---

① 路·费尔巴哈《基督教的本质》1841 年莱比锡版第 37—247 页。——编者注

乐和必然性。心的规律和自大狂。德行和世道。(c)自在和自为的实在的个体性。精神动物世界和欺骗,或事情本身。立法的理性。审核法律的理性。

(B)**精神**。

I.**真的精神**;伦理。II. 自我异化的精神,教养。III. 确定自身的精神,道德。

(C)宗教。**自然宗教**,**艺术宗教**,**启示宗教**。

(D)**绝对知识**。——

因为黑格尔的《**哲学全书**》以逻辑学,以**纯粹的思辨的思想**开始,而以**绝对知识**,以自我意识的、理解自身的哲学的或绝对的即超人的抽象精神结束[61],所以整整一部《哲学全书》不过是哲学精神的**展开的本质**,是哲学精神的自我对象化;而哲学精神不过是在它的自我异化内部通过思维方式即通过抽象方式来理解自身的、异化的世界精神。——**逻辑学**是精神的**货币**,是人和自然界的思辨的、**思想的价值**——人和自然界的同一切现实的规定性毫不相干地生成的因而是非现实的本质,——是**外化的**因而是从自然界和现实的人抽象出来的**思维**,即**抽象思维**。——**这种抽象思维的外在性**就是……**自然界**,就像自然界对这种抽象思维所表现的那样。自然界对抽象思维来说是外在的,是抽象思维的自我丧失;而抽象思维也是外在地把自然界作为抽象的思想来理解,然而是作为外化的抽象思维来理解。——最后,**精神**,这个回到自己的诞生地的思维,在它终于发现自己和肯定自己是**绝对**知识因而是绝对的即抽象的精神之前,在它获得自己的自觉的、与自身相符合的存在之前,它作为人类学的、现象学的、心理学的、伦理的、艺术的、宗教的精神,总还不是自身。因为它的现实的存在是抽象^{62}……——

[XIV](7)我们已经看到,在社会主义的前提下,人的需要的**丰富性**具有什么样的意义,从而某种**新的生产方式**和某种新的生产**对象**具有什么样的意义。**人的**本质力量得到新的证明,**人的**本质得到新的充实。而在私有制范围内,这一切却具有相反的意义。每个人都指望使别人产生某种**新的**需要,以便迫使他作出新的牺牲,以便使他处于一种新的依赖地位并且诱使他追求一种新的**享受**,从而陷入一种新的经济破产。每个人都力图创造出一种支配他人的、**异己的**本质力量,以便从这里面获得他自己的利己需要的满足。因此,随着对象的数量的增长,奴役人的异己存在物王国也在扩展,而每一种新产品都是产生相互欺骗和相互掠夺的新的**潜在力量**。人作为人更加贫穷,他为了夺取敌对的存在物,更加需要**货币**,而他的**货币**的力量恰恰同产品数量成反比,就是说,他的需求程度随着货币的**力量**的增加而日益增长。——因此,对货币的需要是国民经济学所产生的真正需要,并且是它所产生的唯一需要。——货币的**量**越来越成为货币的唯一**强有力的**属性;正像货币把任何存在物都归结为它的抽象一样,货币也在它自己的运动中把自身归结为**量的**存在物。**无度**和**无节制**成了货币的真正尺度。

从主观方面来说,这一点部分地表现在:产品和需要的范围的扩大,要**机敏地**而且总是**精打细算地**屈从于非人的、精致的、非自然的和**幻想出来的**欲望。私有制不懂得要把粗陋的需要变为**人的**需要。它的**理想主义**不过是**幻想、任意的奇想、突发的怪想**;没有一个宦官不是厚颜无耻地向自己的君主献媚,并力图用卑鄙的手段来刺激君主的麻木不仁的享受能力,以骗取君主的恩宠;工业的宦官即生产者则更厚颜无耻地用更卑鄙的手段来骗取银币,从自己按照基督教教义说来本应去爱的邻人的口袋里诱取黄金鸟(每一种产品都是人们想用来诱骗他人的本质、他人的货币的诱饵;每一个现实的或可能的需要都是诱使苍蝇飞近涂胶竿的弱点;对共同的人的本质的普遍利用,正像人的每一个缺陷一样,对人来说是同天国联结的一个纽带,是使僧侣能够接近人心的途径;每一项急需都是一个机会,使人能够摆出一副格外殷勤的面孔走向自己的邻人并且对他说:亲爱的朋友,你需要什么,我给你,但是你知道,有先决条件;你知道,你应当用什么样的墨水给我写字据;既然我给你提供了享受,我也要敲诈你一下),——工业的宦官迎合他人的最下流的念头,充当他和他的需要之间的牵线人,激起他的病态的欲望,默默地盯着他的每一个弱点,然后要求对这种殷勤服务付酬金。

这种异化也部分地表现在:一方面出现的需要的精致化和满足需要的资料的精致化,却在另一方面造成需要的牲畜般的野蛮化和彻底的、粗陋的、抽象的简单化,或者毋宁说这种精致化只是再生出相反意义上的自身。对于工人来说,甚至对新鲜空气的需要也不再成其为需要了。人又退回到洞穴中居住,不过这洞穴现在已被文明的污浊毒气所污染,而且他在洞穴中也是**朝不保夕**,仿佛这洞穴是一个每天都可能离他而去的异己力量,如果他[XV]付不起房租,他每天都可能被赶走。他必须为这停尸房**支付租金**。**明亮的**居室,这个曾被埃斯库罗斯笔下的普罗米修斯称为使野蛮人变成人的伟大天赐之一,①现在对工人来说已不再存在了。

———————
① 埃斯库罗斯《被缚的普罗米修斯》第5幕。——编者注

光、空气等等,甚至**动物的**最简单的爱清洁习性,都不再是人的需要了。**肮脏**,人的这种堕落、腐化,文明的**阴沟**(就这个词的本义而言),成了工人的**生活要素**。完全**违反自然的**荒芜,日益腐败的自然界,成了他的**生活要素**。他的任何一种感觉不仅不再以人的方式存在,而且不再以**非人的**方式因而甚至不再以动物的方式存在。人类劳动的最粗陋的**方式(工具)**又重新出现了:例如,罗马奴隶的**踏车**又成了许多英国工人的生产方式和存在方式。人不仅没有了人的需要,他甚至连**动物的**需要也不再有了。爱尔兰人只知道有**吃**的需要,确切地说,只知道**吃马铃薯**,而且只是**感染上斑点病的马铃薯**,①那是质量最差的一种马铃薯。而如今在英国和法国的每一个工业城市都已有一个**小爱尔兰73**。连野蛮人、动物都还有猎捕、运动等等的需要,有和同类交往的需要。机器、劳动的简单化,被利用来把正在成长的人、完全没有发育成熟的人——**儿童**——变成工人,而工人则变成了无人照管的儿童。机器迁就人的**软弱性**,以便把**软弱的**人变成机器。——

　　//需要和满足需要的资料的增长如何造成需要的丧失和满足需要的资料的丧失,国民经济学家(和资本家:每当我们谈到国民经济学家,我们一般总是指**经验的**生意人,国民经济学家是他们的**科学的**自白和存在)是这样论证的:(1)他把工人的需要归结为维持最必需的、最悲惨的肉体生活,并把工人的活动归结为最抽象的机械运动;于是他说:人无论在活动方面还是在享受方面都没有别的需要了;因为他**甚至**把这样的生活宣布为**人的**生活和**人的**存在;

---

① 欧·比雷《论英法工人阶级的贫困》1840年巴黎版第1卷第110—111页。——编者注

(2)他把尽可能**贫乏的**生活(生存)当做**计算**的标准,而且是普遍的标准:说普遍的标准,是因为它适用于大多数人。他把工人变成没有感觉和没有需要的存在物,正像他把工人的活动变成抽去一切活动的纯粹抽象一样。因此,工人的任何**奢侈**在他看来都是不可饶恕的,而一切超出最抽象的需要的东西——无论是被动的享受或能动的表现——在他看来都是奢侈。因此,国民经济学这门关于**财富**的科学,同时又是关于克制、穷困和**节约**的科学,而实际上它甚至要人们**节约**对新鲜**空气**或身体**运动**的需要。这门关于惊人的勤劳的科学,同时也是关于**禁欲**的科学,而它的真正理想是**禁欲的**却又**进行重利盘剥的**吝啬鬼和**禁欲的**却又**进行生产的**奴隶。它的道德理想就是把自己的一部分工资存入储蓄所的**工人**,而且它甚至为了它喜爱的这个想法发明了一种奴才的**艺术**。人们怀着感伤的情绪把这些搬上了舞台。因此,国民经济学,尽管它具有世俗的和纵欲的外表,却是真正道德的科学,最最道德的科学。它的基本教条是:自我节制,对生活乃至人的一切需要都加以节制。你越是少吃,少喝,少买书,少去剧院,少赴舞会,少上餐馆,少思考,少爱,少谈理论,少唱,少画,少击剑,等等,你**积攒**的就越多,你的那些既不会被虫蛀也不会被贼偷的财宝[1],即你的**资本**,也就会**越多**。你的**存在**越微不足道,你表现自己的生命越少,你拥有的就越多,你的**外化的**生命就越大,你的异化本质也积累得越多。[XVI] 国民经济学家把从你的生命和人性中夺去的一切,全用**货币**和**财富**补偿给你。你自己不能办到的一切,你的货币都能办到:它能吃,能喝,能赴舞会,能去剧院,它能获得艺术、学识、历史珍品、政

---

[1] 《新约全书·马太福音》第 6 章第 19—20 节。——编者注

治权力,它能旅行,它**能**为你占有这一切;它能购买这一切;它是真正的**能力**。但是,货币尽管是这一切,它除了自身以外却**不愿创造**任何东西,除了自身以外不愿购买任何东西,因为其余一切都是它的奴仆,而当我拥有了主人,我就拥有了奴仆,我也就不需要去追求他的奴仆了。因此,一切情欲和一切活动都必然湮没在**贪财欲**之中。工人只能拥有他想活下去所必需的那么一点,而且只是为了拥有这么一点,他才想活下去。//

　　诚然,在国民经济学领域掀起了一场争论。一方(罗德戴尔、马尔萨斯等)推崇**奢侈**而咒骂节约;另一方(萨伊、李嘉图等)则推崇节约而咒骂奢侈。但是,一方承认,它要求奢侈是为了生产出**劳动**即绝对的节约;而另一方承认,它推崇节约是为了生产出**财富**即奢侈。前者沉湎于**浪漫主义的**臆想,认为不应仅仅由贪财欲决定富人的消费,并且当它把**挥霍**直接当做发财致富的手段时,它是跟它自己的规律相矛盾的。因此,后者极其严肃而详尽地向前者证明,我通过挥霍只会减少而不会增加**我的财产**。后者装腔作势地不承认,正是突发的怪想和念头决定生产;它忘记了"考究的需要",它忘记了没有消费就不会有生产;它忘记了,通过竞争,生产只会变得日益全面、日益奢侈;它忘记了,按照它的理论,使用决定物的价值,而时尚决定使用;它希望看到仅仅生产"有用的东西",但它忘记了生产过多的有用的东西就会生产出过多的**无用的人口**。双方都忘记了,挥霍和节约,奢侈和困苦,富有和贫穷是画等号的。

　　而且,如果你愿意节俭行事,并且不愿意毁于幻想,那么你不仅应当在你的直接感觉,如吃等等方面节约,而且也应当在普遍利益、同情、信任等等这一切方面节约。

//你必须把你的一切变成**可以出卖的**,就是说,变成有用的。如果我问国民经济学家:当我靠失去贞操、出卖自己的身体满足别人的淫欲来换取金钱时,我是不是遵从经济规律(法国工厂工人把自己妻女的卖淫称为额外的劳动时间,这是名副其实的),而当我把自己的朋友出卖给摩洛哥人时,我是不是在按国民经济学行事呢(而像征兵买卖等等的直接贩卖人口的现象,在一切文明国家里都有)? 于是,国民经济学家回答我:你的行为并不违反我的规律;但你要考虑到道德教母和宗教教母说些什么;我的**国民经济学的**道德和宗教丝毫不反对你的行为方式,但是——但是,我该更相信谁呢,是国民经济学还是道德? 国民经济学的道德是**谋生**、劳动和节约、节制,——但是,国民经济学答应满足我的需要。——道德的国民经济学就是富有良心、美德等等;但是,如果我根本不存在,我又怎么能有美德呢? 如果我什么都不知道,我又怎么会富有良心呢? //——//每一个领域都用不同的和相反的尺度来衡量我:道德用一种尺度,而国民经济学又用另一种尺度。这是以异化的本质为根据的,因为每一个领域都是人的一种特定的异化,每一个//[XVII]领域都把异化的本质活动的特殊范围固定下来,并且每一个领域都同另一种异化保持着异化的关系…… 例如,**米歇尔·舍伐利埃**先生责备李嘉图撇开了道德。[①] 但是,李嘉图让国民经济学用它自己的语言说话。如果说这种语言不合乎道德,那么这不是李嘉图的过错。当米·舍伐利埃论述道德的时候,他撇开了国民经济学;而当他研究国民经济学的时候,他必然地而且实际上撇开了道德。如果国民经济学家同道德的关系,并非任意

---

① 见米·舍伐利埃《论法国的物质利益》1839 年巴黎第 4 版。——编者注

的、偶然的因而并非无根据的和不科学的,如果这种关系不是**装装样子**,而是被设想为**本质的**,那么这只能是国民经济学规律同道德的关系;如果实际上并非如此,或者恰恰出现相反的情况,那么李嘉图对此又有什么办法呢? 何况,国民经济学和道德之间的对立也只是一种**表象**,它**既是对立**,又不是对立。国民经济学不过是**以自己的方式**表现道德规律。——

//节制需要,这个国民经济学的原则在它的**人口论中最鲜明地**表现出来。人太**多**了。甚至连人的存在都是十足的奢侈,而如果工人是"**道德的**"(穆勒曾建议公开赞扬那些在两性关系上表现节制的人,并公开谴责那些违背这一结婚不生育原则的人……① 难道这不是禁欲主义的道德、学说吗?),那么他就会在生育方面实行**节约**。人的生产表现为公众的不幸。——//

生产对富人所具有的意义,**明显地**表现在生产对穷人所具有的意义中;对于上层来说总是表现得讲究、隐蔽、含糊,是表象;而对于下层来说则表现得粗陋、明白、坦率,是本质。工人的**粗陋的**需要是比富人的**讲究的**需要大得多的赢利来源。伦敦的地下室住所给房产主带来的收入比宫殿带来的更多,就是说,这种住所对房产主来说是**更大的财富**,因此,用国民经济学的语言来说,是更大的**社会财富**。——正像工业利用需要的讲究来进行投机一样,工业也利用需要的**粗陋**,而且是人为地造成需要的粗陋来进行投机。因此,对于这种粗陋来说,**自我麻醉**,这种对需要的**虚假**满足,这种包容**在需**要的粗陋野蛮**之中**的文明,是一种真正的享受。——因此,英国的酒店是私有制的具有**象征意义的**表现。酒店的**奢侈**表明工业的奢

---

① 詹·穆勒《政治经济学原理》1823 年巴黎版第 59 页。——编者注

侈和工业的财富对人的真正的关系。因此,酒店理所当然地是人民唯一的、至少得到英国警察从宽对待的星期日娱乐场所。——

[IV]

[XIII]黑格尔有双重错误。

第一个错误在黑格尔哲学的诞生地《现象学》中表现得最为明显。例如,当他把财富、国家权力等等看成同**人的**本质相异化的本质时,这只是就它们的思想形式而言…… 它们是思想本质,因而只是**纯粹的**即抽象的哲学思维的异化。因此,整个运动是以绝对知识结束的。这些对象从中异化出来的并以现实性自居而与之对立的,恰恰是抽象的思维。**哲学家**——他本身是异化的人的抽象形象——把自己变成异化的世界的尺度。因此,全部**外化历史**和外化的全部**消除**,不过是抽象的、绝对的[XVII](见第 XIII 页)思维的**生产史**,即逻辑的思辨的思维的**生产史**。因此,**异化**——它从而构成这种外化的以及这种外化之扬弃的真正意义——是**自在**和**自为**之间、**意识**和**自我意识**之间、**客体**和**主体**之间的对立,就是说,是抽象的思维同感性的现实或现实的感性在思想本身范围内的对立。其他一切对立及其运动,不过是这些唯一有意义的对立的**外观**、**外壳**、**公开**形式,这些唯一有意义的对立构成其他世俗对立的**含义**。在这里,不是人的本质**以非人的方式**在同自身的对立中的**对象化**,而是人的本质以**不同于抽象思维**的方式在同抽象思维的**对立**中的**对象化**,被当做异化的被设定的和应该扬弃的本质。

[XVIII]因此,对于人的已成为对象而且是异己对象的本质力

量的占有,首先不过是那种在**意识**中、在**纯思维**中即在**抽象**中实现的**占有**,是对这些作为**思想**和**思想运动**的对象的占有;因此,在《现象学》中,尽管已有一个完全否定的和批判的外表,尽管实际上已包含着往往早在后来发展之前就先进行的批判,黑格尔晚期著作的那种非批判的实证主义和同样非批判的唯心主义——现有经验在哲学上的分解和恢复——已经以一种潜在的方式,作为萌芽、潜能和秘密存在着了。**其次**,要求把对象世界归还给人——例如,有这样一种认识:**感性**意识不是**抽象的**感性意识,而是**人的**感性意识;宗教、财富等等不过是**人的**对象化的异化了的现实,是客体化了的**人的**本质力量的异化了的现实;因此,宗教、财富等等不过是通向真正**人的**现实的**道路**,——这种对人的本质力量的占有或对这一过程的理解,在黑格尔那里是这样表现的:**感性**、**宗教**、国家权力等等是**精神的**本质,因为只有**精神**才是人的**真正的**本质,而精神的真正的形式则是思维着的精神,逻辑的、思辨的精神。自然界的**人性**和历史所创造的自然界——人的产品——的**人性**,就表现在它们是抽象精神的**产品**,因此,在这个限度内,它们是**精神的**环节即**思想本质**。可见,《现象学》是一种隐蔽的、自身还不清楚的、神秘化的批判;但是,因为《现象学》紧紧抓住人的**异化**不放——尽管人只是以精神的形式出现——,所以它潜在地包含着批判的**一切**要素,而且这些要素往往已经以远远超过黑格尔观点的方式**准备好**和**加过工了**。关于"苦恼的意识"、"诚实的意识",关于"高尚的意识和卑鄙的意识"的斗争等等这些章节,包含着对宗教、国家、市民生活等整个整个领域的**批判的**要素,不过也还是通过异化的形式。正像**本质**、**对象**表现为思想本质一样,**主体**也始终是**意识**或**自我意识**,或者更正确些说,对象仅仅表现为**抽象的意**

识,而人仅仅表现为**自我意识**。因此,在《现象学》中出现的异化的各种不同形式,不过是意识和自我意识的不同形式。正像抽象的意识**本身**——对象就被看成这样的意识——仅仅是自我意识的一个差别环节一样,这一运动的结果也表现为自我意识和意识的同一,即绝对知识,也就是那种已经不是向外部而是仅仅在自身内部进行的抽象思维运动,这就是说,纯思想的辩证法是结果。(下接第 XXII 页)

[V]

我们已经看到,国民经济学家怎样用各种各样的方式设定劳动和资本的统一:(1)资本是**积累的劳动**;(2)生产范围内的资本的使命——部分地是会带来利润的资本再生产,部分地是作为原料(劳动材料)的资本,部分地是作为本身**工作着的工具**(机器是被直接设定为与劳动等同的资本)——就在于**生产劳动**;(3)工人是资本;(4)工资属于资本的费用;(5)对工人来说,劳动是他的生命资本的再生产;(6)对资本家来说,劳动是他的资本的活动的因素。

最后,(7)国民经济学家把劳动和资本的原初的统一假定为资本家和工人的统一;这是一种天堂般的原始状态。这两个因素如何[XIX]作为两个人而互相对立,这对国民经济学家来说是一种**偶然的**因而只应用外部原因来说明的事情。(见穆勒。①)——

那些仍然被贵金属的感性光辉照得眼花缭乱,因而仍然是金

① 见詹·穆勒《政治经济学原理》1823 年巴黎版第32—33 页。——编者注

属货币的拜物教徒的民族,还不是完全的货币民族。法国和英国之间的对立。——

例如,从**拜物教**就可看出,理论之谜的解答在何种程度上是实践的任务并以实践为中介,真正的实践在何种程度上是现实的和实证的理论的条件。拜物教徒的感性意识不同于希腊人的感性意识,因为他的感性存在还不同于希腊人的感性存在。只要人对自然界的感觉,自然界的人的感觉,因而也是**人**的**自然**感觉还没有被人本身的劳动创造出来,那么感觉和精神之间的抽象的敌对就是必然的。——

平等不过是德国人所说的自我=自我①译成法国的形式即政治的形式。平等,作为共产主义的**基础**,是共产主义的**政治的**论据。这同德国人借助于把人理解为**普遍的自我意识**来论证共产主义,是一回事。不言而喻,异化的扬弃总是从作为**统治**力量的异化形式出发:在德国是**自我意识**;在法国是**平等**,因为这是政治;在英国是现实的、物质的、仅仅以自身来衡量自身的**实际**需要。对于蒲鲁东,应当从这一点出发来加以批判和承认。**74**——

如果我们把**共产主义**本身——因为它是否定的否定——称为对人的本质的占有,而这种占有以否定私有财产作为自己的中介,因而还不是**真正的**、从自身开始的肯定,而只是从私有财产开始的肯定,[……]②可见,既然人的生命的现实的异化仍在发生,而且人们越意识到它是异化,它就越成为更大的异化;所以,对异化的扬弃只有通过付诸实行的共产主义才能完成。要扬弃私有财产的

① 德国哲学家约·哥·费希特用的一个公式。——编者注
② 手稿这一页的左下角破损,最后六行原文残缺不全。——编者注

思想,有思想上的共产主义就完全够了。而要扬弃现实的私有财产,则必须有**现实的**共产主义行动。历史将会带来这种共产主义行动,而我们**在思想中**已经认识到的那正在进行自我扬弃的运动,在现实中将经历一个极其艰难而漫长的过程。但是,我们从一开始就意识到了这一历史运动的局限性和目的,并且有了超越历史运动的意识,我们应当把这一点看做是现实的进步。——

当共产主义的**手工业者**联合起来的时候,他们首先把学说、宣传等等视为目的。但是同时,他们也因此而产生一种新的需要,即交往的需要,而作为手段出现的东西则成了目的。当法国社会主义工人联合起来的时候,人们就可以看出,这一实践运动取得了何等光辉的成果。吸烟、饮酒、吃饭等等在那里已经不再是联合的手段,不再是联系的手段。交往、联合以及仍然以交往为目的的叙谈,对他们来说是充分的;人与人之间的兄弟情谊在他们那里不是空话,而是真情,并且他们那由于劳动而变得坚实的形象向我们放射出人类崇高精神之光。——

[XX]//当国民经济学主张需求和供给始终相符的时候,它立即忘记,按照它自己的主张,**人**的供给(人口论)始终超过对人的需求;因而,需求和供给之间的比例失调在整个生产的重要结果——人的生存——上得到最显著的表现。——//

//作为手段出现的货币在什么程度上成为真正的**力量**和唯一的**目的**,那使我成为本质并使我占有异己的对象性本质的**手段**在什么程度上成为**目的本身**……可以从下面一点看出来:地产(在土地是生活的源泉的地方)以及**马**和**剑**(在它们是**真正的生存手段**的地方)也都被承认为真正的政治的生命力。在中世纪,一个等级,只要它能佩**剑**,就成为自由的了。在游牧民族那里,有**马**就

使人成为自由的人,成为共同体的参加者。——//

//我们在上面说过,人又退回到**洞穴中居住**,等等,然而是在一种异化的、敌对的形式下退回到那里的。野人在自己的洞穴——这个自由地给他们提供享受和庇护的自然要素——中并不感到陌生,或者说,感到如同**鱼**在水中那样自在。但是,穷人的地下室住所却是敌对的、"具有异己力量的住所,只有当他把自己的血汗献给它时才让他居住";他无权把这个住所看成自己的家园,而只有在自己的家园,他才能够说:这里就是我的家;相反,他是住在**别人的**家里,住在一个每天都在暗中监视着他,只要他不交房租就立即将他抛向街头的**陌生人**的家里。他同样知道,就质量来说,他的住所跟**彼岸的**在财富天国中的人的住所是迥然不同的。//

//异化既表现为**我的**生活资料属于**别人**,**我**所希望的东西是我不能得到的、**别人的**占有物;也表现为每个事物本身都是不同于它本身的**另一个东西**,我的活动是**另一个东西**,而最后,——这也适用于资本家,——则表现为一种**非人的**力量统治一切。//

//仅仅供享受的、不活动的和供挥霍的财富的规定在于:享受这种财富的人,一方面,仅仅作为**短暂的**、恣意放纵的个人而**行动**,并且把别人的奴隶劳动、把人的**血汗**看做自己的贪欲的虏获物,所以他把人本身,因而也把自己本身看做可牺牲的无价值的存在物。在这里,对人的蔑视,表现为狂妄放肆,表现为对那可以维持成百人生活的东西的任意糟蹋,又表现为一种卑鄙的幻觉,即仿佛他的无节制的挥霍浪费和放纵无度的非生产性消费决定着别人的**劳动**,从而决定着别人的**生存**;他把人的**本质力量**的实现,仅仅看做自己无度的要求、自己突发的怪想和任意的奇想的实现。但是,另一方面,财富又被仅仅看做手段,看做应当加以消灭的东西。因而,他既是自己财富的奴隶,同时又是它的主人;既是慷慨大方的,同时又是卑鄙无耻的、性情乖张的、傲慢自负的、目空一切的、文雅的、有教养的和机智的。他还没有体验到这种财富是一种作为凌驾于自己之上的完全**异己的力量**的财富。他宁愿把财富仅仅看做自身的力量,而且[……]①终极目的[不是]财富,而是**享受**。面对着这种财富[……]①[XXI]同这种为感性外观所眩惑的关于财富本质的美妙幻想相对立的,是**实干的、清醒的、朴素的(节俭的)**②、看清财富本质的工业家;不过,当他为挥霍者的享受欲开辟越来越大的范围,并且用自己的各种产品向挥霍者百般献媚时——他的一切产品正是对挥霍者欲望的卑劣恭维——,他也懂得以唯一**有利的**方式把挥霍者的正在消失的力量据为己有。//因此,如果说工业财富在开始时表现为挥霍的、幻想的财富的结果,那么后来工业财富的运动就以能动的方式即通过它本身的运动排除了挥霍的、幻想的财富。//**货币利息**的降低是工业运动的必然后果和结果。因此,挥霍的食利者的资金日益减少,同享受的手段和诱惑的增加恰成**反**比。这样,他必定或者吃光自己的资本,从而走向破产,或者自己成为工业资本家……   另一方面,**地租**固然由于工业运动的进程而直接不断地提高,但是,正如我们已经看到的,总有一天,地产必定和其他一切财产一样,落入那会带来利润的、自行再生产的资本的范畴,而且这是同一个工业运动的结果。因此,挥霍的地主也必定或者吃光自己的资本,从而走向破产,或者自己成为他自己土地的租地农场主,即经营农业的实业家。——

---

① 手稿此处缺损。——编者注
② 手稿中"节俭的"写在"朴素的"上方。——编者注

因此,货币利息降低——蒲鲁东把这看成资本的扬弃和资本社会化的倾向①——不如说直接地就是劳动的资本对挥霍的财富的彻底胜利的征兆,也就是一切私有财产向**工业**资本转化。这是私有财产对它的**表面**上还合乎人性的一切性质的彻底胜利,是私有者对私有财产的本质——**劳动**——的完全服从。

当然,工业资本家也享受。他决不退回到违反自然的粗陋需要。但是,他的享受仅仅是次要的事情,是一种服从于生产的休息;同时,他的享受是**精打细算的**,从而本身就是一种**经济的**享受,因为资本家把自己的享受也算入资本的费用。因此,他为自己的享受所挥霍的钱只限于这笔花费能通过会带来利润的资本再生产而重新得到补偿。可见,享受服从于资本,享受的个人服从于资本化的个人,而以前的情况恰恰相反。因此,利息的减少,只有当它是资本的统治正在完成的征兆,也就是异化正在完成因而加速其扬弃的征兆的时候,才是资本的扬弃的征兆。一般说来,这就是存在的东西确证自己的对立面的唯一方式。——//

因此,国民经济学家关于奢侈和节约的争论,不过是已弄清了财富本质的国民经济学同还沉湎于浪漫主义的反工业的回忆的国民经济学之间的争论。但是,双方都不善于把争论的对象用简单的词句表达出来,因而双方相持不下。——

[Ⅵ]

[XXII](见第 XVIII 页)

---

① 参看皮·约·蒲鲁东《什么是财产?》第 4 章的第 7 个论题的历史评述,见该书 1841 年巴黎版第 230—231 页。——编者注

因此,黑格尔的《现象学》及其最后成果——辩证法,作为推动原则和创造原则的否定性——的伟大之处首先在于,黑格尔把人的自我产生看做一个过程,把对象化看做非对象化,看做外化和这种外化的扬弃;可见,他抓住了**劳动**的本质,把对象性的人、现实的因而是真正的人理解为人**自己的劳动**的结果。[63]人同作为类存在物的自身发生**现实的、能动的**关系,或者说,人作为现实的类存在物即作为人的存在物的实现,只有通过下述途径才有可能:人确实显示出自己的全部**类力量**——这又只有通过人的全部活动、只有作为历史的结果才有可能——并且把这些力量当做对象来对待,而这首先又只有通过异化的形式才有可能。

我们将以《现象学》的最后一章——绝对知识——来详细说明黑格尔的片面性和局限性。这一章既包含经过概括的《现象学》的精神,包含《现象学》同思辨的辩证法的关系,也包含黑格尔对这二者及其相互关系的**理解**。

且让我们先指出一点:黑格尔是站在现代国民经济学家的立场上的。[64]他把**劳动**看做人的**本质**,看做人的自我确证的本质;他只看到劳动的积极的方面,没有看到它的消极的方面。劳动是**人在外化范围之内**的或者作为**外化的**人的**自为的**生成。黑格尔唯一知道并承认的劳动是**抽象的精神的**劳动。因此,黑格尔把一般说来构成哲学的**本质**的那个东西,即**知道自身的人的外化**或者**思考自身的、外化的**科学,看成劳动的本质;因此,同以往的哲学相反,他能把哲学的各个环节加以总括,并称自己的哲学才是**哲学**。至于其他哲学家做过的事情——把自然界和人类生活的各个环节看做自我意识的而且是抽象的自我意识的环节——,黑格尔**认为**那只是哲学的**行动**。因此,他的科学是绝对的。

现在让我们转向我们的本题。

绝对知识。《现象学》的最后一章。[65]

主要之点就在于:**意识的对象**无非是**自我意识**;或者说,对象不过是**对象化的自我意识**、作为对象的自我意识。(设定人＝自我意识。)

因此,需要克服**意识的对象**。**对象性**本身被认为是人的**异化了的**、同人的本质即自我意识不相适应的关系。因此,**重新占有**在异化规定内作为异己的东西产生的人的对象性本质,不仅具有扬弃**异化**的意义,而且具有扬弃**对象性**的意义,就是说,因此,人被看成**非对象性的**、**唯灵论的**存在物。

黑格尔对**克服意识的对象**的运动作了如下的描述:

对象不仅表现为向**自我**[das *Selbst*]复归的东西(在黑格尔看来,这是对这一运动的**片面的**即只抓住了一个方面的理解)。设定人＝自我。但是,自我不过是被**抽象地**理解的和通过抽象产生出来的人。人是自我的[selbstisch]。人的眼睛、人的耳朵等等都是**自我的**;人的每一种本质力量在人身上都具有**自我性**[*Selbstigkeit*]这种特性。但是,正因为这样,说**自我意识**具有眼睛、耳朵、本质力量,就完全错了。毋宁说,**自我意识**是人的自然即人的眼睛等等的质,而并非人的自然是[XXIV]**自我意识**的质。①

本身被抽象化和固定化的自我,是作为**抽象的利己主义者**的人,他被提升到自己的纯粹抽象、被提升到思维的**利己主义**。(下文还要谈到这一点。)

———————————

① 参看马克思《乔治·威廉·弗里德里希·黑格尔〈精神现象学〉摘要〈绝对知识〉章》(《马克思恩格斯全集》中文第2版第3卷第366—367页)。——编者注

人的**本质**,人,在黑格尔看来=**自我意识**。因此,人的本质的全部**异化不过是自我意识的异化**。自我意识的异化没有被看做人的本质的**现实**异化的**表现**,即在知识和思维中反映出来的这种异化的表现。相反,**现实的**即真实地出现的异化,就其潜藏在**内部最深处的**——并且只有哲学才能揭示出来的——本质来说,不过是现实的人的本质即**自我意识**的**异化现象**。因此,掌握了这一点的科学就叫做**现象学**。因此,对异化了的对象性本质的全部重新占有,都表现为把这种本质合并于自我意识;掌握了自己本质的人,**仅仅**是掌握了对象性本质的自我意识。因此,对象向自我的复归就是对对象的重新占有。——

意识的对象的克服可**全面**表述如下:

(1)对象本身对意识来说是正在消逝的东西;

(2)自我意识的外化设定物性;

(3)这种外化不仅有**否定的**意义,而且有**肯定的**意义;

(4)它不仅**对我们**有这种意义或者说自在地有这种意义,而且**对它本身**也有这种意义;

(5)对象的否定,或对象的自我扬弃,**对意识**所以有**肯定的**意义,或者说,它所以**知道**对象的这种虚无性,是由于它把自身外化了,因为它在这种外化中把**自身**设定为对象,或者说,为了**自为存在**的不可分割的统一性而把对象设定为自身;

(6)另一方面,这里同时包含着另一个环节,即意识扬弃这种外化和对象性,同样也把它们收回到自身,因此,它在**自己的**异在**本身**中就是**在自身**;

(7)这就是意识的运动,因而也是意识的各个环节的总体;

(8)意识必须依据对象的各个规定的总体来对待对象,同样也必须依据这个总体的每一个规定来把握对象。对象的各个规定的这种总体使对象**自在地**成为**精神的本质**,而对意识来说,对象所以真正成为**精神的本质**,是由于把这个总体的每一个别的规定理解为**自我**的规定,或者说,是由于对这些规定采取了上述的**精神的**态度。①

补入(1)。所谓对象本身对意识来说是正在消逝的东西,就是上面提到的**对象向自我的复归**。

补入(2)。**自我意识的外化**设定**物性**。因为人=自我意识,所以人的外化的、对象性的本质即**物性**(**对他来说**是**对象**的那个东西,而且只有对他来说是本质的对象并因而是他的**对象性的**本质的那个东西,才是他的真正的对象。既然被当做主体的不是**现实的人**本身,因而也不是**自然**——人是**人的自然**——而只是人的抽象,即自我意识,所以物性只能是外化的自我意识)=**外化的自我意识**,而**物性**是由这种外化设定的。一个有生命的、自然的、具备并赋有对象性的即物质的本质力量的存在物,既拥有它的本质的**现实的**、自然的**对象**,而它的自我外化又设定一个**现实的**、却以**外在性**的形式表现出来因而不属于它的本质的、极其强大的对象世界,这是十分自然的。这里并没有什么不可捉摸的和神秘莫测的东西。相反的情况倒是神秘莫测的。但是,同样明显的是,**自我意识通过自己的外化所能设定的只是物性**,即只是抽象物、抽象的物,而不是**现实的**物。[XXVI]②此外还很明显的是:物性因此对

① 上述有关"意识的对象的克服"这八点说明,几乎逐字逐句摘自黑格尔《精神现象学》最后一章《绝对知识》。参看《马克思恩格斯全集》中文第2版第3卷第366—367页。——编者注
② 马克思在手稿的页码中漏编了第XXV页。——编者注

自我意识来说决不是什么**独立的**、**实质的东西**,而只是纯粹的创造物,是自我意识所**设定的东西**,这个被设定的东西并不证实自己,而只是证实设定这一行动,这一行动在一瞬间把自己的能力作为产物固定下来,使它**表面上**具有独立的、现实的本质的作用——但仍然只是一瞬间。

当现实的、肉体的、站在坚实的呈圆形的地球上呼出和吸入一切自然力的**人**通过自己的外化把自己现实的、对象性的**本质力量**设定为异己的对象时,**设定**并不是主体;它是**对象性的**本质力量的主体性,因此这些本质力量的活动也必定是**对象性的**活动。对象性的存在物进行对象性活动,如果它的本质规定中不包含对象性的东西,它就不进行对象性活动。它所以创造或设定对象,只是因为它是被对象设定的,因为它本来就是**自然界**。因此,并不是它在设定这一行动中从自己的"纯粹的活动"转而**创造对象**,而是它的**对象性的**产物仅仅证实了它的**对象性**活动,证实了它的活动是对象性的自然存在物的活动。

我们在这里看到,彻底的自然主义或人道主义,既不同于唯心主义,也不同于唯物主义,同时又是把这二者结合起来的真理。我们同时也看到,只有自然主义能够理解世界历史的行动。[66]

//**人直接地是自然存在物**。[67]人作为自然存在物,而且作为有生命的自然存在物,一方面具有**自然力**、**生命力**,是**能动的**自然存在物;这些力量作为天赋和才能、作为**欲望**存在于人身上;另一方面,人作为自然的、肉体的、感性的、对象性的存在物,同动植物一样,是**受动的**[68]、受制约的和受限制的存在物,就是说,他的欲望的**对象**是作为不依赖于他的**对象**而存在于他之外的;但是,这些对象是他的**需要的对象**;是表现和确证他的本质力量所不可缺少的、重要的**对象**。说人是**肉体的**、有自然力的、有生命的、现实的、感性的、对象性的存在物,这就等于说,人有**现实的**、**感性的对象**作为自己本质的即自己生命表现的对象;或者说,人只有凭借现实的、感性的对象才能**表现**自己的生命。说一个东西**是**对象性的、自然的、感性的,又说,在这个东西自身之外有对象、自然界、感觉,或者说,它自身对于第三者来说是对象、自然界、感觉,这都是同一个意思。//**饥饿**是自然的**需要**;因此,为了使自身得到满足,使自身解除饥饿,它需要自身之外的**自然界**、自身之外的**对象**。饥饿是我的身体对某一**对象**的公认的需要,这个对象存在于我的身体之外,是使我的身体得以充实并使本质得以表现所不可缺少的。太阳是植物的**对象**,是植物所不可缺少的、确证它的生命的对象,正像植物是太阳的对象,是太阳的唤醒生命的力量的**表现**,是太阳的**对象性的**本质力量的**表现**一样。

一个存在物如果在自身之外没有自己的自然界,就不是**自然**存在物,就不能参加自然界的生活。一个存在物如果在自身之外没有对象,就不是对象性的存在物。一个存在物如果本身不是第三存在物的对象,就没有任何存在物作为自己的**对象**,就是说,它没有对象性的关系,它的存在就不是对象性的存在。[XXVII]非对象性的存在物是**非存在物**[Unwesen]。

假定一种存在物本身既不是对象,又没有对象。这样的存在物首先将是一个**唯一的**存在物,在它之外没有任何存在物存在,它孤零零地独自存在着。因为,只要有对象存在于我之外,只要我不是**独自**存在着,那么我就是和在我之外存在的对象不同的**他物**、**另一个现实**。因此,对这个第三对象来说,我是和它不同的**另一个现实**,也就是说,我是**它的**对象。这样,一个存在物如果不是另一个存在物的对象,那么就要以没有**任何一个**对象性的存在物存在为前提。只要我有一个对象,这个对象就以我作为对象。而**非对象性的**存在物是一种非现实的、非感性的、只是思想上的即只是想象出来的存在物,是抽象的东西。说一个东西是**感性的**即现实的,是说它是感觉的对象,是**感性的**对象,也就是说在自身之外有感性的对象,有自己的感性的对象。说一个东西是感性的,是说它是**受动的**。

因此,人作为对象性的、感性的存在物,是一个**受动的**存在物;因为它感到自己是受动的,所以是一个**有激情的**存在物。激情、热情是人强烈追求自己的对象的本质力量。

//但是,人不仅仅是自然存在物,而且是**人的**自然存在物,就是说,是自为地存在着的存在物,因而是**类存在物**。他必须既在自己的存在中也在自己的知识中确证并表现自身。// //因此,正像**人的**对象不是直接呈现出来的自然对象一样,直接地**存在着**的、客观地存在着的**人的感觉**,也不是**人的**感性、人的对象性。自然界,无论是客观的还是主观的,都不是直接同**人的**存在物相适合地存在着。//

正像一切自然物必须**形成**一样,**人**也有自己的形成过程即**历史**,但历史对人来说是被认识到的历史,因而它作为形成过程是一种有意识地扬弃自身的形成过程。历史是人的真正的自然史。——(关于这一点以后还要回过来谈。)

第三,因为物性的这种设定本身不过是一种外观,一种与纯粹活动的本质相矛盾的行为,所以这种设定也必然重新被扬弃,物性必然被否定。

补入(3)、(4)、(5)、(6)。(3)意识的这种外化不仅有**否定的**

意义,而且也有**肯定的**意义。(4)它不仅**对我们**有这种肯定的意义或者说自在地有这种肯定的意义,而且对它即意识本身也有这种肯定的意义。(5)对象的否定,或对象的自我扬弃,**对意识**所以有**肯定的**意义,或者说,它所以**知道**对象的这种虚无性,是由于它把**自身**外化了,因为意识在这种外化中**知道**自身是对象,或者说,由于**自为存在**的不可分割的统一性而知道对象是它自身。(6)另一方面,这里同时包含着另一个环节,即意识扬弃这种外化和对象性,同样也把它们收回到自身,因此,它在自己的**异在本身**中就是**在自身**。

我们已经看到,对于被异化的对象性本质的占有,或在**异化**——它必然从漠不关心的异己性发展到现实的、敌对的异化——这个规定内对于对象性的扬弃,在黑格尔看来,同时或甚至主要地具有扬弃**对象性**的意义,因为并不是对象的**一定的**性质,而是它的**对象性的**性质本身,对自我意识来说是一种障碍和异化。因此,对象是一种否定的东西、自我扬弃的东西,是一种**虚无性**。对象的这种虚无性对意识来说不仅有否定的意义,而且有**肯定的**意义,因为对象的这种**虚无性**正是它自身的非对象性的即[XXVIII]抽象的**自我确证**。对于**意识本身**来说,对象的虚无性所以有肯定的意义,是因为意识**知道**这种虚无性、这种对象性本质是它自己的**自我外化**,知道这种虚无性只是由于它的自我外化才存在……　意识的存在方式,以及对意识来说某个东西的存在方式,就是**知识**。知识是意识的唯一的行动。因此,只要意识**知道某个东西**,那么这个东西对意识来说就生成了。知识是意识的唯一的对象性的关系。——意识所以知道对象的虚无性,就是说,意识所以知道对象同它之间的差别的非存在,对象对它来说是非存在,是因为意识知道对象是它的**自我外化**,就是说,意识所以知道自己——作为对象的知识——,是因为对象只是对象的**外观**、障眼的云雾,而就它的本质来说不过是知识本身,知识把自己同自身对立起来,从而把某种**虚无性**,即在知识之外没有**任何**对象性的某种东西同自身对立起来;或者说,知识知道,当它与某个对象发生关系时,它只是**在自身之外**,使自身外化;它知道**它本身**只**表现为**对象,或者说,对它来说表现为对象的那个东西仅仅是它本身。

另一方面,黑格尔说,这里同时包含着另一个环节,即意识扬弃这种外化和对象性,同样也把它们收回到自身,因此,它在自己的**异在本身**中就是**在自身**。

这段议论汇集了思辨的一切幻想。

第一,意识、自我意识在**自己的异在本身**中就是**在自身**。因此,自我意识——或者,如果我们在这里撇开黑格尔的抽象而设定人的自我意识来代替自我意识——在自己的**异在本身**中就是**在自身**。

这里首先包含着:意识——作为知识的知识——作为思维的思维——直接地冒充为它自身的**他物**,冒充为感性、现实、生命,——在思维中超越自身的思维。(费尔巴哈。)①这里所以包含着这一方面,是因为仅仅作为意识的意识所碰到的障碍不是异化了的对象性,而是**对象性本身**。

第二,这里包含着:因为有自我意识的人认为精神世界——或人的世界在精神上的普遍存在——是自我外化并加以扬弃,所以

---

① 路·费尔巴哈在《未来哲学原理》1843 年苏黎世—温特图尔版第 55 页第 30 条称"黑格尔是一位在思维中**超越**自身的思想家"。——编者注

他仍然重新通过这个外化的形态确证精神世界,把这个世界冒充为自己的真正的存在,恢复这个世界,假称在**自己的异在本身**中就是**在自身**。因此,在扬弃例如宗教之后,在承认宗教是自我外化的产物之后,他仍然在**作为宗教的宗教**中找到自身的确证。黑格尔的**虚假的**实证主义或他那只是**虚有其表的**批判主义的根源就**在于**此,这也就是费尔巴哈所说的宗教或神学的设定、否定和恢复,然而这应当以更一般的形式来表述。① 因此,理性在作为非理性的非理性中就是在自身。一个认识到自己在法、政治等等中过着外化生活的人,就是在这种外化生活本身中过着自己的真正的人的生活。因此,与自身相**矛盾**的,既与知识又与对象的本质相矛盾的自我肯定、自我确证,是真正的**知识**和真正的**生活**。

因此,现在不用再谈关于黑格尔对宗教、国家等等的适应了,因为这种谎言是他的原则的谎言。

[**XXIX**]如果我**知道**宗教是**外化的**人的自我意识,那么我也就知道,在作为宗教的宗教中得到确证的不是我的自我意识,而是我的外化的自我意识。这就是说,我知道我的属于自身的、属于我的本质的自我意识,不是在**宗教**中,倒是在**被消灭**、**被扬弃的**宗教中得到确证的。

因此,在黑格尔那里,否定的否定不是通过否定假本质来确证真本质,而是通过否定假本质来确证假本质或同自身相异化的本质,换句话说,否定的否定是否定作为在人之外的、不依赖于人的对象性本质的这种假本质,并使它转化为主体。

---

① 路·费尔巴哈《未来哲学原理》1843年苏黎世—温特图尔版第34—42页。——编者注

因此,把否定和保存即肯定结合起来的**扬弃**起着一种独特的作用。

例如,在黑格尔法哲学中,扬弃了的**私法**=**道德**,扬弃了的道德=**家庭**,扬弃了的家庭=**市民社会**[12],扬弃了的市民社会等于**国家**,扬弃了的国家=**世界历史**。[69]在**现实**中,私法、道德、家庭、市民社会、国家等等依然存在着,它们只是变成**环节**,变成人的存在和存在方式,这些存在方式不能孤立地发挥作用,而是互相消融,互相产生等等。**运动的环节**。

在它们的现实存在中它们的**运动的**本质是隐蔽的。这种本质只是在思维中、在哲学中才表露、显示出来;因此,我的真正的宗教存在是我的**宗教哲学的**存在,我的真正的政治存在是我的**法哲学的**存在,我的真正的自然存在是**自然哲学的**存在,我的真正的艺术存在是**艺术哲学的**存在,我的真正的**人的**存在是我的**哲学的**存在。同样,宗教、国家、自然界、艺术的真正存在=宗教**哲学**、自然**哲学**、国家**哲学**、艺术**哲学**。但是,如果只有宗教哲学等等对我来说才是真正的宗教存在,那么我也就只有作为**宗教哲学家**才算是真正信教的,而这样一来,我就否定了**现实的**宗教信仰和现实的**信教的**人。但是,我同时**确证了**它们:一方面,是在我自己的存在中或在我使之与它们相对立的那个异己的存在中,因为异己的存在仅仅**是**它们的**哲学的**表现;另一方面,则是在它们自己的最初形式中,因为在我看来它们不过是**虚假的**异在、比喻,是隐蔽在感性外壳下面的它们自己的真正存在即我的**哲学的**存在的形式。

同样地,扬弃了的**质**=**量**,扬弃了的量=**度**,扬弃了的度=**本质**,扬弃了的本质=**现象**,扬弃了的现象=**现实**,扬弃了的现实=**概念**,扬弃了的概念=**客观性**,扬弃了的客观性=**绝对观念**,扬弃了的绝对观念=**自然界**,扬弃了的自然界=**主观**精神,扬弃了的主观精神=**伦理**的客观精神,扬弃了的伦理精神=**艺术**,扬弃了的艺术=**宗教**,扬弃了的宗教=**绝对知识**。**70**

一方面,这种扬弃是对思想上的本质的扬弃,就是说,**思想上的私有财产在道德的思想中进行自我扬弃**。而且因为思维自以为直接就是和自身不同的另一个东西,**即感性的现实**,从而认为自己的活动也是**感性的现实**的活动,所以这种思想上的扬弃,在现实中没有触动自己的对象,却以为实际上克服了自己的对象;另一方面,因为对象对于思维来说现在已成为一个思维环节,所以对象在自己的现实中也被思维看做思维本身的即自我意识的、抽象的自我确证。

[XXX]因此,从一方面来说,黑格尔在哲学中**扬弃**的存在,并不是**现实的**宗教、国家、自然界,而是已经成为知识的对象的宗教本身,即**教义学;法学、国家学、自然科学**也是如此。因此,从一方面来说,黑格尔既同**现实的**本质相对立,也同直接的、非哲学的**科学**或这种本质的非哲学的**概念**相对立。因此,黑格尔是同它们的通用的概念相矛盾的。

另一方面,信奉宗教等等的人可以在黑格尔那里找到自己的最后的确证。

现在应该考察——在异化这个规定之内——黑格尔辩证法的**积极的**环节。

//(a)**扬弃**是**把**外化**收回到**自身的、对象性的运动。——这是在异化之内表现出来的关于通过扬弃对象性本质的异化来**占有**对象性本质的见解;这是异化的见解,它主张人的**现实的对象化**,主张人通过消灭对象世界的**异化的**规定、通过在对象世界的异化存在中扬弃对象世界而现实地占有自己的对象性本质,//正像无神论作为神的扬弃就是理论的人道主义的生成,而共产主义作为私有财产的扬弃就是要求归还真正人的生命即人的财产,就是实践的人道主义的生成一样;或者说,无神论是以扬弃宗教作为自己的中介的人道主义,共产主义则是以扬弃私有财产作为自己的中介的人道主义。只有通过对这种中介的扬弃——但这种中介是一个必要的前提——积极地从自身开始的即**积极的**人道主义才能产生。

然而,无神论、共产主义决不是人所创造的对象世界的消逝、舍弃和丧失,决不是人的采取对象形式的本质力量的消逝、舍弃和丧失,决不是返回到非自然的、不发达的简单状态去的贫困。恰恰相反,无神论、共产主义才是人的本质的现实的生成,是人的本质对人来说的真正的实现,或者说,是人的本质作为某种现实的东西的实现。

这样,因为黑格尔理解到——尽管又是通过异化的方式——有关自身的否定具有的**积极**意义,所以同时也把人的自我异化、人的本质的外化、人的非对象化和非现实化理解为自我获得、本质的表现、对象化、现实化。//简单地说,他——在抽象的范围内——把劳动理解为人的**自我产生的行动**,把人对自身的关系理解为对异己存在物的关系,把作为异己存在物的自身的实现理解为生成着的**类意识**和**类生活**。//

(b)但是,撇开上述的颠倒说法不谈,或者更正确地说,作为上述颠倒说法的结果,在黑格尔那里,这种行动,第一,**仅仅是形式的**,因为它是抽象的,因为人的本质本身仅仅被看做**抽象的**、**思维着的本质**,即自我意识;而第二,因为这种观点是**形式的**和**抽象的**,所以外化的扬弃成为外化的确证,或者说,在黑格尔看来,**自我产生**、**自我对象化**的运动,作为**自我外化和自我异化**的运动,是**绝对的**因而也是最后的、以自身为目的的、安于自身的、达到自己本质的**人的生命表现**。因此,这个运动在其抽象[XXXI]形式上,作为辩证法,被看成**真正人的生命**;而因为它毕竟是人的生命的抽象、异化,所以它被看成**神性的过程**,然而是人的神性的过程,——人的与自身有区别的、抽象的、纯粹的、绝对的本质本身所经历的过程。

第三,这个过程必须有一个承担者、主体;但主体只作为结果出现;因此,这个结果,即知道自己是绝对自我意识的主体,就是**神**,**绝对精神**,就是**知道自己并且实现自己的观念**。现实的人和现实的自然界不过是成为这个隐蔽的非现实的人和这个非现实的自然界的谓语、象征。因此,主语和谓语之间的关系被绝对地相互颠倒了:这就是**神秘的主体—客体**,或**笼罩在客体上的主体性**,作为**过程**的**绝对主体**,作为使自身**外化**并且从这种外化返回到自身的、但同时又把外化收回到自身的**主体**,以及作为这一过程的主体;这就是在自身内部的纯粹的、**不停息的旋转**。**71**

关于第一:对人的自我产生的行动或自我对象化的行动的**形式的**和**抽象的**理解。

因为黑格尔设定人＝自我意识,所以人的异化了的对象、人的异化了的本质现实性,无非就是**意识**,就是异化的思想,就是异化的**抽象的**因而无内容的和非现实的表现,即**否定**。因此,外化的扬弃也不外是对这种无内容的抽象进行抽象的、无内容的扬弃,即**否定的否定**。因此,自我对象化的内容丰富的、活生生的、感性的、具体的活动,就成为这种活动的纯粹抽象,成为**绝对的否定性**,而这种抽象又作为抽象固定下来,并且被想象为独立的活动,或者干脆被想象为活动。因为这种所谓否定性无非是上述现实的、活生生的行动的**抽象的无内容的**形式,所以它的内容也只能是**形式的**、抽去一切内容而产生的内容。因此,这就是普遍的,抽象的,适合于任何内容的,从而既超脱任何内容同时又恰恰对任何内容都有效的,脱离**现实**精神和**现实**自然界的**抽象形式**、思维形式、逻辑范畴。(下文我们将阐明绝对的否定性的**逻辑**内容。)

黑格尔在这里——在他的思辨的逻辑学里——所完成的积极的东西在于:独立于自然界和精神的**特定概念**、普遍的**固定的思维形式**,是人的本质普遍异化的必然结果,因而也是人的思维普遍异化的必然结果;因此,黑格尔把它们描绘成抽象过程的各个环节并且把它们联贯起来了。例如,扬弃了的存在是本质,扬弃了的本质是概念,扬弃了的概念……是绝对观念。**[72]**然而,绝对观念究竟是什么呢? 如果绝对观念不想再去从头经历全部抽象行动,不想再满足于充当种种抽象的总体或充当理解自我的抽象,那么绝对观念也要再一次扬弃自身。但是,把自我理解为抽象的抽象,知道自己是无;它必须放弃自身,放弃抽象,从而达到那恰恰是它的对立面的本质,达到**自然界**。因此,全部逻辑学都证明,抽象思维本身是无,绝对观念本身是无,只有**自然界**才是某物。[XXXII]绝对观念、**抽象**观念,

"从它与自身统一这一方面来**考察**就是**直观**"(黑格尔《全书》第 3 版**[61]**第 222 页),它"在自己的绝对真理中**决心**把自己的特殊性这一环节,或最初的规定和异在这一环节,即作为自己的反映的**直接观念,从自身释放出去**,就是说,把自身作为**自然界从自身释放出去**"(同上),

举止如此奇妙而怪诞、使黑格尔分子伤透了脑筋的这整个观念,无

非始终是**抽象**,即抽象思维者,这种抽象由于经验而变得聪明起来,并且弄清了它的真相,于是在某些——虚假的甚至还是抽象的——条件下决心**放弃自身**,而用自己的异在,即特殊的东西、特定的东西,来代替自己的在自身的存在(非存在)①,代替自己的普遍性和不确定性;决心把那只是作为抽象、作为思想物而隐藏在它里面的**自然界从自身释放出去**,就是说,决心抛弃抽象而去观察一番**摆脱**了它的自然界。直接成为**直观**的抽象观念,无非始终是那种放弃自身并且决心成为**直观**的抽象思维。从逻辑学到自然哲学的这整个过渡,无非是对抽象思维者来说如此难以实现、因而由他作了如此离奇的描述的从**抽象**到**直观**的过渡。有一种**神秘**的感觉驱使哲学家从抽象思维转向直观,那就是**厌烦**,就是对内容的渴望。

(同自身相异化的人,也是同自己的**本质**即同自己的自然的和人的本质相异化的思维者。因此,他的那些思想是居于自然界和人之外的僵化的精灵。黑格尔把这一切僵化的精灵统统禁锢在他的逻辑学里,先是把它们每一个都看成否定,即**人**的思维的**外化**,然后又把它们看成否定的否定,即看成这种外化的扬弃,看成人的思维的**现实**表现;但是,这种否定的否定——尽管仍然被束缚在异化中——,一部分是使原来那些僵化的精灵在它们的异化中恢复;一部分是停留于最后的行动中,也就是在作为这些僵化的精灵的真实存在的外化中自身同自身相联系 (这就是说,黑格尔用那在自身内部旋转的抽象行动来代替这些僵化的抽象概念;于是,他就有了这样的贡献:他指明了就其起源

---

① 手稿中"非存在"写在"在自身的存在"的上方。——编者注

来说属于各个哲学家的一切不适当的概念的诞生地,把它们综合起来,并且创造出一个在自己整个范围内穷尽一切的抽象作为批判的对象,以代替某种特定的抽象。)(我们在下面将会看到,黑格尔为什么把思维同**主体**分隔开来;但就是现在也已经很清楚:如果没有人,那么人的本质表现也不可能是人的,因此思维也不能被看做是人的本质表现,即在社会、世界和自然界生活的有眼睛、耳朵等等的人的和自然的主体的本质表现。)︱;一部分则由于这种抽象理解了自身并且对自身感到无限的厌烦,所以,在黑格尔那里放弃抽象的、只在思维中运动的思维,即无眼、无牙、无耳、无一切的思维,便表现为决心承认**自然界**是本质并且转而致力于直观。)

[XXXIII]但是,被抽象地理解的、自为的、被确定为与人分隔开来的**自然界**,对人来说也是**无**。不言而喻,这位决心转向直观的抽象思维者是抽象地直观自然界的。正像自然界曾经被思维者禁锢于他的这种对他本身来说也是隐秘的和不可思议的形式即绝对观念、思想物中一样,现在,当他把自然界从自身释放出去时,他实际上从自身释放出去的只是这个**抽象的自然界**——不过现在具有这样一种意义,即这个自然界是思想的异在,是现实的、被直观的、有别于抽象思维的自然界——,只是自然界的**思想物**。或者用人的语言来说,抽象思维者在它直观自然界时了解到,他在神性的辩证法中以为是从无、从纯抽象中创造出来的那些本质——在自身中转动的并且在任何地方都不向现实看一看的思维劳动的纯粹产物——无非是**自然界诸规定的抽象概念**。因此,对他来说整个自然界不过是在感性的、外在的形式下重复逻辑的抽象概念而已。他重新把自然界**分解**为这些抽象概念。因此,他对自然界的直观

不过是他把对自然界的直观加以抽象化的确证行动,①不过是他有意识地重复的他的抽象概念的产生过程。例如,时间＝自身同自身相联系的否定性(前引书②,第238页)。扬弃了的运动即物质——在自然形式中——同扬弃了的生成即定在相符合。光是**反射于自身**的**自然**形式。像**月亮**和**彗星**这样的物体,是**对立物**的**自然**形式,按照《逻辑学》**9**,这种对立物一方面是**以自身为根据的肯定的东西**,而另一方面又是以自身为根据的**否定的东西**。地球是作为对立物的否定性统一的逻辑**根据**的**自然**形式,等等。

作为自然界的自然界,这是说,就它还在感性上不同于它自身所隐藏的神秘的意义而言,与这些抽象概念分隔开来并与这些抽象概念不同的自然界,就是**无**,是**证明**自己为**无**的**无**,是**无意义的**,或者只具有应被扬弃的外在性的意义。

"有限的**目的论**的观点包含着一个正确的前提,即自然界本身并不包含着绝对的目的。"(第225页)③

自然界的目的就在于对抽象的确证。

"结果自然界成为具有**异在**形式的观念。既然**观念**在这里表现为对自身的否定或**外在于自身**的东西,那么自然界并非只在相对的意义上对这种观念来说是外在的,而是**外在性**构成这样的规定,观念在其中表现为自然界。"(第227页)④

---

① 手稿中删去下面一段话:"我们姑且考察一下黑格尔的自然界诸规定以及从自然界到精神的过渡。自然界是作为具有异在形式的观念产生的。因为观念……"——编者注
② 指黑格尔《哲学全书纲要》1830年海德堡第3版。——编者注
③ 黑格尔《哲学全书纲要》1830年海德堡第3版第225页第245节。——编者注
④ 同上,第227页第247节。——编者注

在这里不应把**外在性**理解为**显露在外的**并且对光、对感性的人敞开的**感性**;在这里应该把外在性理解为外化,理解为不应有的偏差、缺陷。因为真实的东西毕竟是观念。自然界不过是观念的**异在的形式**。而既然抽象思维是**本质**,那么外在于它的东西,就其本质来说,不过是某种**外在的东西**。抽象思维者同时承认**感性**、同**在自身中**转动的思维相对立的**外在性**,是自然界的本质。但是,他同时又把这种对立说成这样,即**自然界的**这种**外在性**,自然界同思维的**对立**,是自然界的**缺陷**;就自然界不同于抽象而言,自然界是个有缺陷的存在物。[XXXIV]一个不仅对我来说、在我的眼中有缺陷而且本身就有缺陷的存在物,在它自身之外有一种为它所缺少的东西。这就是说,它的本质是不同于它自身的另一种东西。因此,对抽象思维者来说,自然界必须扬弃自身,因为他已经把自然界设定为潜在地**被扬弃的**本质。

"**对我们来说**,精神以**自然界**为自己的**前提**,精神是自然界的**真理**,因而对自然界来说,精神也是某种**绝对第一性的东西**。在这个真理中自然界消逝了,结果精神成为达到其自为的存在的观念,而**概念**则既是观念的**客体**,又是观念的**主体**。这种同一性是**绝对的否定性**,因为概念在自然界中有自己的完满的外在的客观性,但现在它的这种外化被扬弃了。而概念在这种外化中成了与自身同一的东西。因此,概念只有作为从自然界的回归才是这种同一性。"(第 392 页)①

"**启示**,作为**抽象**观念,是向自然界的直接的过渡,是自然界的**生成**,而作为自由精神的启示,则是自由精神把自然界**设定**为**自己的**世界,——这种设定,作为反思,同时又是把世界**假定**为独立的自然界。概念中的启示,是精神把自然界创造为自己的存在,而精神在这个存在中获得自己的自由的**确证**和

---

① 黑格尔《哲学全书纲要》1830 年海德堡第 3 版第 392 页第 381 节。
　　——编者注

真理。""**绝对的东西是精神**;这是绝对的东西的最高定义。"①

[Ⅶ]

其次,**地租**作为地租已经被推翻了,因为现代国民经济学与断言土地所有者是唯一真正的生产者的重农学派**39**相反,证明土地所有者本身倒是唯一的完全不生产的食利者。现代国民经济学认为,农业是资本家的事情,资本家只要有希望从农业得到通常的利润,他就会这样使用自己的资本。因此,重农学派所提出的论点,即认为土地所有者作为唯一生产的所有者应当单独支付国税,从而也唯有他们才有权对国税进行表决并参与国事,就变成了相反的论断,即地租税是对非生产收入征收的单一税,因而也是无损于国民生产的单一税。显然,照这样理解,土地所有者的政治特权就再也不可能来源于他们是主要纳税人这一事实了。——

凡是蒲鲁东认为是劳动反对资本的运动②,都不过是具有资本的规定即**工业资本**的规定的劳动反对那种不是**作为**资本即不是以工业方式来消费的资本的运动。而且,这一运动正沿着胜利的道路即**工业**资本胜利的道路前进。——因此,我们知道,只有把**劳动**理解为私有财产的本质,才能同时弄清楚国民经济学的运动本身的真正规定性。——

在国民经济学家看来,**社会**是**市民社会**,在这里任何个人都是

---

① 黑格尔《哲学全书纲要》1830 年海德堡第 3 版第 393 页第 384 节。——编者注

② 见本书第 210 页;并见第 57 页。——编者注

各种需要的整体,并且[XXXV]就人人互为手段而言,个人只为别人而存在,别人也只为他而存在。正像政治家议论**人权**时那样,国民经济学家把一切都归结为人,即归结为个人,从个人那里他抽去一切规定性,把个人确定为资本家或工人。——

分工是关于异化范围内的**劳动社会性**的国民经济学用语。换言之,因为**劳动**只是人的活动在外化范围内的表现,只是作为生命外化的生命表现,所以**分工**也无非是人的活动作为**真正类活动**或**作为类存在物的人的活动**的异化的、外化的设定。

关于**分工的本质**——**劳动**一旦被承认为**私有财产的本质**,分工就自然不得不被理解为财富生产的一个主要动力,——就是说,关于**作为类活动的人的活动**这种**异化的和外化的形式**,国民经济学家们讲得极不明确并且自相矛盾。

亚当·斯密:

"**分工**原不是人类智慧的结果。它是交换倾向和互相买卖产品缓慢而逐步发展的必然结果。这种交换倾向或许是应用理性和语言的必然结果。它为一切人所共有,在任何动物中间是找不到的。动物一旦长大,就独立生活。人则经常需要别人的帮助,如果他单单指望别人发善心给以帮助,那是徒劳的。如果他能求助于他们的个人利益,并能说服这些人,说他们自己的利益要求他们去做他希望他们做的事,这样就可靠得多了。在向他人求助的时候,我们不是求助于他们的**人性**,而是求助于他们的**利己主义**。我们对他们决不说**我们有需要**,而总是说**对他们有利**…… 这样一来,因为我们相互需要的帮助大部分是通过交换、交易、买卖获得的,所以**分工**的起因也正是这种**买卖倾向**。例如,在狩猎或游牧部落中,有个人制造弓矢比其他人更迅速、更有技巧。他往往用自己日常制作的这类东西去同部落的伙伴交换家畜和野味。他很快发觉,他用这种方法可以比他亲自去狩猎更容易获得这些东西。因此,他从自己的利益考虑,就把制作弓等等当做自己的主要工作。个人**天赋才能**的差别与其说是分工的**原因**,不如说是分工的**结果**…… 如果人没有交易和交换的倾向,那么每个人就得亲自生产一切生活上必需的和提供方便的东西。一切人都将不得不做**同样的日常工作**,这样,唯一能够造成才能上巨大差别的**职业上的巨大差别**就不会存在……　正像这种交换倾向造成人们的才能差异一样,这同一种倾向也使这种差异成为有益的。——动物的许多种,尽管是同类,都具有天生不同的属性,就其禀赋来说,它们比在没有受过教育的人那里看到的要显著得多。就才能和智力来说,哲学家和搬运夫之间的差异生来就比家犬和灵猩猎犬之间、灵猩猎犬和长毛垂耳犬之间、长毛垂耳犬和牧羊犬之间的差异要小得多。可是动物的这些不同的种,尽管是同类,却几乎无法相互为用。家犬无法[XXXVI]利用灵猩猎犬的敏捷以补充自己力气大的优势,等等。由于缺乏交易和交换的能力或倾向,这些不同的才能和不同程度的智力的作用不能全汇集在一起,而且丝毫不能有助于**类的优势**或共同的方便……　每个动物都必须独立生活和保卫自己;自然界让同类动物在能力上有差异,动物却不能由此得到丝毫好处。相反,人的各种极不相同的才能则能相互为用,因为依靠交易和交换这种普遍倾向,可以说,他们的每个不同工业部门的**不同产品**汇集成共同的资源,每个人可以按照自己的需要从中购买别人的劳动产品的一部分。——因为**交换**这种倾向产生了**分工**,所以**这种分工的发展程度**总是受**交换能力大小**,或换句话说,受**市场大小**的限制。如果市场非常小,那就不会鼓励人们完全致力于某一种职业,因为他不能用他本身消费不了的自己劳动产品的剩余部分,换取自己想获得的他人劳动产品的剩余部分……"在**进步的**状态下,"每个人都靠 échanges〈靠交换〉来生活,并成为一种**商人**,而**社会本身**,严格说也成为**商业**社会。〈见德斯杜特·德·特拉西:社会是一系列的相互交换,**商业**就是社会的整个本质。①〉……　资本的积累随着分工的发展而增长,反之亦然。"

以上是**亚当·斯密**说的。②

"如果每个家庭都生产自己的全部消费品,那么社会即使在不实行任何交换的情况下也可以继续存在。——交换虽然**不是基本的东西**,但在我们的

---

① 德斯杜特·德·特拉西《意识形态原理》1826 年巴黎版第 68、78 页。——编者注

② 亚·斯密《国民财富的性质和原因的研究》1802 年巴黎版第 1 卷第 29—37、46 页。——编者注

进步的社会状态下是不可缺少的。——分工是对人力的巧妙运用;分工可以增加社会产品、社会威力和社会享受,但是它剥夺、降低每一单个人的能力。——没有交换就不可能有生产。"

以上是让·巴·**萨伊**说的。①

"人生来就有的力量:他的智力和他从事劳动的身体素质。而来源于社会状态的力量,则在于**分工的能力**和**在不同的人中间分配不同工作**的能力……在于交换**相互服务**和交换那些构成生活资料的产品的**能力**…… 一个人为什么向别人提供自己的服务,其动机是利己心——他要求得到为别人服务的报酬。——排他性的私有财产的权利是人们之间进行交换所不可缺少的。""交换和分工是相互制约的。"

以上是**斯卡尔培克**说的。②

穆勒把发达的交换即**商业**说成是**分工的结果**。

"人的活动可以归结为极简单的要素。实际上,人能做的不过是引起运动;他能移动物品,使它们相互[XXXVII]离开或相互接近;其余的事情则由物质的特性来完成。人们在使用劳力和机器时常常发现,把彼此妨碍的操作分开并把一切能以某种方式相辅相成的操作结合起来,通过这样巧妙的分配,就可以加强效果。鉴于人们一般地不能以习惯使他们练就的从事少数几项操作的能力即以相同的速度和技巧来从事多项不同的操作,因此,尽可能地限制每个人的操作项目,总是有利的。——为了最有利地进行分工以及分配人力和机器力,在多数情况下,必须进行大规模操作,换句话说,必须大批地生产财富。这种好处是促使大制造业产生的原因。少数在有利条件下建立起来的这种大制造业,有时不仅向一个国家,而且向几个国家,按照那里要求的数量,供应它们所生产的产品。"

---

① 让·巴·萨伊《论政治经济学》1817 年巴黎第 3 版第 1 卷第 76—77 页。——编者注
② 弗·斯卡尔培克《社会财富的理论》1829 年巴黎版第 1 卷第 25—26、27、75 和 121 页。——编者注

以上是**穆勒**说的。①

但是,全部现代国民经济学一致同意:分工同生产的丰富,分工同资本的积累是相互制约的;只有**自由放任的**、自行其是的私有财产才能创造出最有利的和无所不包的分工。

亚当·斯密的论述可以归纳如下:分工给劳动以无限的生产能力。它起源于**交换和买卖的倾向**,这是人所特有的一种倾向,这种倾向很可能不是偶然的,而是通过应用理性和语言来决定的。进行交换的人们的动机不是**人性**而是**利己主义**。人的才能的差异与其说是分工即交换的原因,不如说是它的结果。也只有交换才使这种差异成为有用的。同类而不同种的动物的特殊属性生来就比人的禀赋和活动的差异显著得多。但是,因为动物不能从事**交换**,所以同类而不同种的动物具有的不同属性,对任何动物个体都没有用。动物不能把自己同类的不同属性汇集起来;它们丝毫无助于自己同类的**共同优势和方便**。人则不同,各种极不相同的才能和活动方式可以相互为用,**因为**人能够把各自的**不同产品汇集成共同的资源**,每个人都可以从中购买东西。因为分工是从**交换**的倾向产生的,所以分工依**交换的大小**、**市场的大小**而发展或受到限制。在进步的状态下,每个人都是**商人**,社会则是**商业社会**。

萨伊把**交换**看成偶然的、不是基本的东西。社会没有交换也可以存在。在进步的社会状态下,交换是不可缺少的。但是,**没有交换**就不可能有**生产**。分工对于社会财富来说是一个**方便的**、**有用的**手段,是对人力的巧妙运用,但是它降低**每一单个人的能力**。最后这个意见是萨伊的一个进步。

---

① 詹·穆勒《政治经济学原理》1823 年巴黎版第 7、11—12 页。——编者注

斯卡尔培克把个人的、人生来就有的力量即智力和从事劳动的身体素质,同来源于社会的力量即相互制约的交换和分工区别开来。但是,私有财产是交换的必要前提。在这里,斯卡尔培克用客观的形式表述了斯密、萨伊、李嘉图等人所说的东西,因为斯密等人把利己主义、私人利益称为交换的基础,或者把买卖称为交换的本质的和适合的形式。

穆勒把商业说成是分工的结果。他认为,人的活动可归结为机械的运动,分工和使用机器可以促进生产的丰富。委托给每个人的操作范围必须尽可能小。分工和使用机器也决定着财富的大量生产即产品的生产。这是大制造业产生的原因。——

[XXXVIII]对分工和交换的考察具有极为重要的意义,因为分工和交换是人的活动和本质力量——作为类的活动和本质力量——的明显外化的表现。

断言分工和交换以私有财产为基础,不外是断言劳动是私有财产的本质,国民经济学家不能证明这个论断而我们则愿意替他证明。分工和交换是私有财产的形式,这一情况恰恰包含着双重证明:一方面人的生命为了本身的实现曾经需要私有财产;另一方面人的生命现在需要消灭私有财产。

分工和交换是这样的两个现象,国民经济学家在考察它们时夸耀自己的科学的社会性,同时也无意中说出了他的科学所包含的矛盾,即依靠非社会的特殊利益来论证社会。

我们应当考察的各个因素:第一,交换的倾向——利己主义被认为是它的基础——被看做是分工的原因或分工的相互作用的因素。萨伊认为交换对于社会的本质来说不是基本的东西。用分工和交换来说明财富、生产。承认分工使个人活动贫乏和丧失。交换和分工被认为是产生**人的才能的**巨大**差异**的原因,这种差异又由于交换而成为**有用的**。斯卡尔培克把人的生产的本质力量或者说生产性的本质力量分为两部分:(1)个人的、他所固有的力量,即他的智力和从事一定劳动的特殊素质或能力;(2)**来源于**社会——不是**来源于**现实个人——的力量,即分工和交换。——其次:分工受**市场**的限制。——人的劳动是简单的**机械的运动**;最主要的事情由对象的物质特性去完成。——分配给每一个人的操作应当尽可能少。——劳动的划分和资本的积聚,个人生产的无效果和财富的大量生产。——自由的私有财产对于分工的意义。

[VIII]

[XXXIX]序　　言

　　我在《德法年鉴》上曾预告要以**黑格尔**法哲学批判的形式对法学和国家学进行批判。[1]在加工整理准备付印的时候发现,把仅仅针对思辨的批判同针对不同材料本身的批判混在一起,十分不妥,这样会妨碍阐述,增加理解的困难。此外,由于需要探讨的题目丰富多样,只有采用完全是格言式的叙述,才能把全部材料压缩在**一本**著作中,而这种格言式的叙述又会造成任意制造体系的**外观**。因此,我打算用不同的、独立的小册子来相继批判法、道德、政治等等,最后再以一本专门的著作来说明整体的联系、各部分的关系,并对这一切材料的思辨加工进行批判。[2]由于这个原因,在本著作中谈到的国民经济学[3]同国家、法、道德、市民生活等等的联系,只限于国民经济学本身专门涉及的这些题目的范围。

　　我用不着向熟悉国民经济学的读者保证,我的结论是通过完全经验的、以对国民经济学进行认真的批判研究为基础的分析得出的。①
不消说,除了法国和英国的社会主义者的著作以外,我也利用了德
国社会主义者的著作。**5**但是,德国人为了这门科学而撰写的内容
丰富而**有独创性的**著作,除去魏特林的著作,就要算《二十一印
张》文集中**赫斯**的几篇论文和《德法年鉴》上**恩格斯的《国民经济
学批判大纲》**。**6**在《德法年鉴》上,我也十分概括地提到过本著作
的要点。

此外,对国民经济学的批判,以及整个实证的批判,全靠**费尔
巴哈**的发现给它打下真正的基础。② 从费尔巴哈起才开始了**实证
的人道主义的和自然主义的批判8**。**费尔巴哈**的著作越是得不到
宣扬,这些著作的影响就越是扎实、深刻、广泛和持久;费尔巴哈著
作是继黑格尔的《现象学》和《逻辑学》**9**之后包含着真正理论革命
的唯一著作。

我认为,本著作的最后一章,即对**黑格尔的辩证法**和整个哲学
的剖析,是完全必要的,因为当代**批判的神学家**[XL]不仅没有完
成这样的工作,甚至没有认识到它的必要性——这是一种必然的
不彻底性,因为即使是**批判的**神学家,毕竟还是**神学家**,就是说,他

---

① 手稿中删去下面一段话:"与此相反,不学无术的评论家则企图用'**乌
托邦的词句**',或者还用'完全纯粹的、完全决定性的、完全批判的批
判'、'不单单是法的,而且是社会的、完全社会的社会'、'密集的大批
群众'、'代大批群众发言的发言人'等等一类空话,来非难实证的批判
者,以掩饰自己的极端无知和思想贫乏。这个评论家还应当首先提供证
据,证明他除了神学的家务以外还有权过问**世俗的**事务。"**4**——编者注

② 手稿中删去下面一句话:"一些人出于狭隘的忌妒,另一些人则出于真
正的愤怒,对费尔巴哈的《**未来哲学**》和《轶文集》中的《哲学改革纲
要》**7**——尽管这两部著作被悄悄地利用着——可以说策划了一个旨
在**埋没**这两部著作的真正阴谋。"——编者注

或者不得不从作为权威的哲学的一定前提出发,或者当他在批判的过程中以及由于别人的发现而对这些哲学前提产生怀疑的时候,就怯懦地和不适当地抛弃、**撇开**这些前提,仅仅以一种消极的、无意识的、诡辩的方式来表明他对这些前提的屈从和对这种屈从的恼恨。① 仔细考察起来,**神学的批判**——尽管在运动之初曾是一个真正的进步因素——归根结底不外是旧**哲学的**、特别是**黑格尔的超验性**被歪曲为**神学漫画**的顶点和结果。历史现在仍然指派神学这个历来的哲学的溃烂区本身来显示哲学的消极解体,即

----

① 手稿中删去下面的文句:"他是这样消极而无意识地表现出来的:一方面,他不断反复保证他自己的批判的**纯粹性**,另一方面,为了使观察者和他自己不去注意**批判**和它的诞生地——黑格尔的**辩证法**和整个德国哲学——之间**必要的**辩论,不去注意现代批判必须克服它自身的局限性和自发性,他反而企图制造假象,似乎批判只同它之外的某种狭隘的批判形式——比如说,18世纪的批判形式——并同**群众**的局限性有关系。最后,当有人对他自己的哲学前提的本质有所发现——如**费尔巴哈的**发现——,批判的神学家一方面制造一种假象,似乎这些发现是**他**完成的,确切地说,他是这样制造这种假象的:他由于不能阐发这些发现的成果,就把这些成果以口号的形式抛给那些还受哲学束缚的作家;另一方面,他善于通过下述方式使自己确信,他自己的水平甚至超过这些发现:他发觉在费尔巴哈对黑格尔辩证法的批判中还缺少黑格尔**辩证法**的某些要素,这些要素还没有以经过批判的形式供他使用,这时,他自己并不试图或者也没有能力把这些要素引入正确的关系,反而以隐晦的、阴险的、怀疑的方式,搬用这些要素来反对费尔巴哈对黑格尔辩证法的批判。就是说,从自身开始的实证真理这一范畴刚刚以其**特有的**形态得到确立并显现出来,他就以一种神秘的方式搬用间接证明这一范畴来加以反对。神学的批判家认为,从哲学方面应当**做出**一切,来使他能够**侈谈**纯粹性、决定性以及完全批判的批判,是十分自然的;而当他**感觉到**例如黑格尔的某一因素为费尔巴哈所缺少时——因为神学的批判家并没有超出感觉而达到意识,尽管他还对'**自我意识**'和'**精神**'抱有唯灵论的偶像崇拜——,他就以为自己是真正**克服哲学的人**。"——编者注

哲学的腐烂过程。关于这个饶有兴味的历史的判决,这个历史的涅墨西斯,我将在另一个场合[10]加以详细的介绍。①

[IX]

[XLI]如果人的**感觉**、激情等等不仅是[本来]意义上的人本学规定,而且是对本质(自然)的真正**本体论的**肯定;如果感觉、激情等等仅仅因为它们的**对象**对它们是**感性地**存在的而真正地得到肯定,那么不言而喻:(1)对它们的肯定方式决不是同样的,相反,不同的肯定方式构成它们的存在的、它们的生命的特殊性;对象对它们的存在方式,就是它们的**享受**的特有方式;(2)如果感性的肯定是对采取独立形式的对象的直接扬弃(吃、喝、对象的加工,等等),那么这就是对对象的肯定;(3)只要人是**合乎人性的**,因而他的感觉等等也是**合乎人性的**,那么对象为别人所肯定,这同样也就是他自己的享受;(4)只有通过发达的工业,也就是以私有财产为中介,人的激情的本体论本质才既在其总体上、又在其人性中存在;因此,关于人的科学本身是人在实践上的自我实现的产物;(5)私有财产的意义——撇开私有财产的异化——就在于**本质的对象**——既作为享受的对象,又作为活动的对象——对人的**存在**。——

货币,因为它具有购买一切东西的**特性**,因为它具有占有一切对象的特性,所以是最突出的**对象**。货币的**特性**的普遍性是货币的本质的万能;因此,它被当成万能之物…… 货币是需要和对象

---

① 手稿中删去下面一句话:"相反,**费尔巴哈的**关于哲学的本质的发现,究竟在什么程度上仍然——至少为了**证明**这些发现——使得对哲学辩证法的批判分析成为必要,读者从我的阐述本身就可以看清楚。"——编者注

之间、人的生活和生活资料之间的**牵线人**。但是,在我和**我的**生活之间充当中介的**那个东西**,也在**我**和对我来说的他人的存在之间**充当中介**。对我来说**他**人就是这个意思。

"见鬼! 脚和手,
还有屁股和头,当然都归你所有!
可我获得的一切实在的享受,
难道不同样也为我所拥有?

假如我能付钱买下六匹骏马,
我不就拥有了它们的力量?
我骑着骏马奔驰,我这堂堂男儿
真好像生就二十四只脚一样。"

歌德《浮士德》(靡菲斯特斐勒司的话)①

莎士比亚在《雅典的泰门》中说:

"金子? 黄黄的、发光的、宝贵的金子?
不,天神们啊,
我不是无聊的拜金客。
……
这东西,只这一点点儿,
就可以使黑的变成白的,丑的变成美的;
错的变成对的,卑贱变成尊贵,
老人变成少年,懦夫变成勇士。
这东西会把……祭司和仆人从你们的身旁拉走,
把壮汉头颅底下的枕垫抽去;
这黄色的奴隶可以使异教联盟,同宗分裂;
它可以使受咒诅的人得福,
使害着灰白色的癞病的人为众人所敬爱;

---

① 歌德《浮士德》第 1 部第 4 场《书斋》。——编者注

它可以使窃贼得到高爵显位,和元老们分庭抗礼;

它可以使鸡皮黄脸的寡妇重做新娘,

即使她的尊容会使那身染恶疮的人见了呕吐,

有了这东西也会恢复三春的娇艳。

该死的土块①,你这人尽可夫的娼妇,

你惯会在乱七八糟的列国之间挑起纷争。"

并且下面又说:

"啊,你可爱的凶手,

帝王逃不过你的掌握,

亲生的父子会被你离间!

你灿烂的奸夫,

淫污了纯洁的婚床!

你勇敢的玛尔斯!

你永远年轻韶秀、永远被人爱恋的娇美的情郎,

你的羞颜可以融化黛安娜女神膝上的冰雪!

你有形的神明,

你会使冰炭化为胶漆,仇敌互相亲吻!

[XLII]为了不同的目的,

你会说任何的方言!

你这动人心坎的宝物啊!

你的奴隶,那些人类,要造反了,

快快运用你的法力,让他们互相砍杀,

留下这个世界来给兽类统治吧!"②

莎士比亚把**货币**的本质描绘得十分出色。为了理解他,我们首先从解释歌德那几行诗句开始。

---

① 马克思引用的是莎士比亚《雅典的泰门》德文版,此处为"Metall"(金属)。——编者注

② 莎士比亚《雅典的泰门》第4幕第3场。——编者注

依靠**货币**而对我存在的东西，我能为之付钱的东西，即货币能购买的东西，那**是我**——货币占有者本身。货币的力量多大，我的力量就多大。货币的特性就是我的——货币占有者的——特性和本质力量。因此，我**是**什么和我**能够**做什么，决不是由我的个人特征决定的。我**是**丑的，但我能给我买到**最美的**女人。可见，我并不**丑**，因为**丑**的作用，丑的吓人的力量，被货币化为乌有了。我——就我的个人特征而言——是个**跛子**，可是货币使我获得二十四只脚；可见，我并不是跛子。我是一个邪恶的、不诚实的、没有良心的、没有头脑的人，可是货币是受尊敬的，因此，它的占有者也受尊敬。货币是最高的善，因此，它的占有者也是善的。此外，货币使我不用费力就能进行欺诈，因为我事先就被认定是诚实的。我是**没有头脑的**，但货币是万物的**实际的头脑**，货币占有者又怎么会没有头脑呢？再说他可以给自己买到颇有头脑的人，而能够支配颇有头脑者的人，他不是比颇有头脑者更有头脑吗？既然我有能力凭借货币得到人心所渴望的**一切**，那我不是具有人的一切能力了吗？这样，我的货币不是就把我的种种无能变成它们的对立物了吗？

如果**货币**是把我同**人**的生活，同社会，同自然界和人联结起来的纽带，那么货币难道不是一切**纽带**的纽带吗？它难道不能够把一切纽带解开和联结在一起吗？因此，它难道不也是通用的**分离剂**吗？它既是地地道道的**辅币**①，也是地地道道的**黏合剂**；它是社会的[……]②**化合**力。

莎士比亚特别强调了货币的两个特性：

---

① "辅币"原文是 Scheidemünze，其构成与前一句中的 Scheidungsmittel（分离剂）一样，都同动词 scheiden（分离）相联系。——编者注

② 手稿此处缺损。——编者注

(1)它是有形的神明,它使一切人的和自然的特性变成它们的对立物,使事物普遍混淆和颠倒;它能使冰炭化为胶漆。

(2)它是人尽可夫的娼妇,是人们和各民族的普遍牵线人。

使一切人的和自然的性质颠倒和混淆,使冰炭化为胶漆,货币的这种**神力**包含在它的**本质**中,即包含在人的异化的、外化的和外在化的**类本质**中。它是**人类的**外化的**能力**。

凡是我作为**人**所不能做到的,也就是我个人的一切本质力量所不能做到的,我凭借**货币**都能做到。因此,货币把这些本质力量的每一种都变成它本来不是的那个东西,即变成它的**对立物**。

当我渴望食物或者我因无力步行而想乘邮车的时候,货币就使我获得食物和乘上邮车,就是说,它把我的那些愿望从观念的东西,把那些愿望从它们的想象的、表象的、期望的存在改变成和转化成它们的**感性的**、**现实的**存在,从观念转化成生活,从想象的存在转化成现实的存在。作为这样的中介,货币是**真正的创造力**。

当然,没有货币的人也有**需求**,但他的需求是纯粹观念的东西,它对我、对第三者、对[其他人][XLIII]是不起任何作用的,是不存在的,因而对于我本人依然是**非现实的**,**无对象的**。以货币为基础的有效需求和以我的需要、我的激情、我的愿望等等为基础的无效需求之间的差别,是**存在**和**思维**之间的差别,是只在我心中**存在的**观念和那作为**现实对象**在我之外对我而存在的观念之间的差别。

如果我没有供旅行用的货币,那么我也就没有旅行的**需要**,就是说,没有现实的和可以实现的旅行的需要。如果我有进行研究的**本领**,而没有进行研究的货币,那么我也就**没有**进行研究的本领,即没有进行研究的**有效的**、**真正的**本领。相反,如果我实际上

没有进行研究的本领,但我有愿望**和货币**,那么我也就有进行研究的**有效的**本领。**货币**是一种外在的、并非从作为人的人和作为社会的人类社会产生的、能够把**观念**变成**现实**而把**现实**变成**纯观念**的普遍**手段**和**能力**,它把**人的和自然界的现实的本质力量**变成纯抽象的观念,并因而变成**不完善性**和充满痛苦的幻象;另一方面,同样地把**现实的不完善性和幻象**,个人的实际上无力的、只在个人想象中存在的本质力量,变成**现实的本质力量**和**能力**。因此,仅仅按照这个规定,货币就已经是**个性**的普遍颠倒:它把个性变成它们的对立物,赋予个性以与它们的特性相矛盾的特性。

其次,对于个人和对于那些以独立**本质**自居的、社会的和其他的联系,货币也是作为这种**起颠倒作用的**力量出现的。它把坚贞变成背叛,把爱变成恨,把恨变成爱,把德行变成恶行,把恶行变成德行,把奴隶变成主人,把主人变成奴隶,把愚蠢变成明智,把明智变成愚蠢。

因为货币作为现存的和起作用的价值概念把一切事物都混淆了、替换了,所以它是一切事物的普遍的**混淆**和**替换**,从而是颠倒的世界,是一切自然的品质和人的品质的混淆和替换。

谁能买到勇气,谁就是勇敢的,即使他是胆小鬼。因为货币所交换的不是特定的品质,不是特定的事物,不是人的本质力量,而是人的、自然的整个对象世界,所以,从货币占有者的观点看来,货币能把任何特性和任何对象同其他任何即使与它相矛盾的特性和对象相交换,货币能使冰炭化为胶漆,能迫使仇敌互相亲吻。

我们现在假定**人就是人**,而人对世界的关系是一种人的关系,那么你就只能用爱来交换爱,只能用信任来交换信任,等等。如果你想得到艺术的享受,那你就必须是一个有艺术修养的人。如果你想感化别人,那你就必须是一个实际上能鼓舞和推动别人前进的人。你对人和对自然界的一切关系,都必须是你的**现实的个人**生活的、与你的意志的对象相符合的**特定表现**。如果你在恋爱,但没有引起对方的爱,也就是说,如果你的爱作为爱没有使对方产生相应的爱,如果你作为恋爱者通过你的**生命表现**没有使你成为**被爱的人**,那么你的爱就是无力的,就是不幸。

卡·马克思大约写于 1844 年 5 月底 6 月初—8 月

第一次发表于《马克思恩格斯全集》1932 年历史考证版第 1 部分第 3 卷

原文是德文

译文选自《马克思恩格斯文集》第 1 卷第 109—248 页

注　释

1 指《黑格尔法哲学批判》这部著作。马克思本来计划在《德法年鉴》上发表这部著作的《导言》之后,接着完成在 1843 年已着手撰写的《黑格尔法哲学批判》并将其付印。《德法年鉴》停刊后,马克思逐渐放弃了这一计划。他在接下来的正文中说明了放弃这一计划的原因(见本书第 3 页)。

　　1844 年 5—6 月以后,马克思已经忙于其他工作,并把经济学研究提到了首位。从 1844 年 9 月起,由于需要对青年黑格尔派进行反击,马克思开始把阐述新的革命的唯物主义世界观同批判青年黑格尔派结合起来,同批判德国资产阶级和小资产阶级的唯心主义世界观结合起来。马克思和恩格斯合著的《神圣家族》和《德意志意识形态》(见《马克思恩格斯文集》第 1 卷)完成了这项任务。

　　《德法年鉴》(Deutsch-Französische Jahrbücher) 是由马克思和阿·卢格在巴黎编辑出版的德文刊物,仅在 1844 年 2 月出版过第 1—2 期合刊;其中刊载有马克思的著作《论犹太人问题》(见《马克思恩格斯文集》第 1 卷)和《〈黑格尔法哲学批判〉导言》以及恩格斯的著作《国民经济学批判大纲》(见《马克思恩格斯选集》第 3 版第 1 卷)和《英国状况。评托马斯·卡莱尔的〈过去和现在〉》(见《马克思恩格斯全集》中文第 2 版第 3 卷)。这些著作标志着马克思和恩格斯完成了从唯心主义向唯物主义、从革命民主主义向共产主义的转变。该杂志由于马克思和资产阶级激进分子卢格之间存在原则分歧而停刊。——3、289。

2 这个计划未能实现。马克思没有写这些小册子,可能因为他后来认为,在对各种社会(其中包括资产阶级社会)的基础——生产关系作出科学的分析以前,要对法、道德、政治和上层建筑的其他范畴的问题进行独立的科学的考察是不可能的。——3、289。

3　国民经济学是当时德国人对英国人和法国人称做政治经济学的资产阶级政治经济学采用的概念。德国人认为政治经济学是一门系统地研究国家应该采取哪些措施和手段来管理、影响、限制和安排工业、商业和手工业,从而使人民获得最大福利的科学。因此,政治经济学也被等同于国家学(Staatswissenschaft)。英国经济学家亚·斯密认为,政治经济学是关于物质财富的生产、分配和消费的规律的科学。随着斯密主要著作的问世及其德译本的出版,在德国开始了一个改变思想的过程。有人认为可以把斯密提出的原理纳入德国人界定为国家学的政治经济学。另一派人则竭力主张把两者分开。路·亨·冯·雅科布和尤·冯·索登在1805年曾作了两种不同的尝试,但都试图以一门独立的学科形式来表述一般的经济学原理,并都称其为"国民经济学"。——3、11、33、62、151、162、215、289。

4　不学无术的评论家和下文中的当代批判的神学家均指布·鲍威尔,他在《文学总汇报》第1期(1843年12月)和第4期(1844年3月)发表了两篇文章评论有关犹太人问题的图书、论文和小册子。马克思在这里引用的词句大部分摘自鲍威尔这两篇文章。"乌托邦的词句"和"密集的大批群众"这些用语见《文学总汇报》第8期(1844年7月)布·鲍威尔的论文《目前什么是批判的对象?》。马克思和恩格斯后来在《神圣家族》(见《马克思恩格斯文集》第1卷)中分析批判了鲍威尔及其伙伴。——3、290。

5　这时,马克思已经掌握了法文,对法国的文献十分熟悉。他研读了普·维·孔西得朗、皮·勒鲁、皮·约·蒲鲁东、埃·卡贝、泰·德萨米、菲·邦纳罗蒂、沙·傅立叶、劳蒂埃尔和弗·维尔加德尔和其他作者的著作,而且还经常作摘要。但他当时还没有掌握英文,因此只能通过德译本或法译本来利用英国社会主义者的著作。例如,罗·欧文的作品,他就是通过法译本和论述欧文观点的法国作家的著作来了解的。《1844年经济学哲学手稿》正文和其他文献资料表明,马克思这时还没有具备他后来例如在写于1847年的《哲学的贫困》(见《马克思恩格斯选集》第 3 版第 1 卷)中所显示出来的对英国社会主义者著作的渊博知识。——4、290。

6 除了威·魏特林的主要著作《和谐与自由的保证》(1842 年)以外,马克思大概还指魏特林在他本人于 1841—1843 年出版的杂志《年轻一代》上所发表的文章,以及他为正义者同盟撰写的纲领性著作《现实的人类和理想的人类》(1838 年)。

　　在格·海尔维格出版的《来自瑞士的二十一印张》文集中,发表了莫·赫斯的三篇匿名文章:《社会主义和共产主义》、《行动的哲学》和《唯一和完全的自由》。

　　恩格斯的《国民经济学批判大纲》见《马克思恩格斯选集》第 3 版第 1 卷。——4、290。

7 路·费尔巴哈《未来哲学原理》1843 年苏黎世—温特图尔版。

　　费尔巴哈的《关于哲学改革的临时纲要》一文刊载于《德国现代哲学和政论界轶文集》第 2 卷。这个两卷本的文集,除了其他作者的著作以外,还收入了马克思的《评普鲁士最近的书报检查令》(见《马克思恩格斯全集》中文第 2 版第 1 卷)一文。在这个文集上发表的《路德是施特劳斯和费尔巴哈的仲裁人》一文,过去一直认为是马克思写的,实际上是出自路·费尔巴哈的手笔。——4、290。

8 指路·费尔巴哈的整个唯物主义观点。费尔巴哈自己把这种观点称为"自然主义"和"人道主义"或"人本学"。这种观点阐发了这样一种思想:新哲学即费尔巴哈的哲学,使人这一自然界的不可分离的部分,成为自己的唯一的和最高的对象。费尔巴哈认为,这样的哲学即人本学包含着生理学,并将成为全面的科学;他断言,新时代的本质是把现实的、物质地存在着的东西神化;新哲学的本质则在于否定神学,确立唯物主义、经验主义、现实主义、人道主义。——4、290。

9 黑格尔的《精神现象学》第 1 版于 1807 年出版。《逻辑学》共三册,分别于 1812、1813 和 1816 年出版。1817 年,《哲学全书纲要》出版,1821 年,《法哲学原理》出版。——4、90、94、115、243、247、281、290。

10 马克思写完这篇《序言》后不久,就与恩格斯合写了《神圣家族,或对批判的批判所做的批判》。这部批驳布·鲍威尔及其伙伴的著作于 1845 年在美因河畔法兰克福出版。——5、292。

11 "普通人"在手稿中写的是法文"simple humanité",是亚·斯密《国民财富的性质和原因的研究》第 1 卷第 8 章中的用语。马克思在这里以及下面引用斯密这本著作时均采用热·加尔涅所译并附译者注释和评述的 1802 年巴黎版。"simple humanité"一词见该书第 1 卷第 138 页。——6、147。

12 市民社会(bürgerliche Gesellschaft)这一术语出自黑格尔《法哲学原理》第 182 节(见《黑格尔全集》1833 年柏林版第 8 卷)。在马克思和恩格斯的早期著作中,这一术语有两重含义。广义地说,是指社会发展各历史时期的经济制度,即决定政治制度和意识形态的物质关系总和;狭义地说,是指资产阶级社会的物质关系。因此,应按照上下文作不同的理解。——13、108、169、274。

13 见皮·约·蒲鲁东《什么是财产?》1841 年巴黎版。蒲鲁东在该书第 3 章第 6 节《社会上的一切工资都是平等的》、第 5 章第 2 部分的第 3 节《第三种社会形式的定义:结论》,对工资的平等作了说明。——13、169。

14 即威·舒尔茨《生产运动。从历史统计学方面论国家和社会的一种新科学的基础的建立》1843 年苏黎世—温特图尔版。此书由尤·福禄培尔于 1843 年 11 月赠与马克思,成为马克思的巴黎藏书。马克思后来在《政治经济学批判(1861—1863 年手稿)》中的《相对剩余价值》章论述积累时重新援用舒尔茨这本著作,部分地利用了他在本手稿笔记本 I 中引用过并在页边划了线的引文(马克思《政治经济学批判(1861—1863 年手稿)》第 XX 笔记本第 1281—1282 页)。马克思在《资本论》中追溯了舒尔茨关于工具和机器的区别的论述以及它们对社会发展的不同意义;在援用舒尔茨这本著作时,马克思称它是"一部在某些方面值得称赞的著作"(见《马克思恩格斯文集》第 5 卷第 428 页)。——14、27、179。

15 康·贝魁尔《社会经济和政治经济的新理论,或关于社会组织的探讨》1842 年巴黎版。马克思的巴黎藏书中有这本书。马克思在写《工资》和《资本的利润》时援用的引文均出自该书第 XXXI 章。马克思在阅读该书第 405—429 页时,在书上划了许多线并作了一个简短的笔记;划线的地方只有极少部分与笔记本 I 的引文相关。——16、28、180、184。

16 即查·劳顿《人口和生计问题的解决办法》1842 年巴黎版。这是一部英文手稿的法译本,原英文手稿可能未曾出版。劳顿曾有一本英文小册子《论人口和生计的均衡》于 1836 年在利明顿出版。——16、185。

17 指东印度公司,该公司是存在于 1600—1858 年的英国贸易公司,是英国在印度和中国以及亚洲其他国家经营垄断贸易、推行殖民主义掠夺政策的工具。从 18 世纪中叶起,公司拥有军队和舰队,成为巨大的军事力量。在公司的名义下,英国殖民主义者完成了对印度的占领。该公司长期控制着同印度进行贸易的垄断权和印度最主要的行政权。它的贸易和行政特权由英国议会定期续发的公司特许状规定。由于公司管理中的独断专行、经营不善,加之 19 世纪初日益强大的英国工业资产阶级迫使印度对外"开放",致使东印度公司的权力和影响日渐削弱。英国资产阶级要求扩大对华贸易,提倡自由贸易。1833 年 8 月 23 日,英国议会通过了取消东印度公司对华贸易特权的法案,该法案自 1834 年 4 月 22 日开始实施。1853 年下院辩论印度法案时的焦点是英国今后在印度的统治形式问题,因为 1854 年 4 月 30 日是东印度公司特许状的截止日期。1857—1859 年印度的民族解放起义迫使英国改变殖民统治的形式,于是公司被撤销,印度被宣布为英王的领地。——21、152。

18 马克思在这里转述了亚·斯密在《国民财富的性质和原因的研究》中论述的关于竞争具有良好作用的思想。按照斯密的观点,各个资本之间的竞争加剧,将促进劳动报酬的提高,而且不降低利润。在对劳动力的需求日益增长和资本家之间进行竞争的条件下,资本家必然要破坏关于不得提高工资的"天然协议"。——24、171。

19 《德意志季刊》(Deutsche Vierteljahrsschrift)是德国的一家刊物,1838—1870 年由约·弗·科塔在斯图加特和蒂宾根出版。——31、187。

20 指亚·斯密关于决定工作者成败和工资高低因素的议论。在这些因素中包括"成功的可能性或不可能性"。例如,斯密说道:"送孩子去学制鞋,无疑他能学会制鞋技术;但是送他去学法律,那么精通法律并靠这个职业过活的可能性至少是二十对一。就完全公平的彩票而言,中彩者应得到落彩者所失的全部。就成功者一人而不成功者二十人的职业而言,成功者一人应得到不成功者二十人应得而未得的全部。"见亚·斯密《国民财富的性质和原因的研究》1802 年巴黎版第 1 卷第 215—216 页。——31、188。

21 这是亚·斯密的一个论点:居民对某种大众消费品如马铃薯的需求的增长,这种产品的消费者人数的增加(即使这种产品是从中等土地上收获的),必将使租地农场主在补偿基本开支和维持劳动力的开支以后仍有巨额盈余。而这种盈余的一大部分则将归于土地所有者。因此得出结论说:随着人口数目的增长,地租也将提高。见亚·斯密《国民财富的性质和原因的研究》1802 年巴黎版第 1 卷第 335 页。——36、170。

22 谷物法是英国历届托利党内阁为维护大土地占有者的利益从 1815 年起实施的法令,旨在限制或禁止从国外输入谷物。谷物法规定,当英国本国的谷物价格低于每夸特 80 先令时,禁止输入谷物。1822 年对这项法律作了某些修改,1828 年实行了滑动比率制,即国内市场谷物价格下跌时提高谷物进口关税,谷物价格上涨时降低谷物进口关税。谷物法的实施严重影响了贫民阶层的生活,同时也不利于工业资产阶级,因为它导致劳动力涨价,妨碍国内贸易的发展。谷物法的实施引起了工业资产阶级和土地贵族之间的斗争,这场斗争是由曼彻斯特的两个纺织厂主理·科布顿和约·布莱特于 1838 年创立的反谷物法同盟领导,在自由贸易的口号下进行的。1846 年 6 月 26 日英国议会通过了《关于修改进口谷物法的法令》和《关于调整某些关税的法令》,从而废除了谷物法。——37、172。

23 这里是指以大·李嘉图为代表的国民经济学家们得出的关于土地所有者和农产品生产者之间关系的结论。而亚·斯密则追随重农学派,证明土地所有者的利益和社会的利益具有所谓的一致性。——37、173。

24 关于地产的分割和不分割的争论,是马克思曾计划撰写的第六届莱茵省议会的辩论的第四篇论文的主要内容。莱茵省总督恩·冯·博德尔施文格为阻止莱茵省农民贫困化趋势的发展,向 1841 年第六届莱茵省议会提出限制地产析分的草案,遭到议会大多数议员的拒绝。议员们坚持自由支配土地的观点,他们强调指出,自由让渡还可使地产扩充,而限制地产析分,则会降低土地的价值。这反映出莱茵省与普鲁士其他省份不同,表明封建地产向资产阶级地产的转变已经开始。——42、194。

25　马克思在《让·巴蒂斯特·萨伊〈论政治经济学〉一书摘要》中对萨伊关于财富的性质和流通的原理的论述写有如下评注:"私有财产是一个事实,国民经济学对此没有说明理由,但是,这个事实是国民经济学的基础";"没有私有财产的财富是不存在的,国民经济学按其本质来说是发财致富的科学。因此,没有私有财产的政治经济学是不存在的。这样,整个国民经济学便建立在一个没有必然性的事实的基础上。"(见《马克思恩格斯全集》历史考证版第 4 部分第 2 卷第 316、319 页)——46、198。

26　马克思在《亚·斯密〈国民财富的性质和原因的研究〉一书摘要》中写有如下评注:"十分有趣的是斯密作的循环论证。为了说明分工,他假定有交换。但是为了使交换成为可能,他就以分工、以人的活动的差异为前提。他把问题置于原始状态,因而未解决问题。"(见《马克思恩格斯全集》历史考证版第 4 部分第 2 卷第 336 页)——47、199。

27　这个结论在当时的社会批判性著作中相当流行。例如,威·魏特林在其著作《和谐与自由的保证》中就曾写道:"正像在筑堤时要产生土坑一样,在积累财富时也要产生贫穷。"——47、199。

28　马克思在这里使用了黑格尔的术语及其探讨对立的统一的方法,把 Verwirklichung(现实化)与 Entwirklichung(非现实化)对立起来。——47、199。

29　马克思在手稿中往往并列使用两个德文术语"Entfremdung"(异化)和"Entäußerung"(外化)来表示异化这一概念。但他有时赋予"Entäußerung"另一种意义,例如,用于表示交换活动,从一种状态向另一种状态转化,就是说,用于表示那些并不意味着敌对性和异己性的关系的经济现象和社会现象。——47、199。

30　马克思在这里以自己的理解复述了费尔巴哈哲学关于宗教是人的本质

的异化的论点。费尔巴哈说,为了使上帝富有,人就必须贫穷;为了使上帝成为一切,人就必须什么也不是。人在自身中否定了他在上帝身上所肯定的东西。——48、200。

31 这里表述的思想与费尔巴哈的论点相呼应。费尔巴哈认为宗教和唯心主义哲学是人的存在及其精神活动的异化。费尔巴哈写道,上帝作为对人来说的某种至高的、非人的东西,是理性的客观本质;上帝和宗教就是幻想的对象性本质。他还写道,黑格尔逻辑学的本质是主体的活动,是主体的被窃走的思维,而绝对哲学则使人自身的本质、人的活动在人那里异化。——50、203。

32 马克思在本段和下一段利用了费尔巴哈哲学中表述人和整个人类时所用的术语,并且创造性地吸取了他的思想:人把人的"类本质"、人的社会性质异化在宗教中;宗教以人同动物的本质区别为基础,以意识为基础,而意识严格说来只是在存在物的类成为存在物的对象、本质的地方才存在;人不像动物那样是片面的存在物,而是普遍的、无限的存在物。——51、204。

33 类、类生活、类本质都是费尔巴哈使用的术语,它们表示人的概念、真正人的生活的概念。真正人的生活以友谊和善良的关系,即以爱为前提,这些都是类的自我感觉或关于个人属于人群这种能动意识。费尔巴哈认为,类本质使每个具体的个人能够在无限多的不同个人中实现自己。费尔巴哈也承认人们之间确实存在着利益的相互敌对和对立关系,但是在他看来,这种关系不是产生于阶级社会的历史的现实条件,即资产阶级社会的经济生活条件,而是人的真正本质即类本质同人相异化的结果,是人同大自然本身预先决定了的和谐的类生活人为地但绝非不可避免地相脱离的结果。——52、205。

34 马克思显然是指皮·约·蒲鲁东的著作《什么是财产?》。参看该书第3章第4—8节。——57、210。

35 马克思在这段话里从广义上使用工资范畴,以表达资本家和雇佣工人这两个阶级之间的对抗性关系。——58、211。

36　这是马克思在批判皮·约·蒲鲁东的"平等"观念时所持的基本论点。蒲鲁东在《什么是财产?》一书中表述的"平等"观念是建立在资本主义关系基础上的。他的空想的、改良主义的药方规定,私有财产要由"公有财产"代替,而这种"公有财产"将以平等的小占有的形式,在"平等"交换产品的条件下掌握在直接生产者手中。这实际上是指均分私有财产。蒲鲁东是这样设想交换的"平等"的,即"联合的工人"始终得到同等的工资,因为在相互交换他们的产品时,即使产品实际上不同等,但每个人得到的仍然是相同的,而一个人的产品多于另一个人的产品的余额将处于交换之外,不会成为社会的财产,这样就完全不会破坏工资的平等。马克思认为,在蒲鲁东的理论中,社会是作为抽象的资本家出现的。他指出蒲鲁东没有考虑到即使在小("平等")占有制度下也仍然起作用的商品生产的现实矛盾。后来,马克思在《神圣家族》这部著作中表述了这样一个结论:蒲鲁东在经济异化范围内克服经济异化,就是说,实际上根本没有克服它。参看《马克思恩格斯文集》第1卷第268页。——58、211。

37　1834年的济贫法又称新济贫法,指1834年英国议会通过的《关于修改和更好地实施英格兰与威尔士济贫法的法令》。新济贫法只允许用一种办法来救济贫民,那就是把他们安置到习艺所从事强制性劳动。——62、215。

38　马克思在这里所说的现代英国国民经济学是指大·李嘉图及其追随者,其中包括詹·穆勒的学说,显然,还指其他经济学家即李嘉图的同时代人的学说。——63、215。

39　重农学派是18世纪法国古典政治经济学的一个学派,主要代表人物是弗·魁奈和雅·杜尔哥。当时在农业占优势的法国,因实行牺牲农业而发展工商业的政策,使农业遭到破坏而陷于极度衰落。重农学派反对重商主义,主张经济自由,重视农业,认为只有农业才能创造"纯产品",即总产量超过生产费用的剩余,即剩余价值,因而认为只有农业生产者才是生产阶级。这一学派从生产领域寻求剩余价值的源泉,研究社会总资本的再生产和流通,是对资本主义生产进行系统理解的第一个学派。但是,它没有认识到价值的实体是人类的一般劳动,混同了价值和使用价值,因而看不到一切资本主义生产中都有剩余劳动和剩余价值,以致把地租看成是剩余价值的唯一形式,把资本主义的生产形态看成是生产的永久的自然形态。——63、72、130、216、225、283。

40 《法国革命和布拉班特革命》(Révolutions de France et de Brabant)是法国的一家周报,1789—1791年在巴黎出版;卡·德穆兰任编辑。——66、219。

41 1843年7—8月,马克思在克罗伊茨纳赫摘录了卡·兰齐措勒的著作《论七月革命的原因、性质和后果》(1831年柏林版)。摘录收入马克思《法国史、德国史、英国史和瑞典史笔记》(第4本),见《马克思恩格斯全集》历史考证版第4部分第2卷。

　　马克思的巴黎藏书中有威·科泽加滕《论地产的可让渡性和可分割性,特别兼顾普鲁士君主国的某些省份》1842年波恩版。他在《莱茵报》工作期间研究了这部著作。显然这与他计划撰写的关于第六届莱茵省议会的辩论的第四篇论文有关。马克思在《共产主义和奥格斯堡〈总汇报〉》一文中称它为拥护封建制度的著作。见《马克思恩格斯全集》中文第2版第1卷第295页。——66、219。

42 格·丰克的著作指《地产无限制析分对土地耕种和人口造成的不利影响和由此产生的国家历史要素乃至等级制国家本身的解体》1839年汉堡—哥达版。他在该书第56页写道:"默泽讲述了……一个农奴的故事:这个农奴在赎身时,就像丧妻失子一样,号啕大哭,不得不强制他离开屋子。"尤·默泽这段描述见他的《爱国主义的幻想》1820年柏林修订第4版第3卷第266页。丰克著作的第56页还提到亨·莱奥及其著作《略论国家的自然科学》。而马克思把这件事写成"按照莱奥先生的说法",这一疏忽可能由此而起。——66、219。

43 启蒙国民经济学首先是同亚·斯密的名字连在一起的。继恩格斯之后,马克思也把斯密称为国民经济学的改革者、"路德"。马克思认为,"启蒙国民经济学"在经济思想的发展上是比货币主义和重商主义(两种较早的经济学说和相应的经济政策形式)更高的阶段。这两种体系(更确切地说,是实质上同一体系的两个分支)的目标是追求货币顺差(货币主义)或贸易顺差(重商主义)。两者都不外是为了货币而积累货币;不惜任何代价来获得货币和积存货币,实际上被宣布为最高目的和目的本身。重商主义者犹如偶像崇拜者和拜物教徒那样对待货币这种财富的特殊形式,而用马克思的话来说,这种财富的特殊形式"只应以外在方式来保存和维护"。同时,这两种体系的信奉者不注意生产本身,不认为生产的发展是社会财富的基础。只有"启蒙国民经济学"才承认生产、劳动是自己的主要原则或基本原理。——70、223。

44 重商主义是15—16世纪流行于欧洲各国的一个经济学派,反映了那个时期商业资本的利益和要求。重商主义者认为货币是财富的基本形式,主张国家干预经济生活,采取措施在对外贸易上实现出超,使货币流入本国,并严禁货币输出国外,对进口实行保护关税政策。

早期重商主义的形式是货币主义,主张货币差额论,即禁止货币输出,增加金银收入。晚期重商主义盛行于17世纪,主张贸易差额论,即发展工业,扩大对外贸易出超,保证大量货币的输入。——70、223。

45 昔尼克主义又译犬儒主义,原本为公元前3世纪古希腊安提西尼创立的哲学学派。昔尼克学派崇尚自然,却把自然和社会绝对对立起来,认为社会生活和文化生活是不自然的,无足轻重的,它蔑视财富,崇尚俭朴,反映了城邦贫民和被剥夺了部分权利的自由民对大奴隶主骄奢淫逸生活的消极反抗。

后来在西方,人们通常在转义上使用昔尼克主义,泛指:蔑视道德;凌辱人的尊严;不知羞耻;冷酷无情;无所顾忌;对眼前事物冷嘲热讽,等等。——71、224。

46 李嘉图学派是指以罗·托伦斯、詹·穆勒和约·斯·穆勒为代表的资产阶级经济学家,他们在人·李嘉图的主要著作《政治经济学和赋税原理》1817年在伦敦出版之后用庸俗经济学取代了古典资产阶级经济学,试图用资产阶级的方式来解决李嘉图理论中的基本对立。其结果正如马克思所说的那样,李嘉图学派的解体是由于它无法解决两个问题:"(1)资本和劳动之间的交换,与价值规律相一致。(2)一般利润率的形成。把剩余价值和利润等同起来。不理解价值和费用价格的关系。"

（见《马克思恩格斯全集》中文第 2 版第 35 卷第 208 页）对这一学派的详细分析，见马克思《政治经济学批判(1861—1863 年手稿)》第 VII 笔记本第 319 页—第 VIII 笔记本第 347 页(《马克思恩格斯全集》中文第 2 版第 33 卷第 168—221 页）。——72、225。

47 黑格尔在他的《逻辑学》中把"对立"和"矛盾"这两个概念作了区分。在对立中两个方面的关系是这样的:其中的每一个方面为另一个方面所规定,因此都只是一个环节,但同时每一个方面也为自身所规定,这就使它具有独立性;相反,在矛盾中两个方面的关系是这样的:每一个方面都在自己的独立性中包含着另一个方面,因此两个方面的独立性都是被排斥的。——74、227。

48 沙·傅立叶对政治经济学抱着极端否定的态度,认为这是一门错误的科学。他在关于未来世界、所谓协作制度的空想中,违反经济发展的现实趋向和政治经济学的基本原理,断言在"合理制度"的条件下,工业生产只能被当做对农业的补充,当做在漫长的冬闲时期和大雨季节"避免情欲消沉的一种手段"。他还断言,上帝和大自然本身确定,协作制度下的人只能为工业劳动拿出四分之一的时间,工业劳动只是辅助性的、使农业多样化的作业。——75、228。

49 马克思在这里所说的"共产主义"是指法国的格·巴贝夫、埃·卡贝、泰·德萨米,英国的罗·欧文和德国的威·魏特林所创立的空想主义的观点体系。

马克思所说的共产主义的最初形态,大概首先是指 1789—1794 年法国资产阶级革命影响下形成的巴贝夫及其拥护者关于"完全平等"的社会,以及在排挤私人经济的"国民公社"的基础上实现这种社会的空想主义观点。这种观点虽然也表现了当时无产阶级的要求,但整个说来还带有原始的、粗陋的、平均主义的性质。——75、228。

50 在中世纪宗教共产主义共同体中,把妻子公有当做未来社会特征的观念颇为流行。1534—1535 年在明斯特掌权的德国再洗礼派试图根据这种观点引进一夫多妻制。托·康帕内拉在《太阳城》一书中就反对一夫一妻制。原始的共产主义共同体还有一些特征,如禁欲主义、对科学和艺术持否定态度。1830 年和 1840 年法国的秘密团体,如平均主义工人社和人道社也曾继承了原始的平均主义思想的某些特征。恩格斯在《大陆上社会改革的进展》(见《马克思恩格斯全集》中文第 2 版第 3 卷)一文中对此作过描述。——76、229。

51　让·雅·卢梭在《论科学和艺术》、《论人间不平等的起源和原因》等著作中认为,没有受到教育、文化和文明触动的状态,对人来说才是自然的,马克思则认为这种状态是非自然的。——76、229。

52　马克思在这里使用路·费尔巴哈的术语来表述自己的观点。文中所说的"历史之谜的解答",是指从建立在私有制基础上的社会的客观矛盾的发展中得出共产主义必然性的结论。——78、231。

53　指罗·欧文对一切宗教的批判言论。用欧文的话来说,宗教给人以危险的和可悲的前提,在社会中培植人为的敌对。欧文指出,宗教的褊狭性是达到普遍的和谐和快乐的直接障碍;欧文认为任何宗教观念都是极端谬误的。——79、232。

54　关于拥有(Haben)这个范畴,可参看莫·赫斯的一些著作。他在《行动的哲学》一文中写道:"正是求存在的欲望,即希求作为特定的个体性、作为受限制的自我、作为有限的存在物而持续存在的欲望,导致贪欲。反之,对一切规定性的否定,抽象的自我和抽象的共产主义,空洞的'自在之物'的结果、批判主义和革命的结果、无从满足的应有的结果,则导致存在和拥有。助动词就这样成了名词。"(见《来自瑞士的二十一印张》1843 年苏黎世—温特图尔版第 1 卷第 329 页)

　　马克思和恩格斯在《神圣家族》(见《马克思恩格斯文集》第 1 卷)中也谈到过"拥有"和"不拥有"。——82、235。

55　地球构造学是弗赖贝格(萨克森)矿业科学院的矿物学家阿·哥·韦尔纳于 1780 年创立的关于地球的形成、地球的结构和岩石的构成的学科。有关论述还可参看黑格尔《自然哲学讲演录》1842 年柏林版第 2 部分第 432—440 页。——88、241。

56　马克思在这里把 generatio aequivoca 这一用语当做法文 génération

spontanée的同义词来使用,照字面直译就是自然发生的意思。

有关论述还可参看黑格尔《自然哲学讲演录》1842 年柏林版第 2 部分第 455—470 页。——88、241。

57 见布·鲍威尔《自由的正义事业和我自己的事业》1842 年苏黎世—温特图尔版第 85、193—194 页。鲍威尔在这本书中既分析批判了奥·弗·格鲁培的小册子《布鲁诺·鲍威尔和大学的教学自由》(1842 年柏林版),也批判了菲·马尔海内克的《关于黑格尔哲学对基督教神学的意义的公开演讲绪论》(1842 年柏林版)。

未来的批判家指在《文学总汇报》上发表言论的青年黑格尔分子。——91、244。

58 马克思在这里转述了路·费尔巴哈在《未来哲学原理》1843 年苏黎世—温特图尔版第 29—30 节中针对黑格尔的批判性意见。——94、247。

59 斯多亚主义是公元前 4 世纪末产生于古希腊的一个哲学派别,因其创始人芝诺通常在雅典集市的画廊(画廊的希腊文是"στοά")讲学,故称斯多亚派,又译画廊学派。

斯多亚派哲学分为逻辑学、物理学和伦理学,以伦理学为中心,逻辑学和物理学只是为伦理学提供基础。这个学派主要宣扬服从命运并带有浓厚宗教色彩的泛神论思想,其中既有唯物主义倾向,又有唯心主义思想。早期斯多亚派认为,认识来源于对外界事物的感觉,但又承认关于神、善恶、正义等的先天观念。他们把赫拉克利特的火和逻各斯看成一个东西,认为宇宙实体既是物质性的,同时又是创造一切并统治万物的世界理性,也是神、天命和命运,或称自然。人是自然的一部分,也受天命支配,人应该顺应自然的规律而生活,即遵照理性和道德而生活。合乎理性的行为就是德行,只有德行才能使人幸福。人要有德行,成为善人,就必须用理性克制情欲,达到清心寡欲以至无情无欲的境界。中期斯多亚派强调社会责任、道德义务,加强了道德生活中的禁欲主义倾向。晚期斯多亚派宣扬安于命运,服从命运,认为人的一生注定是有罪的、痛苦的,只有忍耐和克制欲望,才能摆脱痛苦和罪恶,得到精神的安宁和幸福。晚期斯多亚派的伦理思想为基督教的兴起准备了思想条件。——94、247。

60 怀疑主义是公元前 4—3 世纪产生于古希腊的一个哲学派别,代表人物有皮浪、阿克西劳、卡内亚德、埃奈西德穆及恩披里柯。

怀疑派哲学是对客观世界和客观真理是否存在、能否认识表示怀疑的哲学学说。它认为事物是不可认识的,因为对每一事物都可以有两种相互排斥的意见;既然人们什么也不能确定,就应该放弃判断,放弃认识,平心静气地求得精神的安宁。怀疑主义揭示了人们认识中的矛盾,在认识史上有一定的意义。但是它反对唯物主义,不相信理性的力量,否定科学知识,实际上为宗教迷信和神秘主义的传播提供了条件。——95、247。

61 黑格尔《哲学全书纲要》1830 年海德堡第 3 版。马克思所用版本的章节分立如下:

第 1 部:逻辑学

第 2 部:自然哲学

第 3 部:精神哲学

——95、113、248、278。

62 黑格尔《哲学全书纲要》1830 年海德堡第 3 版第 3 部分《精神哲学》的分节如下:

第 1 篇:主观精神

A. 人类学

B. 精神现象学

C. 心理学

第 2 篇:客观精神

A. 法

B. 道德

C. 伦理

第 3 篇:绝对精神

A. 艺术

B. 启示宗教

C. 哲学

——96、249。

63　黑格尔在《精神现象学》的《自我意识》部分,首先叙述了劳动和享受在实现自我意识的自由时所起的作用。关于这一点,还可参看卡·路·米希勒出版的黑格尔《哲学史讲演录》1833 年柏林版第 1 卷第 12 页:"我们现代的世界所具有的自觉的理性,不是一下子形成的,也不仅是从现代土壤中生长起来的,而是本质上就存在其中的一种遗产,进一步说,是劳动的成果,而且是人类先前世世代代劳动的成果。"——98、264。

64　马克思在这里不仅指黑格尔关于劳动以及某些其他范畴的观点同英国的古典经济学家的看法一致,而且也说明黑格尔具有经济学的知识。黑格尔 1803—1804 年在耶拿大学的演讲中曾引用过亚·斯密的著作。他在《法哲学原理》第 3 篇第 2 章《市民社会》阐述《需要的体系》时,就在第 189 节及其附释中讲到斯密、让·巴·萨伊和大·李嘉图,说明经济学思想的迅速发展。——98、264。

65　大约在 1844 年下半年,马克思在其笔记中写了如下的评注:

黑格尔的现象学的结构。

（1）自我意识代替人。主体。客体。

（2）差别。这些事情之所以重要,是因为实体被看做是自我区别,或者说,是因为自我区别、差别、知性的活动被看做是本质的东西。因此,黑格尔在思辨范围内提供了把握事物的真正差别。

（3）扬弃异化等于扬弃对象性。（特别是由费尔巴哈予以发挥的一个方面。）

（4）因此,扬弃想象中的对象、作为意识对象的对象,等于真正的对象性的扬弃,等于与思维有差别的感性行动、实践以及现实的活动。（需要认真加以发挥。）——99、265。

66　路·费尔巴哈称自己的哲学观点为自然主义和人道主义,同时却回避唯物主义这个术语。这显然表明他不同意先前英法两国的唯物主义的某些原则,特别是不同意抽象性,不同意把感性视为知识的基础和唯一源泉的感觉论。马克思在这里说的是在费尔巴哈以前的唯物主义哲学形式;他也像费尔巴哈那样对这些唯物主义哲学形式感到不满,认为不是旧唯物主义,也不是唯心主义,而是费尔巴哈的哲学——自然主义、人道主义——才能够理解世界历史的秘密。——103、268。

67　马克思关于人是直接的和能动的自然存在物的论点,基本上是以路·
费尔巴哈反对宗教唯心主义和哲学唯心主义而阐发的原则为依据的:
把人看成自然界特殊的、有意识的存在物;本质由外在对象的性质规
定;任何存在物、任何本质必定具有对象的性质;在感性存在物之外的
其他物是感性存在物的生存所必需的,如空气供呼吸,水供饮用,光供
照明,动植物产品供食用,等等。——103、268。

68　"受动的"(leidend)这个术语来自路·费尔巴哈。费尔巴哈把这个术语
解释为周围环境、外部世界对人发生作用的表现形式和方式。他说,只
有受动的和需要的存在物才是必然的存在物;没有需要的存在是多余
的存在;只有受动的东西才值得存在。马克思赞同费尔巴哈的上述观
点,而且对"受动的"这一经验原则进行了极其重要的加工和扩充,把社
会实践即人为了掌握和改造外部世界而进行的有意识的和有目的的活
动也包括进去了。——103、268。

69　见黑格尔《法哲学原理》1833 年柏林版第 68—71 页。黑格尔按照"观
念的发展的阶段历程",提出这本书的划分。——108、274。

70　见黑格尔《哲学全书纲要》(1830 年海德堡第 3 版):"存在论:A. 质。B.
量。C. 度。本质论:A. 本质作为实存的根据。B. 现象。C. 现实。概念
论:A. 主观概念。B. 客体。C. 观念。——自然哲学。——精神哲学。
——109、275。

71　马克思依据路·费尔巴哈并利用费尔巴哈的术语来批判黑格尔的论
点。例如,费尔巴哈在他的《关于哲学改革的临时纲要》中写道:在黑格
尔看来,思想就是存在、主语,而存在同时又是谓语;逻辑学是他所特有
的那种形式的思维,是作为无谓语的主语的思想,或者是同时兼为主语
和谓语的思想;黑格尔将客体仅仅想象为能思维的思想的谓语。"在自
身内部的纯粹的、不停息的旋转"这个说法,看来是套用黑格尔《逻辑
学》一书中的"一个自身旋绕的圆圈"、"圆圈的圆圈"等说法。——
111、277。

72　见黑格尔《哲学全书纲要》1830 年海德堡第 3 版第 1 部分逻辑学。黑格尔把自己的逻辑学划分成客观逻辑（《存在论》和《本质论》属于这一部分），以及主观逻辑或《概念论》，这一部分以《绝对观念》章结束。——112、278。

73　"小爱尔兰"是曼彻斯特南部的一个工人区，在这里居住的主要是爱尔兰人。恩格斯在《英国工人阶级状况》中，对这一地区的状况作过较为详细的描述（见《马克思恩格斯全集》中文第 1 版第 2 卷第 342 — 343页）。——119、251。

74　参看埃·鲍威尔《蒲鲁东》，载于《文学总汇报》第 5 期第 41—42 页。并见《神圣家族》第 4 章第 4 节《蒲鲁东。批判性的评注 3》（《马克思恩格斯文集》第 1 卷第 263 — 268 页）。——125、259。

75　《1844 年经济学哲学手稿》是一部未完成的手稿，在马克思生前没有发表。1932 年，《马克思恩格斯全集》历史考证版（MEGA^1）第 1 部分第 3卷首次以德文原文发表了全部手稿，编者根据逻辑结构和思想内容对手稿作了编排。1982 年，《马克思恩格斯全集》历史考证版（MEGA^2）第1 部分第 2 卷以德文原文按照两种编排方式刊出手稿全文：一种按写作顺序进行编排，以呈现这部文献的历史原貌；另一种按逻辑结构和思想内容进行编排。这里收录的是根据前一种编排方式编译的文本。

　　手稿由三个笔记本组成。每个笔记本都有马克思自己用罗马数字编的页码。笔记本 I 是马克思在研读了让·巴·萨伊的《论政治经济学》和亚·斯密《国民财富的性质和原因的研究》两部著作并做了摘要之后写出的，其主要的内容是：对斯密学说中的工资、资本的利润和地租这三个经济学范畴作比较分析，揭示斯密学说的矛盾；详细论述资本主义社会的异化劳动。在笔记本 I 中，每页正文一般从左至右分为纵向的三栏，栏目标题依次为《工资》、《资本的利润》和《地租》；有时分为两栏，栏目标题为《资本的利润》和《地租》，或《工资》和《资本的利润》；有时只有一栏，栏目标题为《地租》。从第 XXII 页起到笔记本 I 的末尾，马克思仅仅保留了三个栏目的标题（依次为《工资》、《资本的利润》和《地租》，有时也写作《工资》、《地租》和《资本的利润》），而正文实际上是通栏书写的。《马克思恩格斯全集》历史考证版的编者将笔记本 I 编为五个部分。

　　笔记本 II 只保存下来第 XL—XLIII 这四页手稿。第 XL 页开头只保存了半句话。马克思在这里把"现代国民经济学"即李嘉图、穆勒等人的观点同斯密、萨伊的观点相对照,揭示了资产阶级政治经济学内部的理论差异。

　　笔记本 III 页码自成一体,从第 I 页到第 XLIII 页。手稿缺第 XXIII、XXV 页,因为马克思误将第 XXIII 页写成第 XXIV 页,接着又误将第 XXV 页写成第 XXVI 页。笔记本 III 中的若干内容是对笔记本 II 中有关论述的补充,包括关于私有财产和劳动、私有财产和共产主义的阐述,对当时的各种共产主义理论的考察和评述,以及对黑格尔哲学的批判。除此之外,笔记本 III 还有一篇《序言》草稿以及关于分工和货币的两个片断。《马克思恩格斯全集》历史考证版的编者将笔记本 III 编为九个部分。

　　《1844 年经济学哲学手稿》(按照手稿写作顺序编排的文本)的全部译文均采用《马克思恩格斯文集》第 1 卷中的最新译文。——143。

人 名 索 引

A

埃斯库罗斯(Aischylos 公元前 525 — 456)——古希腊剧作家,古典悲剧作家。——119、250。

B

鲍威尔,布鲁诺(Bauer,Bruno 1809—1882)——德国唯心主义哲学家、宗教和历史研究者,资产阶级激进主义者;早期为黑格尔正统派的拥护者,1839 年后成为青年黑格尔派的重要理论家,自我意识哲学的代表;1834 年起在柏林大学、1839 年起在波恩大学任非公聘神学讲师,1842 年春因尖锐批判圣经而被剥夺教职;1842 年为《莱茵报》撰稿人;1837—1842 年初为马克思的朋友;1842 年夏天起为"自由人"小组成员;1848—1849 年革命后为《新普鲁士报》(《十字报》)的撰稿人;1866 年后成为民族自由党人;写有一些基督教史方面的著作。——90、91、92、243、244、245。

贝尔加斯,尼古拉(Bergasse,Nicolas 1750—1832)——法国法学家,经济学家,政治家和政论家。——66、219。

贝魁尔,康斯坦丁(Pecqueur,Constantin 1801—1887)——法国经济学家,空想社会主义者,圣西门的学生。——16、28—29、180—181、184。

比雷,安东·欧仁(Buret,Antoine-Eugène 1811 — 1842)——法国经济学家和社会学家,西斯蒙第的信徒,空想社会主义观点的代表人物。—— 17 —18、29—30、119、183、184、185、188、251。

布鲁姆,亨利·彼得,布鲁姆-沃克斯勋爵(Brougham, Henry Peter, Lord

Brougham and Vaux 1778—1868)——英国国务活动家、法学家和著作家;辉格党人,20—30 年代是自由贸易的拥护者,曾任大法官(1830—1834),曾促进 1832 年选举改革的实施;议会议员。——16、183。

D

黛安娜(Diana)——古罗马神话中的司狩猎和丰收的女神,相当于古希腊神话中的阿尔蒂米斯女神。——138、294。

德穆兰,吕西·西姆普利斯·卡米耶·贝努瓦(Desmoulins,Lucie-Simplice-Camille-Benoist 1760—1794)——法国法学家和新闻工作者,18 世纪末法国资产阶级革命的活动家,右翼雅各宾党人。——66、219。

德斯杜特·德·特拉西伯爵,安东·路易·克劳德(Destutt de Tracy,Antoine-Louis-Claude,comte de 1754—1836)——法国经济学家、感觉论哲学家和政治活动家;哲学上观念学派的创始人;立宪君主制的拥护者。——67、132、220、285。

F

费尔巴哈,路德维希(Feuerbach,Ludwig 1804—1872)——德国唯物主义哲学家,德国古典哲学的代表人物。——4—5、86、91—94、107、239、244—247、272—273、290—292。

费希特,约翰·哥特利布(Fichte,Johann Gottlieb 1762—1814)——德国哲学家,德国古典哲学的代表人物,主观唯心主义者。——125、259。

芬克男爵,弗里德里希·威廉·路德维希(Vincke,Friedrich Wilhelm Ludwig Freiherr von 1774—1844)——德国法学家和著作家,普鲁士国务活动家,1815 年起为威斯特伐利亚省总督;封建土地所有制和封建等级观点的维护者。——66、219。

丰克,格奥尔格·路德维希·威廉(Funke,Georg Ludwig Wilhelm)——德国神学家和著作家,老年黑格尔派。——66、219。

浮士德(Faust)——歌德同名悲剧中的主要人物。——137、293。

傅立叶,沙尔(Fourier,Charles 1772—1837)——法国空想社会主义者。——
　　75、228。

G

歌德,约翰·沃尔弗冈·冯(Goethe,Johann Wolfgang von 1749—1832)——德
　　国诗人、作家、思想家和博物学家。——137、139、293、294。

格鲁培,奥托·弗里德里希(Gruppe,Otto Friedrich 1804—1876)——德国哲
　　学家、政论家、文学史家和诗人;《普鲁士国家总汇报》撰稿人,1842—1844
　　年为普鲁士文化部官员,任职期间反对青年黑格尔派。——91、244。

H

哈勒,卡尔·路德维希·冯(Haller,Carl Ludwig von 1768—1854)——瑞士法
　　学家和历史学家,阿·冯·哈勒的儿子。——66、219。

赫斯,莫泽斯(Heß,Moses 1812—1875)——德国政论家和哲学家,《莱茵报》
　　创办者之一和撰稿人,1842 年 1—12 月为编辑部成员,1842 年 12 月起为
　　驻巴黎通讯员;正义者同盟盟员,后为共产主义者同盟盟员;40 年代中为
　　"真正的"社会主义的主要代表人物;1846 年起反对马克思和恩格斯;1850
　　年共产主义者同盟分裂后属于维利希—沙佩尔冒险主义宗派集团;1863 年
　　以后为拉萨尔分子;国际布鲁塞尔代表大会(1868)和巴塞尔代表大会
　　(1869)的参加者。——4、82、235、290。

黑格尔,乔治·威廉·弗里德里希(Hegel,Georg Wilhelm Friedrich 1770—
　　1831)——德国古典哲学的主要代表。—— 3—5、88、90—101、105—
　　117、241、243—248、256—257、264—267、271—283、289—291。

J

加尔涅伯爵,热尔曼(Garnier,Germain,comte de 1754—1821)——法国经济学
　　家和政治活动家;保皇党人;重农学派的模仿者,亚·斯密著作的翻译者和
　　注释者。——20、148。

加尼耳,沙尔(Ganilh,Charles 1758—1836)——法国政治活动家,资产阶级庸

俗经济学家和重商主义的模仿者。——67、220。

K

卡贝,埃蒂耶纳(Cabet,Étienne 人称卡贝老爹 Père Cabet 1788—1856)——法
国法学家和政论家,法国工人共产主义一个流派的创始人,和平空想共产
主义的代表人物,《人民报》的出版者(1833—1834);流亡英国(1834—
1839);《1841 年人民报》的出版者(1841—1851);曾尝试在美洲建立共产
主义移民区(1848—1856),以实现其在 1840 年出版的小说《伊加利亚旅行
记》中阐述的理论。——78、231。

科泽加滕,威廉(Kosegarten,Wilhelm 1792—1868)——德国政论家,《柏林政
治周刊》的撰稿人,1855 年起为格拉茨大学政治学教授,农奴制度的辩护
人,鼓吹恢复贵族政治特权和封建等级秩序。——66、219。

克伦纳士(Kronos)——古希腊神话中的狄坦神,宙斯的父亲;后来是时间
神。——15、181。

库利埃,保尔·路易(Courier,Paul-Louis 1772—1825)——法国语文学家和政
论家,资产阶级民主主义者;法国贵族和教权派的反对者。——67、220。

魁奈,弗朗索瓦(Quesnay,François 1694—1774)——法国经济学家,重农学派
的创始人;职业是医生。——72、225。

L

莱奥,亨利希(Leo,Heinrich 1799—1878)——德国历史学家和政论家,普鲁士
容克的思想家;1828 年起任哈雷大学教授。——66、219。

兰齐措勒,卡尔·威廉·冯(Lancizolle,Karl Wilhelm von 1796—1871)——德
国法学家和著作家,柏林大学法学史教授,1852 年起为普鲁士国家档案馆
馆长,写有德意志各邦历史的著作。——66、219。

劳顿,查理(Loudon,Charles 约 1808—1844)——英国医生和著作家,1833 年
是工厂劳动调查委员会委员。——16、184。

李嘉图,大卫(Ricardo,David 1772—1823)——英国经济学家,资产阶级古典政治经济学最著名的代表人物。——29、62、67、72、121、123、135、183、215、220、224、225、253—255、288。

路德,马丁(Luther,Martin 1483—1546)——德国神学家,宗教改革运动的活动家,德国新教路德宗的创始人,德国市民等级的思想家,温和派的主要代表;在1525年农民战争时期,站在诸侯方面反对起义农民和城市平民。——70、71、223、224。

路易-菲力浦一世(路易-菲力浦),奥尔良公爵(Louis-Philippe Ⅰ[Louis-Philippe],duc d'Orléans 1773—1850)——法国国王(1830—1848)。——28、181。

罗德戴尔伯爵,詹姆斯·梅特兰(Lauderdale,James Maitland,Earl of 1759—1839)——英国资产阶级政治活动家和庸俗政治经济学家;亚·斯密理论的批评者。——121、253。

M

马尔萨斯,托马斯·罗伯特(Malthus,Thomas Robert 1766—1834)——英国经济学家,教士,人口论的主要代表。——121、253。

马歇尔,约翰(Marshall,John 1783—1841)——英国经济学家和统计学家。——27、179。

玛尔斯(亚力司)(Mars)——古罗马神话中的战神,相当于古希腊神话中的战神亚力司。——138、294。

麦克库洛赫,约翰·拉姆赛(McCulloch,John Ramsay 1789—1864)——英国资产阶级经济学家和统计学家,李嘉图经济学说的庸俗化者。——67、220。

靡菲斯特斐勒司(Mephistopheles[Mephisto])——歌德《浮士德》和卡·谷兹科的剧作《维滕贝格的哈姆雷特》中的主要人物。——137、293。

默泽,尤斯图斯(Möser,Justus 1720—1794)——德国历史学家和政论家,德国保守派资产阶级利益的代言人。——66、219。

穆勒，詹姆斯（Mill，James 1773 — 1836）——英国资产阶级经济学家、历史学
家和哲学家，李嘉图理论的庸俗化者；在哲学方面是边沁的追随者；《英属
印度史》一书的作者。—— 62、67、72、123、125、133 — 135、215、220、225、
255、258、286 — 288。

N

涅墨西斯（Nemesis）——古希腊神话中的复仇女神，共三人，又称依理逆司或
厄默尼德。——5、292。

O

欧文，罗伯特（Owen，Robert 1771 — 1858）——英国空想社会主义者。——
79、232。

P

蒲鲁东，皮埃尔·约瑟夫（Proudhon，Pierre-Joseph 1809 — 1865）——法国政论
家、经济学家和社会学家，小资产阶级思想家，无政府主义理论的创始人，
第二共和国时期是制宪议会议员（1848）。—— 13、57、58、75、125、129 —
130、169、210、211、228、259、263、283。

普罗米修斯（Prometheus）——古希腊神话中的一个狄坦神，他从天上盗取火
种，带给人类；宙斯把他锁缚在悬崖上，令鹰啄他的肝脏，以示惩罚。——
119、250。

S

萨伊，让·巴蒂斯特（Say，Jean-Baptiste 1767 — 1832）——法国资产阶级经济
学家，庸俗政治经济学的代表人物，最先系统地阐述辩护性的"生产三要
素"论。—— 19、23、32、34、36、62、72、121、133 — 135、145 — 146、153 —
154、158、170、188、215、225、253、286 — 288。

莎士比亚，威廉（Shakespeare，William 1564 — 1616）——英国戏剧家和诗人。
——137 — 140、293 — 296。

舍伐利埃，米歇尔（Chevalier，Michel 1806 — 1879）——法国工程师、经济学家

和政论家;30 年代为圣西门主义者,后来成为资产阶级自由贸易论者。
——67、123、220、254。

圣西门,昂利(Saint-Simon, Henri 1760 — 1825)——法国空想社会主义者。
——67、75、220、228。

施特劳斯,大卫·弗里德里希(Strauß, David Friedrich 1808 — 1874)——德国
哲学家和政论家,黑格尔的学生;《耶稣传》(1835)和《基督教教义》(1840)
的作者;他对圣经的历史性批判奠定了青年黑格尔派的理论基础;1866 年
后成为民族自由党人。——90、243。

舒尔茨,威廉(Schulz, Wilhelm 1797 — 1860)——德国政论家;1833 年被判处
五年要塞监禁,1834 年逃跑,流亡瑞士至 1848 年;同尤·福禄培尔和阿·
卢格有密切联系;德国 1848 — 1849 年革命的参加者,法兰克福国民议会议
员,属于左派。——14 — 16、27 — 28、31、179 — 180、183、187。

斯卡尔培克,弗里德里克(Skarbek, Fryderyk 1792 — 1866)——波兰经济学家,
华沙大学教授;亚·斯密的追随者。——133、135 — 136、286、288 — 289。

斯密,亚当(Smith, Adam 1723 — 1790)——英国经济学家,资产阶级古典政治
经济学最著名的代表人物。——6、8、10 — 11、19 — 26、30 — 37、39 —
40、62 — 63、70、72、131 — 132、134 — 135、145 — 159、161 — 162、170 —
173、175 — 177、184 — 186、188、190、191、215、216、223、225、284、285、
287、288。

T

泰门(Timon)——莎士比亚的剧作《雅典的泰门》中的人物。—— 137 —
139、293 — 294。

唐·吉诃德(Don Quijote [Don Quixotte])——塞万提斯的同名小说中的主要
人物。——66、219。

W

维尔加德尔,弗朗索瓦(Villegardelle, François 1810 — 1856)——法国政论家,

傅立叶的信徒,1840 年起为空想共产主义者。——78、231。

魏特林,克里斯蒂安·威廉(Weitling, Christian Wilhelm 1808 — 1871)——德国工人运动活动家,正义者同盟领导人,职业是裁缝;空想平均共产主义理论家和鼓动家;工人同盟的创始人,《工人共和国报》的出版者;1849 年流亡美国,晚年接近国际工人协会。——4、290。

X

西斯蒙第,让·沙尔·莱奥纳尔·西蒙德·德(Sismondi, Jean-Charles-Léonard Simonde de 1773—1842)——瑞士经济学家和历史学家,政治经济学中浪漫学派的代表人物。——29—30、66、183—184、219。

希策尔,康拉德·梅尔希奥尔(Hirzel, Konrad Melchior 1793—1843)——瑞士政论家和国务活动家,《文学总汇报》的撰稿人。——92、245。

Y

亚里士多德(Aristoteles 公元前 384—322)——古希腊哲学家,在哲学上摇摆于唯物主义和唯心主义之间,奴隶主阶级的思想家,按其经济观点来说是奴隶占有制自然经济的维护者,他最先分析了价值的形式;柏拉图的学生。——88、241。

耶稣基督(基督)(Jesus Christus〔Christi, Christus, Jesu〕)——传说中的基督教创始人。——56、92、209、244。

责任编辑：曹　歌

编辑助理：余　雪　高华梓

装帧设计：肖　辉　周方亚

责任校对：梁　悦

图书在版编目（CIP）数据

1844 年经济学哲学手稿/马克思著;中共中央马克思恩格斯列宁斯大林著作编译局
　编译. —北京:人民出版社,2018.3(2024.5 重印)
（马克思诞辰 200 周年纪念特辑）
ISBN 978－7－01－018981－9

Ⅰ.①1…　Ⅱ.①马…　②中…　Ⅲ.①马列著作-马克思主义　Ⅳ.①A121

中国版本图书馆 CIP 数据核字(2018)第 035870 号

书　　名	**1844 年经济学哲学手稿**
	1844NIAN JINGJIXUE ZHEXUE SHOUGAO
编 译 者	中共中央马克思恩格斯列宁斯大林著作编译局
出版发行	人民出版社
	（北京市东城区隆福寺街 99 号　邮编　100706）
邮购电话	（010）65250042　65289539
经　　销	新华书店
印　　刷	北京中科印刷有限公司
版　　次	2018 年 3 月第 1 版　2024 年 5 月北京第 7 次印刷
开　　本	787 毫米×1092 毫米 1/16
印　　张	21.75
插　　页	3
字　　数	254 千字
印　　数	95,001-100,000 册
书　　号	ISBN 978－7－01－018981－9
定　　价	52.00 元